안방에서 지켜본 월드컵

- 축구열전, 그 사랑과 공존의 미학 -

안방에서 지켜본 월드컵

초판 1쇄 인쇄 2014년 04월 30일
초판 1쇄 발행 2014년 05월 09일

지은이   최 윤 희
펴낸이   손 형 국
펴낸곳   (주)북랩
편집인   선일영   편집   이소현, 이윤채, 조민수
디자인   이현수, 신혜림, 김루리   제작   박기성, 황동현, 구성우
마케팅   김회란
출판등록   2004. 12. 1(제2012-000051호)
주소   서울시 금천구 가산디지털 1로 168, 우림라이온스밸리 B동 B113, 114호
홈페이지   www.book.co.kr
전화번호   (02)2026-5777   팩스   (02)2026-5747
ISBN   979-11-5585-191-3 13690(종이책) 979-11-5585-117-3 15690(전자책)

이 도서의 국립중앙도서관 출판시도서목록(CIP)은 서지정보유통지원시스템 홈페이지(http://seoji.nl.go.kr)와
국가자료공동목록시스템(http://www.nl.go.kr/kolisnet)에서 이용하실 수 있습니다.
(CIP제어번호 : 2014014355)

축구열전, 그 사랑과 공존의 미학

안방에서 지켜본
월드컵 World Cup

최윤희 지음

book Lab

책을 펴내면서

　자유로운 상상은 언제나 즐거운 행복공간이다. 언제부터인가 불쑥불쑥 그 상상이 던져주는 감흥을 지펴가며 축구는 우리 삶의 모습과 궁합이 잘 맞는다는 생각을 하였다. 그런 뒤부터 마음껏 드리블하듯 축구의 눈으로 세상을 바라보았다. 가정과 학교, 직장과 사회, 그리고 국가와 민족 단위의 지구촌 모든 계층과 주체들은 저마다의 포지션을 유지하며 서로 간 간섭과 지배, 때로는 상호 협력의 틀 속에서 조금은 불편하지만 아슬아슬한 공존을 이어가고 있었다.

　강자와 약자는 항상 구별되었고, 서열을 통해 질서를 추구하였으며, 생존율의 법칙 아래 집산을 반복했다. 고비마다 본말이 전도되는 현상들과 미처 예상치 못한 다크호스들이 나타나 사활의 틈새를 비집으며, 질서의 구도를 흔들기도 하였다. 그들 모두는 하루라도 공을 차지 않으면 안 될 만큼 주변 상대들과 피아를 구분할 수 없이 리그전을 펼쳤다. 페어플레이와 반칙이 난무하는 중에도 정글의 축소판 같은 룰은 일상사처럼 지속되었다. 1차 생존의 대결구도에서 벗어나면 토너먼트를 치르며, 어딘지 모를 각자의 목적지를 향해 가파른 욕망의 정상으로 치달았다.

　지구 육지면적 천만분의 1도 안 되는 직사각의 축구장 안은 그런 바깥 세상을 반추하듯 소우주의 질서와 무질서가 혼재한 인간 군상의 대집합체였다. 4년마다 대륙을 바꿔가며 개최되는 월드컵 축구대회는 가장 농밀하게 짜인 온갖 삶의 만상으로 채워져 같은 공간에서 다른 얼굴을 하고

한 세기동안 우리 곁을 잠시 머물렀다 떠남을 반복했다. 안방의 시선들을 흡인하였던 많은 대회의 월드컵 에피소드들을 곱씹으며, 남기고 싶었던 생각들을 기억해두었다가 한 권의 책 안에 질러 넣어보았다. 시대적 여건으로 직접 접할 수 없었던 50~60년대의 매치기록들을 탐색하며 패러디한 창작으로 픽션을 가미했다. 그 밖에 노출된 여러 화젯거리들을 압축해 다룬 결과, 깊이 있게 담아내지 못한 점은 지은이의 부족한 소양임을 느낀다. 이 점 독자 여러분의 넓은 이해를 구하면서 나머지 여분의 공간은 다음 기회를 마련하고자 한다.

유럽에서 기획되고 남미에서 출발한 월드컵대회는 이제 오세아니아를 제외한 5대주를 순회하고 있다. 1914년, 유럽 사라예보에 울린 단 두 발의 총성은 남녀의 사랑이 떠난 자리에 전쟁을 불러들였다. 제국주의의 패권적 욕망으로 일찍이 볼 수 없었던 전란의 참화 앞에 인류는 고개를 숙였다. 그 결과 투쟁적이고 반목적인 낡은 인식의 세계관은 전쟁에 대한 성찰을 계기로 군화 대신에 축구화를 갈아 신었다. 지구촌 각국은 이러한 조류에 흔쾌히 동참하길 원했고 대륙별로 열리는 동네잔치는 기쁨과 눈물, 환희와 좌절, 그리고 은둔과 끈기로 점철된 희로애락의 파노라마를 전 세계인에게 헌사하였다. 그 독특한 문화적 아이콘은 분명히 함축적이고 은유적으로 우리의 그런 삶을 이야기하고 있다. 마치 남과 여가 클럽에서 만나 사랑(4강)을 나누고, 이별을 고하며, 그리움으로 또다시 만남의 희망에 부풀어 사는 것처럼.

2014년 봄
지은이

CONTENTS

PART 1

남과 여

안방에서 지켜본 월드컵

월드컵 골문은 열녀문(烈女門)이다

⚽ 돌아온 장고, 포르투갈의 동방행로

2014년 벽두, 세계는 축구영웅 한 사람을 내세의 월드컵으로 떠나보냈다. 66 잉글랜드대회 득점왕이자 흑표범이라 불려온 20세기 최고의 축구선수 10인 중 한 명이었던 에우제비오Eusebio는 아프리카 모잠비크 태생이다. 세계 각지에서 활약 중인 흑인선수들이 대개 그런 것처럼 처박하고 거친 야생의 오지를 떠나 마음껏 기량을 펼칠 수 있는 문명화된 축구시장은 그를 유럽의 축구나라 한 곳으로 인도했다. 소속팀이 되어버린 유럽 명문 벤피카 팀에서의 발군의 실력은 세계 정상의 무대에서 그 꽃을 피웠다. 제2의 조국 포르투갈은 그의 활약으로 역대 월드컵 3위라는 최고의 업적을 쌓아 올린다. 54 스위스대회 이후 월드컵사상 유례없는 기록으로 남아 있기는 하지만 8강전 북한과의 5-3 대역전극은 팬들에게는 이제 너무 진부해져버린 드라마로 기억되어 있다. 1970년 벤피카 팀을 이끌고 방한한 적이 있는 에우제비오는 32년이 흘러 02 한일대회가 열리자 자국 선수단의 일원으로 다시 한국을 찾는다.

축구강국 포르투갈은 86 멕시코대회 참전 이후 90 이탈리아대회에서 98 프랑스대회까지 세 번의 월드컵 유럽예선에서 연거푸 탈락했다. 에우제비오 같은 영웅의 탄생에 상당한 시간이 소요되었는데, 포르투갈 축구의 선봉장 벤피카가 90년대의 암흑기를 보내고 있었기 때문이다. 이후 인고의 세월을 흘려보내며 절치부심, 유로 2000 3위 입상이라는 성적과 함께 세대교체에 성공한다. 이를 발판으로 당대 최고의 MF 루이스 피구 Luis Figo가 이끄는 호화 군단을 앞세워 유럽예선을 평정하며 16년 만에 월드컵 본선으로 진군한 것이다.

이미 02 한일대회 전 많은 국내외 전문가들로부터 조심스럽게 우승후보의 하마평에 오르내리는 등 본선 같은 조에 속한 주최국 한국을 비롯하여 동유럽의 강호 폴란드, 그리고 미국에게 공히 최대 난적이라는 존재감도 과시했다. 그러나 수세기 전 제국주의의 극동 개척기를 구가한 당시처럼 극서에서 극동으로 기세의 편력을 보였지만, 막상 본선 첫 라운딩 2차전을 끝내며 열어본 뚜껑 안에는 정작 다른 판도가 펼쳐지고 있었다. 축구문화의 중심지 유럽과 남미로부터 뚝 떨어진 변방국 미국을 만만히 보다가 그만 일격을 당하는 바람에 안개정국에 휘말린다. 게다가 3차전 마지막 상대는 1차전부터 폴란드를 녹아웃 시켜버린 홈그라운드의 한국이다.

당초 포르투갈과 폴란드를 유력한 토너먼트 진출국으로 점치던 세계

축구계의 전망은 복잡한 예측이 불가피해져버렸다. 한국과의 마지막 라운딩에 가서는 후반 박지성의 결정타 한 방까지 얻어맞았다. 세계무대에 돌아와서 이 최후가 될지 모르는 전장에서 명운을 걸어야 하는 마당에 폼 하나는 멋져 보였던 '돌아온 장고'의 허리춤에 찬 총, 루이스 피구마저 말을 듣지 않는다. 종반에 얻은 절호의 문전 프리킥마저 자신의 실축 한 번에 기회를 날려버린 천추의 회한이 진저리 치듯 뇌수를 강타한다. 거기에 중원에서 산화해가는 영웅의 다급함을 재촉하듯 홈으로 돌아갈 것을 야유하는 관중의 함성이, 그의 짙은 눈매와 미끈한 큰 코를 타고 쓸어내리는 두 손과 어울려 백척간두의 상황과 마주한다.

1604년 당시 유럽의 강대한 세력 스페인으로부터 갓 독립한 미숙했던 판단의 소치였을까. 극동에 조총을 전파하면서 조선의 임란 발발에 공헌한 대가의 화살은 그날 한국 땅에서 스스로에게 쏘아대는 죄과처럼 멍울져 갔다. 이대로 경기가 끝난다면 우승후보의 반열에서 일치감치 패잔 대열에 합류해야 하는 기로에서 66년 잉글랜드대회 북한의 8강 돌풍을 잠재우고 쟁취한 4강의 영광은 아련한 옛이야기의 추억일 뿐이다. 이제 더 이상 물러설 곳 없는 낭떠러지의 끝자락에서 후반 막판 파상공세의 극한 점은 한국의 골포스트에까지 향하고, 결국 팀 내 또 다른 MF 세르지오 콘세이상Sergio Conceicao의 회심의 슛이 한국의 골문 포격을 가하는 자충수를 범하고 만다.

⚽ 골대를 맞추면 진다는 전설은 살아 있다

승부의 신에게는 골대를 때린 공격자들에게 가할 단죄의 칼이 쥐어져 있음을 미처 깨우치지 못한 채 공격자들은 '원죄적 가학의 관성'으로 여전히 똘똘 뭉쳐 두드려볼 뿐이다. 그러나 월드컵 골문은 스스로 자신을 아프게 한 지난날 공격자들의 업보에 대응할 '장막'이 되어 꿈쩍도 하지 않은 채 견고하기만 하다. 이날의 격전도 골대를 건드린 당사자 앞에서 월드컵 골문이 누구의 편에 서 있는지를 여실히 보여준다. 이미 골문까지 가세한 판세를 눈치라도 챈 듯 경기종료를 알리는 휘슬이 주심의 입 주위를 맴돌고 포르투갈의 마지막 공격처럼 보이는 코너킥 찬스가 오자 보기 힘든 장면이 관중의 시선을 끌어 모은다.

포르투갈 골키퍼 비토르 바이아Vitor Baia가 한국 진영에서 코너킥 선언이 나기가 무섭게 자가를 공가(空家)로 만들어놓은 채 냅다 한국 골문으로 돌진한 것이다. 이 와중에 적의 골문을 향한 욕망의 불꽃장면을 놓칠세라 전 세계에 전파를 띄우는 피파의 미소는 처절한 전장의 그라운드 위에 만면하다. 축구가 미처 기획하지 못한 세계 축구팬들을 위한 월드컵 파생상품으로서의 미디어서비스에 팬들도 흥미만점의 만족스런 갈채를 보내고 있다.

이운재의 골문 하나를 두고 순식간에 벌어진 두 '품절남'의 절체절명의 맞대결. 한 여성을 두고 죽음의 칼부림을 펼치던 중세 유럽남들의 명예어린 결투문화가 혹여 세기와 동서양의 시공을 넘어 한반도에까지 상륙하여 초긴급 불꽃쇼로 재현해보려 한 것인가. 그러나 이 땅에도 음미해볼 못지않은 절개문화의 방패가 대응준비를 하고 있음을 알 턱이 없었다. 골키퍼가 한 번도 다가서보지 못한 적군의 골문은 총각이 처녀의 방을 용감하고 모험적으로 찾아들었던 전통의 유럽 방식처럼 신기하기도 하고 설렘을 동반한 객기였을지도 몰랐다. 그러나 이운재의 뒤에는 이미 월드컵 골문으로서의 반려자가 버티고 있었고, 결국 골키퍼 바이아의 의중은 허망하게 무너지고 그는 이운재의 골문을 공략하는 데 실패한다.

화려한 귀가를 꿈꿨던 허무한 발길의 결말은 그렇게 순간적으로 막을 내렸지만, 최근 2010 남아공대회 가나 VS 미국의 16강전에서도, 그리고 그 이전 월드컵에서도 몇몇 골키퍼의 탈선행위는 피 말리는 종반의 버라이어티쇼처럼 볼거리를 제공해왔다. 축구가 있는 한 앞으로도 토너먼트 길목에서 적잖은 리바이벌 공연의 속개는 불가피할 전망이다. 이를 즐기는 축구팬의 입장에서도 흥미와 아쉬움이 교차할 일이겠지만, 남의 골문을 겁탈하려는 적 골키퍼의 탐욕적 공세가 월드컵 본선사에 그렇게 여러 시도가 있었음에도 적의 골키퍼에게 몸을 내준(?) 월드컵 본선 골문은 단한 차례도 존재하지 않았다. 유로euro대회나 남미 선수권대회, 마니아들이 밤을 설치는 영국의 EPL, 심지어 K-리그 플레이오프전, 그리고 대륙간 탄도미사일이 명중했던 한국 대표팀 평가전에서조차 일대 겁탈사건(?)이 터지고 말았지만, 어디까지나 그 모두는 월드컵과 동떨어진 로컬대회에서 발발한 골대의 배반이었다.

과거 세계 최강의 난봉꾼(?)으로 유명세가 자자했던, 골 넣는 골키퍼 파라과이의 호세 칠라베르트Chilavert가 있었다. 이 괴팍한 사나이도 월드컵 본선에 나가 특유의 화려한 탈선적 작업활동 모두 부질없이 미수에 그친 일이 그의 한계라고 보기에는 보이지 않는 제2의 손이 상대편 골키퍼를 돕는다는 생각이 뒤따라야 하지 않았을까. 축구는 베스트 일레븐 경기가 아니라 경우에 따라서는 열두 명이나 그 이상이 한 팀이 되는 경기라는 사실을 염두에 둔다면 불가사의하게만 보이는 일들이 많은 스포츠다. 반대로 아홉 명이나 열 명이 싸워도 승리하기도 한다. 골대만 맞추지 않는다면 말이다. 어떻든 필드플레이에 있어 골키퍼가 골을 넣는 것은 기대치가 너무 높은 희대의 사건이라 해도 그와 같은 열혈남들의 성도착(?) 활약상에도 월드컵 본선의 골문은 왜 늘 상대편 골키퍼에게만 열지 않는 것일까.

⚽ 골키퍼, 골문에 반려의 길을 묻다

축구는 손과 팔을 활용해 공을 터치할 수 없는 부자유함에 모두가 갇혀 있다고 철칙처럼 생각한다. 그럼에도 이에 기꺼이 동참하며 발이나 다리로만 공을 다루고 적진을 향한 '공격 앞으로'에 몰입하려는 이들은 현실에 정주한 참여자의 대다수였다. 이들 대부분의 선수들에게 축구 그 자체는 날개요 곧 자유라고 할 수 있다. 그러나 열이면 한 사람 정도 다른 생각의 DNA를 품고 세상과 축구공을 양 날개에 안고자 한 이들이 있었다. 그들은 지난 월드컵 100년사의 골문을 수호신의 대명사처럼 수놓으며 명멸했던 열혈 수문장들이었다. 레프 야신Lev Yashin 등 전설의 맹장들은 저마다 척박함과 속박의 천지에서 태어나 자유인의 영감을 심어준 축구의 비범함에 이끌렸다. 유럽평원에서 펼쳐진 대성의 몽조(夢兆)를 처음으로 목도한다. 생명의 유한함보다 자유로움의 유한함은 한 인간으로서 견딜 수 없는 죽음 같은 것이었기에 새와 같은 날개를 갖기를 간절히 원했다. 그리고 그 날개 깃 아래의 세상을 한눈으로 관조하는 시각의 폭을 키워나갔다. 높은 창공 슈퍼이글 같은 활공엔진을 장착하고 광대한 대지 위에 날카로운 동공을 번뜩이며 사상(事象)들을 매섭게 통찰했다.

실전에 투입되어 나가면 적 진영 최종의 목적지를 향해 진격 루트를 찾아내고는 아군들을 원군하며 공격을 지휘했다. 반대로 적이 공격으로 나오면 다시 방어를 위한 비상의 나래를 펴고 아무도 모르게 보이지 않는 원군을 불러들였다. 그리고 포스가 다른 팔색조의 화려한 플레이어로 드넓은 평원에 피어나 장차 월드컵 인간새의 대로망을 불태워갔다. 전장의 무대 위에 고매하고 능수능란한 팀의 구심점이자 그라운드의 경영자였기에 대표팀 주전 골키퍼를 다년간 수행하면서 주장을 해보지 않는 선수가 드물 정도인 것은 그런 이유였다.

하지만 축구는 그에게 화려한 날갯짓을 허용하는 만큼 대신에 골키퍼가 엄중히 짊어져야 할 아픔의 대가를 부과했다. 어린 시절 초·중딩에 고삐리 슛쟁이들이 늘 천방지축으로 뛰어다니며 골문을 두들겨대던 것이 골키퍼와 골문 사이의 결연을 단초한 시초였다. 총알받이처럼 표적이 되었던 상처의 흔적은 아물 날이 없었다. 고왔던 순백의 몸통 피부가 거무스레 흙빛으로 벗겨져 비루한 상흔에도 골문은 아무런 말없이 늘 그랬듯 공격하는 적들의 학대를 이기고 견뎌냈다. 그물이 찢기고, 커다란 멍울처럼 구멍이 나고, 채이고 쓰러져갈 때, 골문을 일으켜 세우던 서툰 날갯짓의 어린 새는 그의 곁에서 끝까지 지킴이가 되어줄 것을 맹세했다. 그런 아픔을 몸소 겪어 이겨내고 자란 어린 새만이 장차 위대한 골키퍼가 될 것이며, 또 그런 결의에 찬 투혼은 어느덧 꿈의 나래를 펼치며 완벽하게 도약했다. 월드컵 무대의 등장을 알린 것이다.

본선이 열리고 바로 자신의 문전으로 밀려드는 적군의 살인적 포격세례에 맞받아 육탄으로 막아선 블로킹은 전신이 방어병기였다. 그렇게 무자비한 상대들의 욕정어린 숨소리가 귓전을 울릴 때마다 남의 집을 넘보려는 세력들에 사투로 맞선 골키퍼의 수세적 숨결은 단말마의 순간 그 연속 자체였다. 요격기처럼 비행하며 다이빙 캐칭과 펀칭으로 맞선 불사조의 투혼을 가장 지근의 거리에서 함께한 것은 월드컵 골문이었다.

어떤 슈터들은 공을 잘못 차 골대를 비껴간 뒤에도 스스로의 탓으로 여기기보다는 애꿎은 골문을 걷어차기 일쑤였다. 또 이따금씩 아프게 공이 튕겨나간 골대의 상처부위로 다시 칼날 같은 슛이 날아들었다. 그렇게 차이고 깨진 부위에마저 애련의 손길을 건네주는 이 또한 골키퍼뿐이었다. 골문은 오로지 등 뒤의 골문을 지키려는 처절한 슈퍼세이브의 사투 속에 때로는 날개가 꺾이고 더러는 다리가 골절되는 격난을 고스란히 지켜보고 있었다. 정상을 빼앗기 위한 월드컵 본선이기에 여타의 대회에서 보기 어려운 광경이었다. 이제 누군가 그의 아픔에 원군이 되어주지 않으면 안 되는 시점에 도달해버렸으니 한낱 땅속 깊이 묻힌 일개 축구장 부속물이라 한들 길을 묻는 골키퍼에게 측은지심으로 화답하지 않을 수 있었을까.

이성의 아픔에 연민을 느끼며 그에게 동조하고 끝내 끓어오르는 의기심(疑忌心)을 일으켜 세운 둘 사이의 운명조(運命組) 앞에서 그 문을 열 수 있게 하는 축구기술은 세상 어디에도 없다. 월드컵 대회마다 수십 번의 기회를 잡고도 열리는 않는 문, 시합은 이기고도 승부에서는 져야 했던 '열녀문 매치'가 어디 한둘이었나.

무릇 문(門)이란 열어주기 위해 존재하는 것이라기보다는 그 본질에 있어서 결코 받아들일 수 없는 상대에게는 선별하여 출입을 막아내기 위해 세워진 방어벽이다. 세상의 모든 문이란 그런 한 부분의 의미가 감춰진 무게의 깊이에 실려 있다. 지켜야만 누릴 수 있는 자유가 있었기에 그런 무게감을 깨닫지 못하고 허물어진 주체의 망령들이 역사의 뒤안길에 수도 없이 나뒹굴며 사라져갔다.

여성의 질개를 기렸던 열녀문은 상징처럼 전국 각지에 축조되어 산재해 있다.
〈서울 장수공원의 숭정각 – 양천구청 제공〉

⚽ 열녀문의 저주가 시작되다

경우에 따라 이성은 다른 이성을 두고 또 다른 동성과 싸워야 할 때가 있다. 종족보존을 위한 생물학적 숙명이든 또 다른 사정이든 한 이성을 향한 단심 앞을 가로막고 있는 적 앞에 상호간 물러설 수 없는 상황이라면 대적을 피할 도리가 없다. 앞서 포르투갈 전에서 보듯이 골키퍼와 골키퍼가 한 골문을 두고 직접 맞부딪치는 것이야말로 그런 극한 대결의 비유 같아 보인다. 투톱이니 원톱이니, 혹은 3-5-2 시스템이니 4-3-3이니 복잡한 과정을 모두 제거해 승부만을 위한 축구라면 사실상의 진검승부일 수도 있다. 하지만 그런 방식은 구시대적이고 봉건적인 악습을 그대로 연상시킨다. 문제는 선택의 중심에서 빠져버린 한 주체에 대한 인본적인 배려가 거의 존재하지 않는다는 데 있다.

옛 시대를 거슬러 미혹했던 우리의 악습을 반추해보자면 더욱 선연하게 기억되고 있다. 국가까지 나서서 한쪽 이성에 대한 억압을 책려했던 성적 이데올로기의 역사는 조선조 근엄한 가부장제의 확립이 기초였다. 그 질서 아래 일부종사와 삼종지도, 또는 칠거지악으로 대변되는 여인들의 혹독한 과거사가 어둡게 그늘져 있다. 또한 육체에까지 가해진 자물통이라는 물리적 빗장은 서양세계에서도 의식화된 남녀질서의 가학적 형틀 문화로 존재해 있었다. 왜 그랬어야 했는지에 대하여 아는 것이라곤 외세에 맞서 제대로 이를 물리치지 못한 체제의 주체들이 갖는 왜곡된 여성관이나 못난 자격지심이 아닐까. 다행스럽게도 그 역사관 안에 진열된 정조대, 마녀사냥, 전족(纏足), 열녀 등 구악으로 얼룩진 한쪽 이성에 대한 잔혹사는 이성을 향해 서로가 서로를 바라보는 성찰의 눈에 마멸되며 길고 길었던 야만의 시대를 견디며 헤쳐 왔다.

그러나 아직도 지구촌 곳곳에 잔재한 물리적이고 정신적인 가해의 잔영을 나무라기도 하는 것인가. 골대를 맞추면 저야 했고, 문지기에게 철벽의 내구압으로 신들린 선방을 불어넣어준 눈귀 없어 보이기는 해도 한낱 경기장의 부속물이 전달해주는 감성코드를 어찌 그냥 보아 넘길 수 있을까. 그런 면에서 한 가지 아쉬움이 남는 것이 있다면 거미손의 광영을 기리기 위해 94 미국대회부터 제정된 월드컵 야신상 수상의 방식이다. 자신을 지켜준 반려자가 최고의 무대에서 영예를 차지하는 순간을 바라보며 소리 없이 감격의 눈물을 삼켰을 골문에 대한 모두의 예우가 없어 보인다. 앞으로 야신상 시상을 골문 옆에서 진행해도 될 피파의 배려가 있었으면 좋지 않을까 싶다. 때마다 각 분야에서 저마다의 훈포상을 흔히 그 배우자와 함께 초치해 치하하려는 이유를 모르지 않는다면 말이다.

어떤 골키퍼는 경기장에 들어서면 골문에 스킨십으로 그들만의 결속의 지를 만천하에 과시하기도 한다. 따라서 상대 골키퍼에게 빗장의 문을 열어주는 것은 생각할 수도 없는 치욕적 대과일 것이었다. 둘만이 교신되는 무언의 정체성 이면에 월드컵은 그렇게 1세기 가까운 전쟁사를 거치며 앞에서 막고 뒤에서 방어벽을 쳐왔다. 앞으로 어느 월드컵 본선에서 어떤 골대가 자신의 반려자를 배신하고 상대편 골키퍼에 문을 열어줄지 팬의 입장에서 궁금할 일이지만, 오히려 자기 집 문을 뛰쳐나온 골키퍼가 '자폭의 길'을 선택해 버리는 황당한 결과도 일어날지 모른다. 수문장과 골문 간 협업체제를 통하여 금단(禁斷)의 구역을 잉태해놓은 상태에서라면 그 반격은 더욱 극적일 것이리라.

추호도 외간의 이성을 받아들일 수 없는, 양성이 서로를 지키려 한 숭고한 의리. 이것이 진정한 열녀문이라고 월드컵 골문은 그라운드 위에서 저토록 역설하고 있는 것일까.

안방에서 지켜본 월드컵

남과 여, 월드컵에서 맞장 뜨다

하객과 주례가 보는 앞에서 서로가 페어플레이할 것을 선서하며 함께 센터서클 선상에서 마주한 지 어언 삼십여 성상이 흘러버렸다. 본선 1차전이 어제 같건만 그런 세월을 보내고 맞이한 뜻밖의 '4강전' 상대는 막강 그 자체이다.

혼수문제로 사돈집에서 잡음이 있었던 딸애가 결혼한 지 두 달 만에 이혼하겠다고 짐 싸 들고 돌아오는 광경을 뉘라서 반길까. 손위 시누이 내외 사업 부도로 사는 집 몽땅 날릴 판국에 남편 퇴임 전 정산해 받은 퇴직금 톡 털어내어 거기에 일부 대출까지 얹어 모자란 듯 눈치껏 보낸 것이 이제 와서 사단이 되었다니. 그 문제로 사돈과 갈등이 있었다면 안 봐도 비디오 같은 딸애의 고통 상황이라면 당하는 아이 쪽보다 어미로서의 아픔은 몇 배를 능가한다. 이 무슨 운명으로 지켜보아야 하는지 애달픈 지경에, 모든 걸 "내 탓이요."라고만 하기엔 인내의 끝자락을 거슬러 오르는 바깥주인에 대한 어떤 '역린'이 도사리고 있다. 대놓고 지참금을 요구하는 혼인세태의 일부 삐뚤어진 혼테크는 그렇다고 치자. 신혼시절부터 이런저런 가정사를 제대로 인식하거나 해결 노력에 대한 인색함, 또는 의도적으로 아내에게 떠맡기려는 남편의 무관심한 방관적 태도 말이다.

남들 다 하는 이혼, 자신은 어차피 각오를 굳게 다졌고 이렇게 결혼생활의 준결승까지 내달려온 이상 결승은 반드시 간다는 결의가 분명히 서버린 뒤였다. 따라서 황혼녘 정상으로 가는 길목에서 생각지도 못하고 만난 사돈과의 '인생 4강전'은 무슨 수를 써서라도 넘어서야 했다.

생각 같아선 빤히 그려지는 딸애의 걱정스런 미래를 생각해 모든 걸 되돌려놓거나 삼십을 넘긴 자기 인생 스스로 알아서 하라고 하고 싶기도 하다. 하지만 금이야 옥이야 키운 긴 세월, 가슴에 못 박힌 미운 정 고운 정이 복받치기도 한다. 그 나이에 엄마 눈에는 아직도 철부지 같은 딸애 하나만큼은 지금의 상처 이상은 차마 엄마로서도 견딜 수 없는 아픔이기에 어쩔 수 없이 현실적 수습책을 선택한 것이다.

마음을 다잡은 혜련은 사위를 불러 본인 의사도 확인했다. 딸애와 처음 사귈 때의 모습은 오간 데 없이 변해 있어 불현듯 타인의 얼굴처럼 느껴졌다. 다른 사람들이 되어 있는 '막장군단' 사돈과의 어려운 만남도 청하여 심려를 끼친 것이 있으면 맘 풀어달라고 한 수 굽혀서 문제를 틀어막았다. 면목치레라는 인사는 사람과 사람 사이에 터 잡아 이러한 관계와 형식에까지 미치어 적지 않은 액수를 삼키어 가져갔다. 그런 뒤 결혼생활 내내 남편 동철과의 잦은 마찰이 친정에 전해질 때마다 살아생전 이혼만은 절대 안 된다며 반대했던 친정 부모의 묘소를 찾아 집을 나섰다.

⚽ 인생은 공격과 수비의 병존 시스템

54 스위스대회와 62 칠레대회는 한 가지 공통점이 있었다. 당시 두 대회의 결승전을 벌인 각기 네 나라가 모두 해당 대회 조별 예선전에서도 장차 결승에서 맞붙을 상대와 같은 조에 편성되었다. 한 대회 내에서 첫 격돌과 최종 결승전을 같은 상대와 또 다시 치러야 하는 재대결은, 경험한 맛을 다시 보는 재탕의 식상한 감을 주었다. 타이틀이 붙은 스포츠경기라는 의미에서도 첫 시합부터 강자끼리 자웅을 겨룸으로써 실력 있는 한 팀의 조기희생을 보아야하는 아쉬움을 주었다.

이런 문제로 피파는 늘어난 본선 진출국 대진문제와 톱시드 배정을 통한 조 추첨 방식을 도입하여 86 멕시코대회부터 월드컵 본선의 매치시스템을 개선해 본격적으로 정착시키기는 하였다. 그렇지만 2012 유로대회 스페인과 이탈리아가 본선 조별리그 같은 조에서 한 차례 격돌한 뒤 결승에서 다시 만나는 동일한 상황을 보란 듯이 반복 연출했다. 피파 산하 유럽연맹의 의도 역시 다소 빛을 잃은 채 서열화를 통한 인위적 매칭 조작은 기본적으로 승부 메커니즘의 원리적 작동에 영향을 미치지 않는다는 교훈이 그 한계를 노출시켰다. 싸워야 할 인연은 어디서든 다시 만나서 끝장을 봐야 했다. 마치 학창시절 우정을 나누며 팽팽하게 학업의 정상을 다투던 친구간에 각자 상급학교 진학과 사회진출이라는 토너먼트의 긴 여정을 거친 후 각계의 정상에서 우연히 다시 만나 최후의 한판 대결을 벌이는 경우를 연상시켰다.

54년 당시 서독과 헝가리, 62년 브라질과 체코가 바로 그 주인공들이었는데, 서독은 조별 예선에서 유럽 축구계를 잔인하게 평정하고 있던 무적의 맹주 헝가리의 위세에 눌려 무려 3:8로 대패하였다. 그러나 여자의 은근하고 엄중한 생존방식처럼 질곡의 능선을 넘고 넘어 다시 만난 결승에서 서독은 3:2로 역전, 대망의 우승을 안았다. 8년이 지난 대회의 조별 예선에서는 브라질과 체코가 서로 승부를 못 가린 채 역시 각자의 토너먼트 전선에서 살아남아 해후한 재대결은 브라질에 패권이 돌아갔다.

속언처럼 남과 여를 전생과 이생의 사이에 가림막을 두고 원수와 부부의 연으로 맺어진 관계라고 가정해보자. 그렇다면 축구의 토너먼트 시스템과 같이 시간의 흐름에 따라 전생의 쟁투적 상태로 돌아가려는 우리 인생에 있어 악연의 부부간 상쟁은 지난한 세월의 자연적 법리와도 같은 것일지 몰랐다. 인륜적 질서의 명분으로 제도화한 부부라는 인적 결합체는 그런 길고 먼 과정처럼 우리 안방의 장년과 노년세대의 자화상이라는 점에 비춰 현대를 살아가는 적잖은 남녀 부부의 삶에 투영된 반목의 종착역에서 결코 공연한 일이 아닌 현실로 다가와 있다.

그 현실의 주인공이 되어 있는 것도 잊은 채 퇴직한 지 몇 개월 만에 옛 동료들과 수일의 일정으로 골프를 치고 돌아온 동철에게 진정한 승부가 기다리고 있다. 말끔히 정리된 탁자 위에서 시위하듯 점령하고 있는 것은 '도장 찍으라'는 혜련의 신호가 든 이혼서류였다.

막상 올 것이 왔다는 막막함과 외로움이 여행 후 몰려든 생체적 피로감을 동반해 그녀와 아웅다웅 살아왔던 지난 삼십여 년 기억의 갈피갈피를 후벼 판다. 돌아갈 수 없는 옛날을 회상하는 일이란 현실에 부닥뜨린 곤경의 늪이 너무 깊어 헤쳐 나갈 방안을 찾다 못해 잠시 잊어보려 애쓰는 피난처와 같다. 그 피난처 안에는 왜 여기까지 왔는지 성찰의 스승이 복기의 수순만을 인도해줄 뿐이다. 언론 여기저기서 황혼이혼이 초혼이혼의 수를 앞질렀다는 보도마저 터져 나오며 장·노년기의 우울한 분위기를 짓누르고 있다.

결승전이 열리는 가정법원. 여성의 황혼녘 최후의 사생결단은 개정을 알리는 주심의 호각소리가 나기 무섭게 예상한 대로 혜련의 파상공세가 포문을 열며 동철의 골문을 두드렸다.

'시월드조'에서 겪어야 했던 일들을 하나하나 진술하며 동철 측을 쏘아붙이자, 심판진의 얼굴이 굳어지고 하마터면 골이 들어갈 뻔했다.

지금껏 수비태세로만 살아왔던 여자의 최후공격은 기력이 쇠해가는 남성들에겐 여간 버거운 것이 아니다. 남성들이 평생을 공격적으로 살아왔던 대가는 이런 것이어야 했다. 인생은 공격과 수비가 병존하는 균형추 달린 시소게임의 시스템이란 걸 말이다.

공격 VS 수비의 치열한 전장, 황혼이혼의 종착역 〈서울가정법원 이혼법정 −조선일보 제공〉

⚽ 시월드조, 월드컵 토너먼트의 격랑으로

'지역예선'에서 처음 맞선을 볼 때만 해도 혜련은 지역의 맹주처럼 누구나 우러러보는 강자여서 그 많던 맞선 상대를 모두 물리쳤다. 동철이 장남이라는 전력의 구멍(?)에도 예선 승점이 높았던 관계로 1차 예선을 동반 통과하였다. 그만큼 동철도 대학 강단에 설 꿈을 꾸는 비교적 톱클래스의 좋은 스펙이어서 본선을 함께하자고 덤비는 혼처자리 다 물리치고 최종예선을 쾌속 항진했다. 둘은 본선행 신혼열차에 거뜬히 오르며 각자 '직장월드조'와 '시월드조'의 조 편성을 흔쾌히 받아들였다.

그러나 본선은 낯선 무대이며 분명히 젊은 남과 여에게 필연코 짊어져야 하는 문화쇼크의 현장이다. 보통의 강자들이 아닌 천적의 강적들로 짜인 치열한 토너먼트의 협곡이다.

여자가 아이를 얻으면 생산과 허무함 사이에서 배반적 트라우마의 사슬에 묶인 채 시달리게 된다. 그런데 첫아이 출산의 산고와 산후우울증을 겪으며 가까스로 위기를 넘기는 동안 동철은 그녀 곁에 없었다. 혜련은 야속했고, 밖의 일에만 올인하며 힘을 쏟고 있는 동철과 몇 차례 마찰을 빚기도 했다. 2~3차전 들어 혜련은 시동생 남매의 취학, 혼사문제 등으로 격전을 치르며 친구들과 친정식구 등 인맥이란 인맥은 다 동원하여 해결능력을 보여주었고, 그렇게 치른 1라운드 전적은 2승 1패를 남기며 후일을 기약했다.

'16강전'만 아니었어도 사실 그녀 입장에서는 이렇게 결승까지 갈 줄은 몰랐다. 손위 시누이의 친정나들이 때마다 자신을 때려대는 견제성 공세는 어차피 막아야 하는 슈팅이라 생각되었기에 그때마다 선방으로 버티긴 했지만, 나중엔 PK를 차겠다고 나왔다.

시댁 부모와 자신들 내외가 살고 있는 집마저 자기 남편 사업을 위해 통째로 담보로 빌려 달라 떼를 쓴다. 파울도 아닌데 그것도 페널티박스 밖의 일을 가지고 PK라고 선언해버리는 생떼 앞에서 공은 장남인 동철 차지다. 이때 주장으로서 응당 강력하게 항의를 해주어야 할 동철이 꼬리를 내리는 것이었다. 여기에 시부모까지 가세해 장녀 내외의 사업에 힘을 실어주란다. 꼭지가 돌 대로 돌아버려 그땐 월드컵이고 뭐고 다 보이콧해 버리고 싶은 생각뿐이었다.

속 끓이기를 한 달여. 집 등기며 혹시 모를 장래의 몫으로 남겨놓았던 수도권 근교 땅까지 반강제로 오롯이 담보로 넘겨준 뒤로는 가타부타 말도 잦아들고 발길도 뜸하였다. 시간이 조금 흐르고 사업부진이 깊어간 지금, 모두에게 고통의 분담만을 강요하는 법원의 압류 통고처분 레드카드가 온 집안의 팀워크를 와해시켜버린 공멸의 그림자를 드리웠다.

'8강전'에 와서도 뇌졸중으로 쓰려져 욕창에 괴사되어가는 육신을 닦아내며 노회한 시모 10년 수발을 끝내고 당신을 떠나보내기까지 소리 없는 전쟁을 치렀다. 사정 모르는 주변의 "열녀 났다."는 듣기 좋은 말도 이젠 견디기 힘든 태클성 비아냥으로 들린다.

가족 구성원에 대한 헌신적 배려와 끝 모를 인내, 평생 친정에도 못한 시댁에 대한 예의와 봉양, 다 키운 것 같았던 철없는 자식들의 회귀. 여기에 이순(耳順)을 내일 모레에 앞둔 종가의 며느리에게 닥쳐온 노후의 암담함이 지척에 어릴 뿐이다. 결혼하고 나서 큰 기대도 하지 않았거니와 집안 가풍이라며 그놈의 자존심 세우기는 '처월드조'에서의 남들 하는 것만큼은 애당초부터 동철에게 존재하지도 않았다. 그렇게 막다른 시점에 다다라 비벼대고 기댈 유일한 언덕이라야 알량하고 힘 빠진, 거기에 고집까지 겸비한 남편과의 한숨 즐비한 여생의 나날뿐. 결국 자신을 위한다고 선택하며 지금껏 걸어 온 길 위의 모든 흔적은 타인을 위하여 몸 바쳐온 일 이외엔 아무것도 남은 게 없다. 어느 샌가 한 종가의 몰락을 자초한 책임론의 중심적 지위 앞으로 떠밀려가고 있는 자화상 앞에서 그 모든 화살들과 맞서는 일밖에 도리가 없다.

혜련 측에서 증거로 제출한 "여성, 현재의 자신이 제일 싫다."는 어느 여론조사 결과는 현재 그녀의 심경을 십분 대변했다. 애초부터 잘못된 출발임을 알지 못한 지금에 와서 결혼과 독신의 갈등 사이에서 서성이던 처녀시절의 고독함이 오히려 그리워졌다. 다시 옛날로 돌아간다면 다른 전략과 전술로 인생의 그라운드를 휘젓고 다닐 것 같았고, 그래서 자신만이 간직한 재능의 꿈을 펼치지 못한 기회의 일실 등을 감안해 더없는 억울함을 마지막 눈물의 변론에 묻혀 토해냈다.

⚽ 가정해체의 선고, 사회적 타살 부추겨

이제 피고로서 변론의 공을 넘겨받은 동철은 분명히 가정을 방관했고 아내에게 소홀했던 공소장의 사실 관계에 대하여 답하여야 한다. 그러나 이를 떠나서 궁색하나마 사회과학도로서의 시각으로 오늘날 남성상을 대변하는 논조의 변론에 의존해야 했다.

'전쟁의 시대가 가고 평화와 공존의 시대가 도래함은 지금까지 문명의 주체적 패러다임을 구축해온 남성 위주의 자본획득 시스템이 그 수명을 다하고 있음을 알리는 신호이기도 하다. 더불어 생산성 우위의 본색이 오히려 여성에 있음을 증명하는 징후가 사회 전반에 농후해져 있다. 각 분야마다 여성의 파워가 날로 사회 주요 부문의 성비 균형을 압도하면서 점차 고대 모계사회로의 복귀를 시도하는 듯한 새로운 21세기 문명적 징후가 보이기도 한다. 이에 따라 남성의 생산능력은 더욱 무력화와 위축을 가져오며 나이 먹어 사회적으로 제거되어야 할 영순위의 대상처럼 가정적 회피현상도 황혼기에 역력하다.

그럼에도 개체적으로 언제나 자신의 어깨넓이보다 더한 광폭의 짐에 고유의 추진능력 이상의 묵중한 가위눌림은 운명처럼 드리워져 있다. 때에 따라 가정이 먼저인지 사회가 먼저인지 모를 혼탁한 생존 질서 속에 일정한 생산능력보다 몇 배나 배가되었는지 모를 에너지를 쏟아내지 않으면 이 사회와 가정을 지탱키 어렵다.

확장지향적이고 빠른 속도로 발전되어온 문명의 진화 과정 속에서 남성들은 글로벌화의 구호 아래 국익적 자연파괴 활동과 전쟁의 전위적 희생자로 남는다. 이를 감내해야 하는 숙명적 정체성은 야수적 충동성으로 길들여져 온 오늘날 남성성의 내면과 외관에 차갑게 덧칠해져 있다. 전성기 에너지의 조기 소진과 함께 생명체가 지닌 고유의 수명은 늘 이성에 미치지 못하는 착화탄의 불꽃 운명처럼 단명함에 매몰된 채 힘없는 미래는 당연히 불안하고 음습하며 외롭다.

위로받고 싶은 영혼에게로 몰아쳐오는 황혼전쟁 앞에서 사회와 가정이 연대(?)하여 협공을 퍼붓는 듯한 오늘의 차가운 현실을 온전한 육신과 명료한 사고의 의지로 감당해내기엔 너무 지쳐 있다.

마지막 남은 남편의 위치도 모두에게서 외면당하는 세대적 능욕의 절벽 아래에서 빨간 신호처럼 껌벅거리는 건 세계 최고 수준의 자살률로 나타나는 불명예의 시그널이다. 고독사가 40~50대에도 위험 수위에 도달하고 있다는 사회적 심각성은 이미 연간 5,000명 이상으로 추산되는 노인들의 자살 통계에 고스란히 드러나 있다. 사회적 안전망으로부터 힘없이 이탈되어버리는 이들의 우울증이 낳은 타살의 흔적이다. 남성들에게 사망선고나 마찬가지인 그 마지막 생명의 동아줄 같은 부부관계의 해소를 논하기 전에 늙어가는 부부의 문제는 더 이상 가정 내의 문제로 볼 수 없는, 이제 국가가 황혼이혼의 문제에 해결책을 모색하고 제시해야.'

동철이 수세적 코너에 몰려 내놓은 변론의 요지는 대충 그런 논리였다. 혜련의 강공 드라이브에 역강공으로 맞서는 것은 치졸한 남성의 이기주의를 드러내는 모양새다. 이혼 사유에 해당하는 부분들이 얼마나 원고 측의 주장대로 받아들여질지 모르지만, 이제 최종 판정의 공이 주심에게 주어지듯 판사에게로 넘어갔다. 피고인 동철에게 공소사실에 대해서만 변론

동행 : 혼자 가면 빨리 가지만, 함께 가면 멀리 간다는 예술벽화가 이채롭다.
〈이혼법정 앞 대기실 – 창원지방법원 제공〉

하라는 주문에도 이를 재차 무시하긴 했어도, 어떤 재판이든지 자신의 이익을 위해 공방을 벌이는 양측 모두에게 보호해야 할 법익이 존재한다면 판결 전 양측의 화해나 강제조정의 절차는 필수다. 따라서 재판이혼의 경우 법원은 판결 전 두 사람에게 유익이 될 여지가 없는지 시간을 벌게도 하고, 타협의 절차를 거치기도 한다. 축구에서 전·후반이나 연장전을 휴식시간 없이 진행한다면 선수 못지않게 숨 막히는 심판이 먼저 주저앉을 것이다.

남과 여, 쉽게 결판이 날 리 없는 그 영원한 생애의 결승전은 그래서 판사의 주문은 어느 부부 드라마에서처럼 대개가 그런지 모른다.

"4년 후에 뵙겠습니다."

03 안방에서 지켜본 월드컵

빌리는 전반전, 힐러리는 후반전

⚽ 남자는 전반전, 여자는 후반전 법칙

02 한일대회가 끝난 1년 뒤인 2003년 8월 초 어느 날 아침. H그룹 창업주의 3남인 J회장이 대북 불법송금 혐의로 수사당국의 조사를 받던 중 자신의 집무실에서 투신, 밝아오는 재계의 아침을 경악의 여명으로 뒤덮었다. H그룹을 이끌던 선장의 타계로 급작스레 격랑의 파고 속에 휩쓸려버린 한 대기업 총수의 전반전은 후반전을 남겨둔 채 그로써 종료되었고, 드리워진 암운은 오래지 않아 후반전을 책임질 선수가 등장하였다. 선대 회장 때부터 공을 들였던 북한의 금강산사업 등 대북사업의 추진은 구동축

이 멈춘 상태에서 추진축의 새로운 기수가 탄생하였다. J회장의 부인 H씨가 부군의 비운을 뒤로 하고 최고경영자의 대권을 거두었다. 2008년 관광객 피격사건으로 중단되었던 H그룹의 금강산사업이 재개의 기지개가 켜질 날을 기다리며 망자의 한 서린 대북사업이 꽃을 피울 것인지 관중은 H그룹의 후반전을 지켜보고 있다.

민정계와 민주계의 암투가 치열하던 90년대 초엽. 제6공화국의 황태자로 불리던 P 전 의원이 YS와의 대권 줄다리기 공방에서 밀려나 문민정부 체제에 들어 사정의 칼날을 비켜가지 못하고 '닭 모가지론'으로 YS를 힐난하며 감옥을 향했다. 지역구는 일순간 민의의 대표를 잃었고, 그 지역을 대표할 또 다른 승계자로 P의원의 부인 H씨가 93년 보궐선거를 통해 국회의원에 당선, 한 가정의 정치 생명을 잇는 후반전 주자로 나섰다.

이처럼 국내의 정계와 재계 등 사회적 저명인사를 통하여 많은 파워 커플들의 사례는 각 분야에 적잖게 알려져 있다. 남편의 뒤를 이어 못다 이룬 정치 경제적 가업의 후계는 "내조는 살아 있다!"고 외치며 유사시 남편을 대신해 전장으로 뛰어든 아내들의 축적된 내공의 전력으로 급반전하며 사회 각계각층과 동서고금을 아우르고 뛰어넘는다.

니카라과 산디니스타 혁명과정에서 1978년 소모사 독재정권에 의해 남편을 잃고 1990년 대통령에 당선된 미망인 비올레타 차모로Violeta Chamorro의 정치역정은 대양을 건너 재현됐다. 1983년 필리핀 마르코스Ferdinand Marcos의 독재에 항거해 역시 남편을 잃은 뒤 1986년 대선에서 승리한 부인 코라손 아키노Corazon Aquino의 정치입문이 그 재판이었다. 역사적 평가를 떠나 1970년대 아르헨티나의 대권자 후안 페론Juan Peron의 사망에 이은, 부통령이자 그의 셋째부인 이사벨 페론Isabel Peron의 대통령직 승계와 그 이전 요절한 둘째부인 '에비타Evita의 눈물'을 기억하는 여성 정치사의 역정도 전말의 줄기는 나라의 민생문제였지만, 그 주체는 역시 부부였다.

이처럼 개도국의 정치 환경뿐 아니라 내정 상황의 차이가 엄연한 곳에서도 예외는 아니다. 세계질서의 중심축 미국에서도 현실화가 될 것인지 2016 대선을 향해 무르익어가고 있다. 제42대 대통령 빌 클린턴Bill Clinton의 뒤를 이어 그의 처 힐러리Hillary 국무장관이 오바마Barack Obama 이후 차기 민주당 대통령 후보로 자천, 타천 나설 기세다. 벌써부터 정계의 다수 의원뿐만 아니라 재계 곳곳에서도 그녀에 대한 지지 표명이 잇따르고 있다. 결혼 전부터 힐러리의 내조를 받은 빌리는 재임시절 백악관 스캔들에도 불구하고 전반전을 화려하게 마감했다. 후반전에 나서며 감추었던 그녀의 공수 비법은 미국 국내외에 어떠한 정치 변화를 가져올 것인가.

전반전에서 물러난 빌 클린턴 앞에서 선수 교체처럼 힐러리의 표정이 당차고 결연하다.
〈미 국무장관 임명식에서 선서하는 힐러리 – 연합뉴스 제공〉

시대를 좀 거슬러 과거 왕조시대를 보면, 왕통의 계승절차상 국왕의 사후 남편의 대를 이어 아내들은 흔히 왕이 될 수 없었다. 갑자기 불어닥친 권력 공백의 소용돌이에서 활로를 개척해야 하는 것이 선결의 책무였다.

수렴청정이나 외척의 힘을 빌려 왕권을 유지하기 위해 불완전하고 요식적인 장자 승계의 절차를 조정하며 시대와 정치적 상황에 따라 상당 부분의 국정을 간여하고 다스렸다. 그런 면에서 복잡다단한 왕통 계승전쟁의 중심부에서 왕의 아내란 국권 유지계승의 후반을 위해 대기 중인 히든카드인 셈이었다.

현대를 살아가는 범부들의 일상에서 멀고 동떨어진 세계의 그런 파워커플들의 이야기는 일견 현실과 괴리가 있어 보인다. 그러다가도 어느 날 갑자기 찾아온 비슷한 현실이 주는 위기감은 비로소 멀게만 느껴졌던 불행에 대한 인식의 간극을 좁혀주기도 한다. 그러나 정작 본인은 이를 의식할 겨를도 없이 이미 생존을 위한 화신처럼 변화의 주도자가 되어간다. 꺼져가던 불씨를 되살려 부활의 횃불을 치켜들어야 한다. 실제로 나이를 불문하고 갑자기 퇴직하거나 중도에 실직한 남편의 뒤를 이어 팔을 걷어붙이고 생업 전선으로 뛰어드는 인생 후반기의 여성들의 모습은 가부장을 대신해 내리막길의 가세를 일으키려는 전형적인 중산층 이하 소시민적 삶의 애환처럼 사회 곳곳에 흥건하다.

여전사의 커밍아웃처럼 눈물겹고 치열한 후반전의 생애를 이어가려는 진취적 결단은 바로 20년 전 월드컵 본선 한국축구에 담긴 열광적 순간의 알레고리를 안고 피어오른다.

⚽ 들불처럼 일어난 후반전의 한국축구

94 미국대회는 '기적과 재앙'이라는 극단의 드라마를 아시아 예선에 맛보기로 선사한 천신만고의 아메리카대륙 상륙작전이었다. 한국축구에 있어 바로 전 대회인 90 이탈리아대회 1라운드 3패는 월드컵 출전 사상 처

음으로 받은 커다란 충격임과 동시에 처녀출전이나 다름없던 86 멕시코대회의 선전에서 후퇴한 쓴맛의 진수(?)였다. 그만큼 도하의 기적은 머나먼 정상의 무대로 가는 길이 얼마나 험로인가를 일깨워준, 다시 일어설 천재일우의 기회였다. 세찬 비를 맞은 뒤 굳어진 현실자각의 토대 위에 골조된 새로운 각오와 출발의 도전이 94 미국으로 가는 길 위에 한국 팀을 재무장시켰다.

조 추첨 1라운드의 파트너들은 각오한 대로 86대회와 90대회 못지않은 가혹한 상대들이었다. 국내의 분석은 자연히 낙관 쪽보다는 비관 쪽에 무게를 두는 분위기였다. 그러나 대회에 다가갈수록 유리한 분석을 통하여 실낱같은 희망을 넘어 팀 전체의 패기에 불을 지피려는 긍정효과의 시너지가 사회 저변에 주입되었다. 언론들 간 재분석 작업이 치열하게 전개됐다.

스페인은 너무 부담스러웠지만 비기기 작전으로 마무리 짓고, 볼리비아는 대적할만한 적수였던 만큼 반드시 이를 잡는다면 마지막 철력의 우승후보 독일은 큰 부담을 떨치고 상대할 만하다는 전력 분석이 그럴듯하게 퍼져 있었다. 여기에 지난 두 대회의 경험상 방어의 중요성을 더욱 깨달은 한국 대표팀에 걸출한 수비의 간성(干城)이 후방에 탄생한 것이다. 바로 리베로 홍명보였다.

대개의 스포츠종목이 그러하듯, 축구는 가계의 수지 게임과 같다고 할 수 있다. 아무리 밖에서 벌어들여도 안에서 모두 까먹는다면 패배의 적자 게임이 될 수밖에 없고, 안에서 아무리 허리띠를 졸라매도 밖에서 밥벌이가 시원찮으면 그 역시 흑자를 낼 수 없다.

많은 상황이 그랬듯 94 미국대회 1라운드에서 한국의 문제는 내간에서 까먹는 만큼 외간에서 벌어들이지 못하는 데 있었다. 1차 스페인전 후반전이 시작되자마자, 그리고 3차 독일전 전반까지 각각 두 골과 세 골을 이미 내주었기 때문인데, 전반전을 책임진 공격수들이 수명을 다한 듯 승패의 결과가 확연해보인 후반전이 닥치자 한국팀에 변화가 일었다.

뒤처진 것 같으면 결집해 나아가고, 급진적이면 숨을 고르는 흐름의 메커니즘은 인생의 바다로 유입되는 시냇물의 흐름과도 같다. 언제 공격하고 언제 수비할 것인가는 적군의 전력과 경기운영 패턴 등이 금세 드러나지 않기 때문에 게임을 지켜보면서 코칭스태프는 시시각각 맞불을 놓아야 한다. 아군의 팀워크 밸런스 유지와 함께 '최종병기'를 갖추고 어느 시기에 카드를 꺼낼지도 계산하지만 막상 그라운드 위에서 실천에 옮기지 못하면 무용한 것이다. 노련한 리베로는 공의 흐름과 상대 공격수의 움직임뿐만 아니라 전방 포진한 적들의 구멍을 동시에 관리한다.

그 타이밍을 절묘하게 파고들어 전반기의 쇠락을 반회해버린 수훈갑이 영웅처럼 일어섰다. 집안 안주인처럼 후방의 중심에 있던 리베로 홍명보가 팔을 걷어붙이고 공격의 일원으로 전방에 나선 것이다. 우리 세대에 경험치 못하고 살아왔던 '은둔과 끈기의 민족혼'이라는 말만 들었을 뿐 전반전에 숨겨진 은둔은 후반전 끈기의 민족혼을 불사르며 비로소 만천하에 빛을 발했다.

대 스페인전 2:0으로 패색이 짙어가던 후반전 38분, 홍명보는 공격에 직접 가담하여 문전 프리킥 성공으로 적자폭을 줄이더니, 전반전에 주의 깊게 관찰한 대로 구멍을 파악한 것이다. 이제 흑자의 희망이 보였는지 작심하고 중원을 장악하고 나선 것이 스페인에게 결정타였다.

홍명보는 후반 종료 직전, 적진의 공고한 벽을 허물고 침투하여 적장이 잠든 문 안을 열어젖히며 그의 목을 칠 일도의 칼자루를 측면에 잠복해 있던 전문 자객에게 쥐어준다. 이 자객은 98 차기 대회 대일전 동경대첩의 킬러가 될 싹수 서정원이었다. 한반도는 환호했고, 세계는 경악했다. 당시의 무적함대 스페인은 세계랭킹 5위라는 순위 위에서 무당춤을 추고 있었다.

한국팀의 전·후반 포지션 치환작전은 마지막 독일전에서도 후반 상대

진영의 중심을 관통하고 있었다. 타임아웃으로 치닫는 초침과 분침은 회전을 멈추고 싶은 듯 한국 전사들의 공격에 힘을 실었다. 40도에 가까운 살인적인 날씨 따위는 승리를 눈앞에 둔 독일만 힘들게 할 뿐 생존본능으로 무장한 전원 공격의 단말마적인 파상공세에 오히려 태양 쪽에서 열기를 느꼈을 순간의 연속이 이어졌다.

일찍이 독일축구가 세계 축구인들에게 보여주지 못한 무기력한 방어태세는 그들에게 원인이 있었다기보다는 대회 전부터 야심 찬 출사표를 내걸고 칼을 갈았던 한국팀의 투혼적 의지 때문이었다. 후반 6분, 한창 무르익어가던 또 다른 킬러 황선홍의 만회 골이 터지자 곧바로 내간의 임자가 재차 나섰다. 스페인전 때와 같이 적 진영에 대한 창조적인 침투에 이은 빛나는 예봉이 서서히 기울어가는 적들의 전의와 어울려 드라마를 써내려가는 중이다. 후반 18분, 홍명보가 그 서슬을 집도한 채 다시금 추격의 환상 골을 성공시킨 것이다.

단지 세 골이나 벌어져 있는 간격이 부담을 줄 뿐 빼앗긴 자의 치열한 탈환작전에 취해버린 세계 축구팬들 모두의 일치된 심상은 마지막 최후의 공격과 함께 몰입되어버렸다. 패배의 결과는 이미 의미를 상실했고, 그라운드도 관중도 무언가 다른 축구를 경험한, 투혼의 승리자에 대한 칭찬 일색이었다. 박수가 주는 패배의 결과에 부활의 완성이 깃들었고, 동 대회의 두 강자에게 미구에 다가올 한국과의 리벤지를 약속받는다.

⚽ '여자는 전반전 남자는 후반전' 머지않아

축구가 전·후반을 나누어 한 박자 쉬어가는 하프타임을 정한 것은 90분이라는 길고 긴 인생의 여정에 단순히 누군가와의 공수교대를 염두에

둔 전략적 차원만은 아니다. 빼앗기고 사멸되어버리는 한 쌍의 남녀(팀)가 지녀야 할 온전한 공동의 가치에 대한 탈환과 복원을 위한 의미가 내포되어 있음은 해석의 차이일 뿐이다.

그런 점에서 94 미국대회는 모두가 성공자는 될 수 없으되 절박한 위기에 처하여 이를 타개해나가려는 후반기 처절한 재기는 누구에게나 위대한 도전이며 삶의 승리자가 되어야 한다는 적나라한 생존율의 전형을 보여주었다.

부부에게 있어서도 원하든 원하지 않든 사회적으로 그들은 공동의 이익을 대량으로 득점하려는 팀워크적 결합체이다. 득점과 실점이 단속적으로 순환하는 사이클 운동의 중심축에서 가업의 융성과 연면함을 운명적으로 이끌어야 하는 결사체이기도 한 것이다.

우리의 인생도 전반을 단기, 후반을 장기로 이분화한다면 기나긴 인생의 여정처럼 분명히 수비우선의 전략이 유리하고 주효해 보인다. 따라서 여성의 수비기반이 생의 전술에 있어 한 쌍의 사회적 경쟁력을 좌우하는 열쇠가 되어 보이기도 한다. 그 때문에 두레박과 항아리로 대변되는 고전적이고 전근대적인 의미로서 '남편은 전반전, 아내는 후반전의 법칙'은 바야흐로 시대가 변하여 사회적 중추세력 혹은 집단으로 급성장한 여성들의 파워풀한 밀물 공세에 떠밀려 종언을 고하고 있는지도 모른다. 초식남과 육식녀로 표현되는 현대의 젊은 남과 여의 사회상은 그 반증으로 과도기적 표현형식에 지나지 않는다. 시간이 더 지나서 반대로 남성들이 가정의 전업주부 역할을 수행하는 시대적 증가추세는 현 세태와 맞물려 있다.

세상은 남과 여가 어울려 그렇게 반전을 거듭하는 역전극처럼 '아내는 전반전, 남편은 후반전의 법칙'으로 뒤바뀔 날이 곧 오고 있다는 신호인가.

일곱 개의 장미 송이 두 번 꺾이다

⚽ TV 드라마, 복수극 시대를 열다

14 브라질대회가 열리는 남미 전역에선 〈이브의 복수〉(원제: Eva Luna)라는 드라마가 여성들의 폭발적인 인기에 힘입어 지난해 시청률 1위에 올랐고 국내 방송시장에도 상륙했다.

순애보의 멜로물이나 가족 중심의 드라마가 대세였던 과거 70년대 초창기 TV극의 전형은 80년대를 뛰어넘어 90년대 이르러 대작이라 할만한 〈허준〉, 〈대장금〉, 〈용의 눈물〉 등 주목을 끌었던 역사극들이 안방으로부터 큰 반응을 얻었다. 반면 동시대를 전후해 〈청춘의 덫〉, 〈모래 위의 욕망), 〈아들의 여자〉 등 일련의 치정물들이 시청자들의 분노에 어필하는 데 성공함으로써 힘없이 살아왔던 여성들의 정서가 안방에 자그만 감흥을 일으키며 2000년대를 맞았다.

보다 다양해진 여성들의 욕구와 다원화된 시대상을 반영한 이런 테마류들은 빼놓을 수 없는 안방극장의 주제어처럼 다작을 선보였다. 여러 채널을 넘나들고 있는 이 TV극 부문은 그야말로 다양한 장르의 드라마 르네상스를 구가하고 있다. 더러 '막장'이라는 소리를 들어가며 이제 복수극이라면 여자의 화려한 리벤지가 떠오를 만큼 선입견을 주고는 있지만, 그 원조라 할 수 있는 원한에 대한 남자의 극한투쟁을 일찍이 80년대 들어 안방으로 초대한 액션물이 있었다.

TV드라마 〈모래시계〉의 연출자로 90년대 방송계의 큰 별로 떠올랐던 김종학 PD가 2013년 개인적 불우한 사업환경과 맞서다 유명을 달리하여 그를 아는 많은 이들을 안타깝게 했다. 한국 드라마 역사 최고의 찬사를 받았던 〈모래시계〉가 방송을 타기 11년 전 그의 초창기 방송극 연출자로서 남겼던 작품 중에는 1984년 1월 안방에 전파를 탄 김성종 원작 MBC 베스트셀러극장 〈일곱 개의 장미송이〉가 편성돼 시청자를 기다렸다.

7인의 악인들에 의해 처참히 성폭력으로 난행을 당한 임신 3개월의 사랑하는 아내를 잃자 그들을 찾아 차례로 모두 죽이기로 하였으니 자신도 죽음을 각오하지 않고서는 감당할 수 없는 결심이었다. 아내가 남긴 단서 장미송이로 상징된 일곱 악인의 근거지를 찾아 서울과 부산을 오가며 원정길을 떠난 남자는 집요하게 원수들을 찾아내어 하나둘씩 제거해가면서 처절한 복수극을 펼친다. 남자의 엽기행각을 극화한 지상파 주말 단막극으로서는 보기 드문 선정적인 미스터리물이었다.

유수한 국내외의 영화 속 내용들에서 흔히 접할 수 있는 레퍼토리의 영역을 당시 고착화된 드라마 주제의 이미지를 과감히 허물고 지상파 단막극 부문에 실험적인 접목으로 그려낸 파격의 픽션이란 점에서 선구적 연출이 돋보였다. 그러나 〈모래시계〉를 있게 한 초기작의 스토리가 우리의 주제 월드컵 본선무대에서 현실처럼 펼쳐졌음을 기억할 리 없이 연출자는 그렇게 세상을 돌연 등져버렸다. 그의 연출작에 비춰진 일곱 장미의 상대와 싸워 승리를 일군, 한마디로 원정의 적지에 떨친 1 대 7의 유럽 평정쇼가 그 무대를 월드컵으로 옮겨 막을 펼쳐 올렸다.

⚽ 북유럽에서 만난 일곱 송이 장미

월드컵 8강사를 들춰보면 대개가 유럽세와 남미세가 뒤엉켜 서로 쟁패를 벌이다가 종국에는 개최 대륙 소속국가의 안방 우승이나 준우승 등을 중심으로 해당 대륙의 득세 판도가 나타났다. 약속이나 한 듯이 62 칠레대회에서 06 독일대회까지 총 12회에 걸친 연속된 우승은 한결같이 남미와 유럽이 대작하듯 '주거니 받거니'를 과점적으로 반복해온 분할 양상이다.

오늘날 축구의 나라로 추앙받는 브라질은 그 한가운데서 남미의 굴곡진 역사만큼이나 파란의 기록을 새겨놓으며 역대 다섯 번의 최다 우승국 자리를 점한 의미는 한마디로 눈부시다. 가장 많은 횟수의 패권 자리는 절대 우위의 여러 유럽국가들 틈새에서 쟁취해낸, 흔히 말하는 극장쇼를 방불케 했다. 흘러간 전설이긴 하여도 축구황제 펠레라는 불세출의 대스타의 탄생은 그의 최근 저주의 예언에도 기본적으로 문맹하고 빈곤한 비선진국 청소년들에게 있어 대표적인 미래의 멘토상으로 그려져 있다. 정상의 깃발을 세웠던 그 5회의 우승도 모두 안방이 아닌 원정의 적지였고, TV극 〈일곱 개의 장미송이〉처럼 58 스웨덴대회와 94 미국대회는 공히 유럽의 일곱 나라와 8강을 다투며 홀로 이룩한 대전과였다.

주최국이 특정되면 인접국들이 반사적으로 참가 특혜를 입고 본선진출에 한 발 다가서기에 수월해진다. 스칸디나비아 반도에 있는 스웨덴의 월드컵 개최도 인근 북유럽의 강호들을 끌어 모았다. 비교적 국제축구 무대에서 좀처럼 볼 수 없었던 웨일스와 북아일랜드까지 가세해 그 지역세를 불렸다. 이채로웠던 사실은 영국(Great Britain)을 구성하는 잉글랜드, 스코틀랜드와 함께 4개 지역이 1946년 피파의 각별한 승인에 의해 각기 회원국으로 재가입되어 있었다. 더구나 축구 종주국이라 일컫던 잉글랜드가 웨일스와 북아일랜드에 밀려나 있었다. 2002년 한국과 일본 양국이 주최국으로서 자동 진출하자 지역예선 경쟁국들 가운데 두 나라가 빠진 빈자리를 중국이 비집고 들어온 유사한 경우였다. 단지 다른 점이라면 중국은 그들처럼 토너먼트 진입에 성공할 기력도 없이 1라운드 탈락에 그쳤다.

여담이지만 그런 측면에서 02 한일대회는 한·중·일 3국이 극동축구의 판세를 좀 더 키울 수 있는 절호의 기회였다. 각자의 국내리그를 범극동 차원의 인적·물적 자원의 교류가 확대되도록 견인시킬 만한 추동력의 부재가 원인이기도 했지만, 거기까지 플랜을 짜내기엔 당장 닥친 주최국의 성적 올리기와 불안정한 상호 공조관계, 그리고 성공적 흥행이라는 과제가 현안을 지배한 때문이었다. 중국의 첫 출전이 참가적 의의를 벗어나 균형 있는 동반세력이 되도록 두터운 포석을 가져가는 대신 가시적이고 지엽적인 실리 바둑이 각자 반상에서 독자노선을 추구했다.

사실 월드컵은 유럽이라는 지뢰밭에서 헤어 나와야 생환이 보장되는 전쟁터와 같다. 본선 비유럽 참가국 가운데 그 어떤 나라도 저승사자처럼 버티고 나오는 유럽 팀을 만나지 않고선 이 지옥의 문을 통과하기란 실로 힘겹게 판이 짜여 있다. 98 프랑스대회부터 공식적으로 월드컵 본선에 배정된 유럽의 티켓은 13장. 현재와 같이 4개국이 한 조가 되는 예선 시스템에선 최소 하나 혹은 두 개의 유럽 국가를 만나야 한다. 그래서 한 대류 소속 국가들이 특정의 조에 몰리는 현상을 개선하기 위해 톱시드 배정 및 조 추첨제를 도입 시행하고 있는 지금을 생각하면 58년 당시의 대결구도는 분명히 '일곱 송이 장미'를 만난 것이다.

또한 식민대륙으로서의 남미지역 대개가 그러한 역사를 지녔듯 브라질이라는 자원의 보고에 유럽 제국의 지배자들은 필연적·역사적으로 토착민들과 끌려온 노예들에게 아픔을 준 원흉들이었다. 정작 가장 큰 상처를 주었던 지배자 포르투갈이 빠져버린 것이 흠이긴 하였으나, 어차피 가해자의 역사 뒤에 원인 제공자가 숨어 있게 마련이다. 본토문명으로부터 밀려날 수밖에 없는 지리적 환경과 작은 국가 규모는 그 스스로 활로의 개척지가 바다 건너였으므로 포르투갈이 제국의 목적을 달성하기 위해 대항해를 거쳐 남미대륙 일부를 점령한 먼 단서의 제공은 유럽 본토라 해도 과언은 아닐 것이다.

그 가운데 남미의 착취사에 직·간접으로 가담했던 국가인 프랑스가 8강에 올랐다는 점은 브라질에게 있어 의미 있는 일이었고, 국제축구의 주도국으로서 유럽의 실세 중 실세란 점은 전의를 불태우기에 충분했다.

월드컵 부흥기 유럽세가 다수였던 점을 감안하더라도 대결의 구도가 1라운드 상대국들을 포함하여 모두 브라질을 에워싼 한 대륙 내의 국가집단이란 점에서 유럽을 정벌하려 원정 온 침입자에 맞선 유럽 연합군의 세계대전이었다. 브라질은 1라운드에서 오스트리아와 장미의 나라 잉글랜드를 탈락시키고 주최국 스웨덴과 프랑스, 독일, 웨일스, 북아일랜드, 유고, 소련 등 7개국과 8강을 구성했다. 마치 일렬종대로 줄지어서 밧줄을 잡은 유럽 팀이 불과 하나의 국가에 대항하기 위해 영차영차 줄다리기 싸움을 벌이는 광경을 연출했다. 그리고 경기가 시작되자 먼저 두 나라가 힘에 부쳐 나가떨어진 형태였다. 그만큼 멀리 외지에서 날아온 이방인의 낯선 삼바의 춤판은 첫 라운드부터 군계일학처럼 전 유럽의 힘을 압도할 기세였다.

특히 펠레Pele-가린샤Garrincha-디디Didi-바바Vava가 출격하는 공격편대의 가공함이란 어느 누구도 정상의 플레이로는 막아낼 재간이 없었다. 골키퍼의 최고봉인 소련의 야신Yashin도 그들 앞에 무릎을 꿇었다. 13골로 대회 득점왕을 차지한 퐁텐느Justo Fontaine의 프랑스도 제국시대 남미침노의 대가를 치렀다. 이 잘나가는 워킹 풋볼팀에게 그나마 반격의 희망을 건 것은 최후로 살아남은 주최국 스웨덴이었으나, 소위 '홈 어드밴티지'의 모든 것을 동원하여도 바이킹의 후예에게 다가온 것은 이미 해 저물어 정적이 깃든 북유럽 밤의 끝물이었다. 약관의 나이에도 못 미치는 17세의 어린 펠레가 마지막 장미송이를 여지없이 꺾어버린 것이다.

펠레가 스웨덴의 골문을 가르는 통렬한 슛을 성공시키고 있다.
〈58 월드컵 결승전 – AP제공〉

⚽ 삼바의 혼, 유럽 연합군과 다시 만나

강산이 네 번 바뀌고 94 미국월드컵이 열리면서 이제 전장은 아메리카 북미대륙으로 무대를 옮겨왔다. 장소만 달라졌을 뿐 유럽의 일곱 송이 장미들이 또다시 브라질을 에워싼 형국을 재연했다. 유럽은 36년 전의 챔피언 앞에서 리벤지를 맞았고 브라질은 재차 한 대륙을 일거에 무찌를 기회를 잡은 것이다. 한 번 상대를 멋지게 물리쳤는데 상대가 재대결을 걸어오는 것은 승자의 입장에서 별로 탐탁지 않은 리턴매치이기도 하다. 그러나 이미 악연의 끈을 맺어버린 이상 장미송이에 대한 구원(舊怨)을 완전히 풀자면 몇 번이 되더라도 다시 싸워야 한다. 월드컵 타이틀마저 걸려 있는 대회이니만치 70 멕시코대회 이후 무관의 세월을 만회할 기회이기도 했다. 녹슨 창을 갈고 닦은 시간에 비해 이를 써먹을 기회가 너무 긴 공백의 터널을 지나왔다.

이번엔 루마니아, 스웨덴, 네덜란드, 독일, 불가리아, 이탈리아, 스페인이 지난 58년 대회의 교대조처럼 한층 강력한 원정의 일곱 십자군을 조직했다. 마침 장미가 나라꽃인 루마니아와 불가리아라는 새로운 나라가 불꽃투혼을 자극하며 유럽 국가들과 합세했다. 남유럽 아름다운 다뉴브 강을 경계에 두고 인접한 두 나라는 1, 2차 세계대전의 전황에 휩쓸린 후 구소련체제에 흡수되었다. 1989년 각기 유혈혁명과 무혈혁명을 통해 민주화를 끌어당긴 국민적 힘이 산고 끝에 94 미국대회의 동반 8강 진출이라는 옥동자를 낳았다. 한편 지난번 홈 무대에서 절호의 정상 기회였던 결승의 패배자 스웨덴의 작심 참여는 독일과 함께 정상 탈환의 의지가 번뜩인다. 우연히도 그런 의지가 통했던지 스웨덴은 1라운드 조별리그전부터 브라질과 맞붙었다. 이길 뻔했던 무승부(1:1)를 기록하며 브라질과 16강 토너먼트에 올랐고, 언제고 정상의 길목에서 끝장을 보자며 삼세판의 승부를 악다물며 기약한다. 홈팀 미국의 도전을 넘어 8강전 제국의 또 한 나라 오렌지군단을 맞은 브라질은 이 대회 최고의 명승부를 주고받으며 자국 영웅의 이름을 딴 펠레 스코어(3:2)를 남긴다. 스웨덴은 8강도 넘기 전에 벌써부터 준결승의 외나무다리 위를 점거한 채 삼바만을 기다렸다. 다행히도 루마니아가 그 길을 열어주었다. 그런데 4강전 사투를 벌인 장소가 미국 캘리포니아주 장미의 상징 로즈볼 스타디움. 가시가 잔뜩 돋친 위험한 꽃장미를 만나 브라질은 대회 최우수선수 호마리우Romario의 단 한 방으로 길고 길었던 악연에 종지부를 찍는다. 브라질을 넘을 수 없는 숙명을 이끌고 다시 정상의 문턱에서 좌절한 바이킹의 부대는 불가리아와의 3, 4위전에서 4:0의 한풀이를 해대는 것으로 만족해야 했다.

그 사이 브라질은 불가리아를 꺾고 올라온 이탈리아와 24년 만에 다시 정상에서 만났다. 아메리카대륙에서만 두 번의 결승 다툼을 벌이게 된 것이다. 70년 멕시코대회처럼 팬들은 기대에 차 있었고 적벽대전이 되리라던 고대는 전·후반과 연장전 내내 맥 빠진 흐름의 전개였다. 결국 일찍이 없었던 월드컵 결승전을 승부차기까지 돌입시키며 스스로 무너진 아주리 군단의 PK 실축이 종국의 길을 선택했다. 장미와의 전쟁 그 대회전의 막이 싱겁게 끝을 맺는 순간이었다. 그것은 월드컵의 역사가 원한의 과거사가 되어서는 안 될 것이라는 리벤지와의 종말을 선고한 최종판결 같은 것이었다. 월드컵은 승리와 패배를 모두 어루만지는 인류 대화합의 장이 되어야 한다는 이념적 아고라가 되어 있었기 때문이다. 난투극으로 얼룩졌던 초기 월드컵의 얼굴에 다시 인류화합이라는 메이크업으로 화장을 고쳐버린 마스카라의 눈빛이 이미 다른 메시지를 세계인들에게 전파했다.

복수란 처음부터 그렇게 허무한 본질을 내포하고 있는 것인지 모른다. 칼을 갈던 시간은 길고 긴 인고의 나날 그날만을 바라보며 달려온 유성같이 흘려보낸 세월의 비장함은 그 최후의 적을 처단하는 찰나 한 순간의 완성으로 산화해버린다. 모든 것 끝난 뒤에 찾아오는 허망함과 회한의 여운은 어쩌면 우리가 아는 복수란 모든 것들이 진정한 복수가 아니란 것을 깨닫게 해 주는지 몰랐다. 복수가 또 다른 복수를 가져다주는 것에 대한 회의감은 리벤저로 하여금 두 번을 울게 한 뒤 다른 출발을 위하여 깨닫게 하는 가르침일까.

⚽ 장미를 꺾은 리벤저, BRICS의 주자로 변모

58년과 94년 양 대회는 7개국의 유럽세에 둘러싸인 브라질의 고투적 의미 외에도 안방 어드밴티지를 안은 58 대회 결승과 94 대회 16강전 홈팀 미국과의 결전을 모두 평정한 데에도 큰 의미를 둘 수 있다. 그만큼 유럽과 남미, 그리고 북중미와 아시아 대륙 등 아프리카를 제외한 전 대륙에서 그들의 깃발을 세운 두각의 특징은 홈그라운드의 적을 하릴없이 무력화시키는 현지 적응력이 탁월함에 있으며 월드컵 통산 우승 5회에 단 한 번도 자국 내 우승이 없다는 사실은 깊은 영감을 던져준다. 그것은 식민 시절 비참했던 이역만리 타향에서의 노예생활을 통하여 터득한 아프리카 출신 후손들의 피가 타국에서만큼은 더욱 끈질긴 생존력의 DNA에 묻혀서 결코 꺼지지 않는 횃불처럼 타오르는 이유인지 모른다.

그들에게 축구란 자유를 빼앗겨 갇혀버린 땅에서 키워낸 조그맣고 둥그런 굴렁 기구에 대한 서커스와 같은 기술이다. 자유를 갈망한 노예들의 춤사위 속에 축구의 유희성이 녹아 일체화되어버린 강인하면서도 유연한 예술혼의 노래이다. 따라서 누구도 흉내 낼 수 없이 활달하고 화려한 카니발의 몸동작은 월드컵 대회마다 함께한 참가국들에게 늘 파죽의 기운을 감돌게 한다. 브라질은 그렇게 축구를 통해 스스로를 말해왔다.

축구의 본질이 단순히 골과 승부가 아니라는, 그래서 오히려 골과 승부의 귀재가 되어버린 아이러니의 배경을 그들의 아픈 역사와 가난, 그리고 중노동의 질곡에서 발견해보려는 시도는 분명히 의미 있는 접근이다. 여기에 더하여 유럽과 아시아계 이민자들의 혼입에 따른 인구규모의 확대와 경제성장, 그리고 진화된 다양한 문화적 특질들의 재창조가 축구역사만큼이나 화려하다. 이를 일구어낸 국력 신장의 바로메타가 각종 예술과 여타 스포츠 분야의 눈부신 과업과 함께 견고히 뒷받침하고 있다. 국가적으로 다원화되어가는 민주화의 뿌리가 점차 내려지고 지구촌 인구의 절대 다수를 점한 브릭스(BRICS)의 멤버로서 2050년경에는 세계의 경제대국을 목표로 하고 있는 개발 중진국의 선두주자로 우뚝 섰다.

이제 브라질은 장미만을 찾아 복수의 칼을 갈던 시간은 되돌아볼 필요 없이 떠나보냈다. 세계축구의 흐름상 다시는 월드컵에서 대륙 간에 1:7이라는 대결구도도 쉽사리 재현되기는 힘들어 보인다. TV극이라는 허구의 이야기에 빗대어 그려본 장미와의 전쟁기간, 브라질이 보여준 드라마가 그 자체로 픽션처럼 남을 것이다.

이미 카운트다운에 들어간 2014 월드컵대회. 축구 앞에서라면 모든 국민이 종교와 신앙처럼 떠받들 것 같은 브라질에서도 월드컵 개최에 대한 반대의 시위가 벌어진다는 뉴스가 지구촌을 놀라게 하고 있다. 브라질에선 분명히 변화가 일어나고 있으며, 이러한 변화의 소용돌이 속에서 금번 대회와 함께 이후 세계를 향한 국가 전반의 성장패러다임에서 또 어떤 다른 드라마를 쓸 것인지 판도의 귀추가 주목된다.

PART 2

클럽(Club)

월드컵 3패 클럽 (1)-나락의 달인

2010 남아공대회 멕시코 VS 프랑스전 응원열기 〈멕시코 소갈로 광장 – 연합뉴스 제공〉

월드컵본선 역사 한 대회에서 연속 '3연패'라는 수난을 겪으며 호된 신고식을 치른 최초의 주인공은 멕시코다. 1930년 월드컵 출범 이후 62 칠레대회 첫 승을 얻기까지 이 나라가 거둔 성적은 1무 12패. 그 아픈 기억에 더하여 3패 전문의 연속 기록을 고스란히 쌓아온 멕시코가 2010 남아공대회까지 작성한 역대 월드컵본선 진출 총 79개국 가운데 최다 패(26패)의 기록으로 최다승국 브라질(69승)과 대척점을 이루고 있다.

참 아이러니하게도 월드컵 최다패국과 최다승국은 세월이 80여 년이 흐른 2012 런던올림픽 결승에 함께 올라 멕시코는 브라질을 물리치고 챔피언에 오른다. 극과 극은 이런 방식으로도 통하는 것인지를 보여준, 패배자의 역습에 대한 치기어린 호기심은 월드컵 본선에서 멕시코에게 어떤 일이 있었는지 궁금해졌다.

⚽ 세 차례의 월드컵 본선–8전 8패

역사의 기록이란 늘 그렇거니와 승자만이 기억되고 칭송되는 이면에 감춰진, 그리고 들춰내기 조금은 얄궂은 이런 기록 따위에 별다른 눈길을 주지 않지만 1회 월드컵대회 때부터 감탄을 자아내는 매치가 불을 뿜었다.

1930년 1회 우루과이대회에 출전한 멕시코는 또 한 번의 아이러니한 국면의 대결을 월드컵의 역사적 개막전이자 자국 첫 경기를 치르며 한 획을 긋는다. 19세기 초 지배자 스페인으로부터의 독립과 연이은 미국과의 전쟁에서 상당한 영토를 무력으로 빼앗겼다. 국토 참절의 아픔 속에 악화된 국가 재정의 회복과 개혁 노력도 헛되이 재정파탄으로 야기된 프랑스의 침략과 지배는 멕시코가 마지막까지 짊어져야 하는 형극이다. 그 원한의 마지막 침략자였던 상대 프랑스를 맞아 1:4로 개막전의 패배를 기록했으나, 2010 남아공 1라운드에 와서 2:0으로 치욕을 갚아주며 전세를 뒤엎는다. 브라질과는 또 다른 차원의 꼭 80년이 흐른 뒤의 상전벽해였다.

첫 대회 당시 프랑스전 외에 같은 조의 상대 아르헨티나와 칠레에게도 차례로 패전하며 본선무대에서 추방당한다. 세 경기를 치르는 동안 무려 열세 골이나 먹어버린 대식의 기록은 남 좋은 일만 잔뜩 시킨 무력한 결과였다. 다른 조에 포진해 있던 볼리비아, 페루, 벨기에도 각기 조별 리그에서 모두 전 경기를 패배하였지만 한 조당 세 팀밖에 되지 않은 2패였다. 멕시코만 유일하게 향후에 전개될 '3패 클럽'의 창설 멤버로서의 화려한 등정이 시작된 것이며 장차 위대한 월드컵 역정의 첫걸음을 내딛게 된 것이다.

흥미진진하게 지켜보는 제3자의 입장을 헤아린 것도 아닌데 멕시코는 다음 4회 브라질대회에 출전 3연패의 영예(?)를 또다시 홀로 차지하는, 정말 토하고 싶지 않은 기염을 내뱉는다. 2차 세계대전의 월드컵 공백기를 지나 절치부심 칼을 갈아온 멕시코였건만 20년 만에 4회 브라질대회에 참전하여 치른 첫 경기가 하필 최강 브라질전. 결론이 뻔할 것 같은 승패(0:4)가 갈린 뒤에 멀리 유럽에서 원정 온 같은 조 유고와 스위스가 차례로 멕시코를 나락으로 밀쳐내는 바람에 월드컵 본선에 나왔다 하면 3연패의 멍에를 두 번이나 안고 간 것이다.

이 나라는 2회 이탈리아, 3회 프랑스대회엔 지역예선 탈락, 그리고 기권으로 각각 출전조차 하지 못했는데, 2회와 3회 두 대회에 와서는 본선 16개국(3회는 15개국)이 토너먼트로 바로 승부를 가려 올라가는 방식이었다. 3패 클럽을 창설하려 해도 물리적으로 3패가 불가능한 상황에 따라 아쉽게도 멤버의 구성을 후일로 기약해야 했다.

멕시코가 월드컵 본선에 출전하는 길은 바로 '3패로 가는 길'이라고 피파가 민망해했을 일은 둘째 치고, 북중미를 대표한 나름의 강호 입장에서 본선행 장도에 오르는 길이 도살장 가는 기분이었을 것이다. 그러나 3 연패를 연거푸 두 번이나 뒤집어쓴 나라치고 멕시코는 집요하리만치 월드컵 본선무대를 열심히 두드린 단골손님이기도 하였다. 심지어 2회 이탈리아대회는 본선이 이미 시작돼버린 현지까지 가서 최종예선전을 치렀다. 훗날 '3패 클럽'에 가입하여 멕시코와 갈등관계를 조성한 최종상대 미국에 패하는 바람에 잔칫집에 초대받지 않은 손님이 되어 어색해진 발길을 돌려야 했다. 그만큼 '들이대기의 고수'처럼 집념과 끈기가 남달랐던 탓에 2014년 브라질대회까지 월드컵 본선 총 20회 가운데 모든 대회를 출전한 브라질과 18회의 이탈리아와 독일, 16회의 아르헨티나에 이어 출장경력만 15회, 세계 5위의 순위를 자랑하고 있다(출전율 75%).

그렇게 나름대로 북중미 지역에서는 맹주로 행세하며 무조건 달려가 맨 앞줄을 차지하려는 욕심이 남다른 건 가상했어도 본선만 오르면 동네북을 자청하고 열심히 쫓아다닌 것이다. 그러나 화려하게 꽃피웠다 스러져간 고대 마야문명을 다시 일으켜 찬란한 태양신의 아스텍문명을 재창조했던 원동력은 굴하는 일이 없었다. 70년 본선대회를 성공시키고 86년 대회마저 다시 유치한, 그들만이 이뤄낼 수 있는 열정이 뒷받침된 창조적이고 도전적인 국민적 기개는 초기 그러한 고전의 연속을 즐기기까지 한다.

민족상잔의 아픔을 딛고 54년 한국이 첫 출전한 5회째 스위스대회는 리그방식이 변경되었다. 멕시코처럼 세 번씩의 수고스러움을 덜어줄 필요가 있다고 판단했음인지 피파가 두 번의 경기면 볼 것 다 보았다는 식의 라운딩 방식으로 변경된 것이다. 하지만 그러한 배려에도 불구하고 안 되는 축구가 이번 대회에서마저 도리가 없었던 것은 1회와 4회 대회 때 만난 최강 브라질과 프랑스가 또다시 멕시코를 연파, 2연패를 추가 달성함으로써 월드컵 본선출전 사상 도합 8전 8패의 대대적 기록 보수 행진을 벌이며 '칠전팔기'라는 우리 속담도 세계무대에 나가면 경쟁력이 떨어짐을 보여준 해괴한 역사를 써버렸다.

🕙 회장국 멕시코, 스위스 부회장국 등극

월드컵만 열리면 나라 전체가 공황장애 상태에 돌입한 가운데 "못 먹어
도 GO!"만 외칠 계제가 아닐 것 같은 이쯤의 사정에 알레르기가 일어나
도 벌써 일어났을 것을. 그러나 멕시코 국민을 절망케 하는 이면에 그들
에겐 도전과 모험을 겁내지 않으며 즐기는, 이런 월드컵 스트레스를 한 방
에 날릴 대체 도구가 곁에 있었다. 바로 권투였다.

복싱강국의 챔피언 훌리오 차베스는 역대 최고의 선수로 각광받았다.
〈1992년 WBC 타이틀방어전에 성공한 차베스 – AP제공〉

기실 멕시코는 격투기의 대명사인 권투경기에 있어서 미국 못잖게 세계
를 호령한 나라이기도 했다. 중량급은 미국, 경량급은 멕시코로 양분된 세

계의 왕좌에 70, 80년대 자라테, 자모라, 칸토, 아벨라, 핀토르, 쿠에바스 등 헤아리기조차 힘든 군웅들에 이어 90년대 최고의 복서 훌리오 차베스Julio Chavez에 이르기까지의 당대 복싱 영웅들은 멕시코 국민의 희망이요, 축구가 못한 국민적 자긍심과 카타르시스의 샘과도 같은 인간 국보들이다.

월드컵에서 뺨 맞고 복싱 세계타이틀에서 화풀이를 하려 했을까. 아니, 굳이 타이틀매치가 아니라도 상관이 없었다. 세계를 주름잡은 기세의 끝은 자국 내의 세계챔피언끼리 내부 싸움을 해서라도 축구에서의 열 받음을 식혀보고자 애써본 것이었으리라.

또다시 3패의 불운이 다가오는지도 모른 채 78 아르헨티나대회를 일 년여 앞둔 77년 미국에서, 월드컵 본선의 순항을 사각의 링 위에서 기원하는 '고시레 판'이 벌어졌다. 홍수환을 두 번이나 쓰러뜨린 KO왕 알폰소 자모라Alfonso Zamora를 100%의 또 다른 KO왕 카를로스 자라테Carlos Zarate가 캔버스에 편안히 그를 눕혀놓는다. 국민적 열기를 식히는 장엄한 의식에 순종이라도 하듯 자모라는 한참 동안 링 바닥에 늘어진 채 일어나지 않는다. 상저 진 월드컵, 멕시코 국민의 마음속 환부를 치료하듯.

58 스웨덴대회에 와서도 클럽의 문을 두드리는 나라가 아쉽게 없었다. 여간해선 공짜로도 회원권을 가져가지 않는 고객들의 외면 속에 그나마 위안이 된 건 경쟁클럽인 '가린샤 클럽'도 가입자가 없어 파행적인 운영이 불가피하다는 소문이었다. 그러다 손꼽아 기다린 지 32년 만인 62 칠레대회에 이르러 드디어 창립회원으로서 스위스가 가입 신청서를 제출했다. 유럽 1호였다. 홈팀인 칠레를 위시, 서독과 이탈리아에 잇따른 곤욕을 치르며 두 대회전인 54 월드컵 유치국으로서 8강을 달성했던 위업에 적잖은 오점을 남김과 동시에 회장 겸 계주인 멕시코와 함께 클럽 결성의 축배를 들어올렸다. "요를레~이 요~" 부회장국의 탄생을 알리는 축가는 알프스 산맥을 진동했다.

북한의 '8강 진출'이라는 토픽뉴스를 낳은 66 잉글랜드대회에 이르자 이번엔 쌍쌍파티의 무대가 펼쳐진다. 사이좋게 처음으로 두 나라가 새로운 기록을 탄생시켰는데, 스위스와 불가리아가 클래스메이트로 나선 것이다. 이미 기존 창립 멤버가 된 부회장국 스위스는 지난 대회의 3패 충격에 벗어나기도 전에 이번도 준우승국인 서독을 위시하여 아르헨티나, 스페인 등 골리앗들과의 기구한 만남을 한탄하며 참혹한 최후를 맞았고, 불가리아도 이에 뒤지지 않는 브라질, 포르투갈, 헝가리 등 세계 최강국들과 맞서다 처절하게 죽어갔다. 그러나 동유럽 발칸 반도의 장수마을로 유명한 불가리아를 1라운드 단명국가로 바꿔준 비극은 28년이 지나 반전을 꾀한다. 94년 미국대회 1라운드 아르헨티나를 넘어 8강전 독일을 무찌르고 4강에 오르는 역사를 쓴 것이다. 3패 클럽의 초기멤버로서 회원들이 가야 할 길잡이의 표본이었다.

횟수를 거듭하면서 처녀 출전한 나라가 늘어나자 자연히 클럽 멤버의 문을 두드리는 다양한 국가군이 나타났다. 월드컵 사상 최고의 대회로 찬사 받은 70 멕시코대회. 역시 클럽의 계주는 잔칫집 주인답게 손님 접대는 남달랐다. 아스텍 경기장은 세계 최대 최고의 축구경기장으로 당시 브라질의 마라카냐 경기장과 함께 쌍벽의 화려함과 웅장함으로 세계 축구인들의 이목을 사로잡았다. 거기에 전성기 축구황제 펠레의 눈부신 활약이 어우러진 마당을 꾸미어 3패의 한을 글로벌을 끌어들여 풀어버렸다. 다만 해발 2,000m 고산지대에서 산소 부족으로 인한 선수들의 건강문제가 잠시 이슈화되었지만, 처녀 출전한 이웃한 나라의 전쟁문제에 온통 화젯거리가 쏠려버렸다.

인류 역사에 처음으로 축구 때문에 전투기와 탱크 등을 동원하여 전쟁을 벌였던 나라가 이 대회에 참전하였는데, 엘살바도르가 그 주인공이 되어 나타났다. 본선에는 전투기와 탱크를 몰고 갈 수 없는 규정 때문에 말

쑥하게 차려입고 나갔다가 반겨준 이들에게서 들은 말은 한결같이 "어디 갔다 이제 왔니?"였다. 계주 멕시코가 클럽의 저변 확대를 위해 특별대접으로 맞아준 반면 벨기에와 소련이 여기에 합세해 반격 한 번 못해본 영봉패를 엘살바도르에게 안겨주었다.

특히 다른 조에선 유럽 동구의 강호 체코슬로바키아가 브라질, 루마니아, 잉글랜드의 삼각파도에 휩쓸린 채 남파선이 되어 3패의 심해로 가라앉아버렸다. 34 이탈리아대회와 62 칠레대회의 준우승국이 영입되었으니 커다란 충격과 이목이 조합된 사건이었다.

74 뮌헨대회에 이르자 토털축구와 이에 대항한 강국들 간 상쟁의 틈바구니에서 지난 대회처럼 처녀 출전국들이 희생을 치렀다. 아프리카 대표로 처음 나온 자이레(콩고공화국)는 유고, 브라질, 스코틀랜드에, 그리고 카리브 해의 빈국 아이티는 이탈리아, 폴란드, 아르헨티나에 각각 연패의 침몰을 당한다. 유고는 자이레를 9:0, 폴란드는 아이티를 7:0으로 제압, 패배한 두 나라는 그 충격의 후유증인지 이후 2014년 브라질대회까지 본선무대에는 얼씬도 하지 않는다. 54 스위스대회에서 한국이 홀로 세웠던 바로 그 기록을 두 나라가 합한 타이기록이었다. 한국이 이후 이룩한 4강 신화에 비추어 결코 위축되거나 할 필요가 없으므로 다음 대회에는 꼭 재기하여 본선에 나올 수 있도록 월드컵 시즌이면 클럽 집행부의 격려가 뒤따를 법하다.

⚽ 멕시코를 저주하는 남미대륙의 악신

78 아르헨티나대회는 주최국 아르헨티나의 독주가 예고된 가운데 70 멕시코대회 체코슬로바키아처럼 월드컵 준우승을 두 번이나 차지했던 경력

의 거물급이 또 한 번 회원으로 영입되는 클럽 사상 두 번째의 경사가 벌어진다.

유럽과 동방세계를 잇는 침략과 이동의 중심지에서 북방민족의 피를 이어받은 후세들은 한때 동유럽을 호령했다. 10세기 전후 유럽 평원 무적최강의 이름 헝가리가 3패라는 초유의 오명을 뒤집어쓴 이 대회. 바야흐로 이제 세계축구도 춘추전국시대의 길로 들어서고 있다는 신호탄인 줄로 알고 있었는데, 엉뚱하게도 그 틈을 타 클럽에 비보가 날아들었다. 클럽의 희망인 회장 멕시코가 또 한 차례의 3연패에 무너졌다는 전언이었다. 튀니지, 독일, 폴란드에게 허망하게 카운터펀치를 허용, 역대 3연패의 3관왕 달성이라는 월드컵 축구 역사에 아직 깨질 줄 모르는 전설 같은 기록을 남겨놓았다.

더욱 황당하고 놀라웠던 사실은 세 번 대회의 3연패를 몰아준 장소가 모두 남미지역이었다는 희귀한 이 기록은 분명히 글로벌시대의 희극이요, 멕시코에게 있어 어처구니없는 비극으로 남아 있다. 남미의 대륙 축구장들은 모두가 멕시코만 저주하는 악마처럼 회장국을 휘감아 죽음의 늪지로 빠뜨렸다. 30 우루과이대회, 50 브라질대회, 78 아르헨티나대회는 멕시코에게 어디까지나 우연의 일치라는 항변의 주장을 뒤집듯이 70년과 86년 멕시코대회를 통해서도 남미의 강자들은 멕시코의 안방에서 월드컵을 모두 가져갔다. 멕시코가 받은 건 무덤의 계곡이었고 그들에게 내준 것은 앞마당과 챔피언 컵이었다. 월드컵 초창기 1회 대회에서 7회 대회까지 유럽 4대회와 남미 3대회 가운데 클럽회원국이 배출된 것은 남미대회에서뿐이었다. 그만큼 원정군에게 이 지역의 텃새나 기가 세다는 방증이었다.

그런데 하필 2014년 월드컵이 브라질에서 또 열린단다. 기가 막히고 코가 막힐 일은 주최국 브라질과 멕시코가 1라운드에서 또다시 같은 조에 편성되고 말았다. 악연의 끝이 어딘지 모를 남미의 저주는 왜 클럽 회장에게만 향하고 있는지 의문이지만, 이제 멕시코로서도 더 이상 물러설 곳이 없는 배수진의 대회가 될 것이다. 따라서 이번 대회가 멕시코의 남미 원정 마지막 시험대가 될 것이며, 다시는 권투글러브가 필요치 않을 것이다.

패배를 채우고 채워서 더 이상 채울 수 없는 잔을 마셨던 나라로서, 적들과 싸워 이기는 노하우를 쓰디쓴 보약처럼 복용해왔기 때문이다. 회장국은 그때 이후 저항력을 길러온 결과 3번의 3연패 당시 이후인 86 멕시코대회부터 오늘에 이르기까지 공지의 성장세를 이뤄왔다. 이전 전적(3승 4무 17패)을 뒤로하고 이후 전적(9승 7무 9패)으로 코페르니쿠스적 전기를 이룩하며 한때 5-6위권에서 현재 피파 200여 회원국 가운데 랭킹 10위권을 넘나드는 축구강국으로 변신해 있다. 06 독일대회에선 8강에 주어지는 톱시드 배정국에까지 등정하기도 했다. 그런 점에서 남미지역 대회 3패의 징크스는 이제 멕시코에게 더 이상 통하지 않는 기록이 될 것이다.

⚽ 실패는 과정상의 시행착오일 뿐

'월드컵 3패 클럽'이 결코 명예의 전당은 될 수 없으되 그렇다고 군이 불명예의 무의미한 것 또한 아니다. NASA가 우주비행사를 선발하는 기준의 대상은 실패를 겪지 않은 사람보다 뼈아픈 실패의 경험자들이다. 세계 유수한 기업들도 스스로 겪었던 실패의 사례를 찾아 경영전략의 일환으로 직원들과 그 정보를 공유한다. 어떤 기업은 아예 실패를 톡톡히 경험한 직원들을 뽑아 거액의 상금을 수여하는 등 도전정신을 격려하고 있다. 몇 번의 실패 경험자들이야말로 실패할 가능성이 적어진다는 판단이다.

*최근 심리학용어로 주목을 받고 있는 '회복탄력성'은 패배나 실패, 혹은 좌절에 관한 희망의 발견이며 반전의 메시지이다. 고난과 역경에 대해

긍정적인 의미를 부여하고 스토리텔링하는 능력을 지닌 사람이 바로 회복탄력성을 지닌 사람이라는 것이다. 멕시코의 전설적 패배를 설명하기에 적절한 이 말은 하나의 국가단위나 민족에게 있어서도 미래의 성공을 이끌어내는 동력원이 되기도 한다.

또한 반복적 승리나 패배가 언젠가는 그 가치를 둔감하게 만드는 것처럼 소위 '한계 효용'이 가져다준 공정한 룰은 마찬가지로 모든 패배 위에 승리가 곧 멀지 않음을 약속한다. 월드컵에 참가하려는 많은 나라들이 골백번을 지더라도 단 한 번의 승리를 위해 기꺼이 지옥행 본선무대에 도전하고 있는 것은 패배를 두려워하지 않은 이유다. 시간만이 문제가 될 뿐 실패 자체는 과정상의 시행착오에 불과한, 성공에의 도정 가운데 한 부분을 구성한다.

3패 클럽은 현재 엄연한 진행형이다. 로마가 하루아침에 이뤄지지 않았듯 3패로 가는 길은 바로 저항력을 키우고 언젠가 다가올 첫 승으로 가는 길일 것이다. 멕시코의 월드컵전쟁은 트로이의 천년전쟁만큼이나 장구했던 그 오명의 세월 속에 좌절과 한숨을 극복한 의지가 만들어낸 드라마이다. 훗날 어떻게 다시 전개되는지 그 향배를 축구팬 모두에게 일깨워준 교훈으로 본선에 나서는 나라들에게 보여주고 있는 셈이다.

* 김주환 저 (회복탄력성) 위즈덤하우스 41쪽

〈월드컵 3패 클럽〉 가입 현황

회	연도	주최국	3패 클럽 가입 국	1라운드 상대 전적		
				1차전	2차전	3차전
1	1930	우루과이	멕시코	프랑스(4 : 1)	칠레(3 : 0)	아르헨(6 : 3)
2·3	34/38	이태리/프랑스		해 당 없 음		
4	1950	브라질	멕시코	브라질(4 : 0)	유고(4 : 1)	스위스(2 : 1)
5·6	54/58	스위스/스웨덴		해 당 없 음		
7	1962	칠레	스위스	칠레(3 : 1)	서독(2 : 1)	이태리(3 : 0)
8	1966	잉글랜드	스위스	서독(5 : 0)	스페인(2 : 1)	아르헨(2 : 0)
			불가리아	브라질(2 : 0)	포르투갈(3 : 0)	헝가리(3 : 1)
9	1970	멕시코	엘살바도르	벨기에(3 : 0)	멕시코(4 : 0)	소 련(2 : 0)
			체코	브라질(4 : 1)	루마니아(2 : 1)	잉글랜드(1 : 0)
10	1974	서독	자이레	스코틀랜드(2 : 0)	유고(9 : 0)	브라질(3 : 0)
			아이티	이태리(3 : 1)	폴란드(7 : 0)	아르헨(4 : 1)
11	1978	아르헨티나	헝가리	아르헨티나(2 : 1)	이태리(3 : 1)	프랑스(3 : 1)
			멕시코	튀니지(3 : 1)	서독(6 : 0)	폴란드(3 : 1)
12	1982	스페인	칠레	오스트리아(1 : 0)	서독(4 : 1)	알제리(3 : 2)
			엘살바도르	헝가리(10 : 1)	벨기에(1 : 0)	아르헨(2 : 0)
			뉴질랜드	스코틀랜드(5 : 2)	소련(3 : 0)	브라질(4 : 0)
13	1986	멕시코	이라크	파라과이(1 : 0)	벨기에(2 : 1)	멕시코(1 : 0)
			캐나다	프랑스(1 : 0)	힝가리(2 : 0)	소 련(2 : 0)
14	1990	이탈리아	한국	벨기에(2 : 0)	스페인(3 : 1)	우루과이(1 : 0)
			미국	체코(5 : 1)	이태리(1 : 0)	오스트리아(2 : 1)
			스웨덴	브라질(2 : 1)	스코틀(2 : 1)	코스타리카(2 : 1)
			UAE	콜롬비아(2 : 0)	서독(5 : 1)	유고(4 : 1)
15	1994	미국	그리스	아르헨(4 : 0)	불가리아(4 : 0)	나이지리아(2 : 0)
			모로코	벨기에(1 : 0)	사우디(2 : 1)	네덜란드(2 : 1)
16	1998	프랑스	미국	독일(2 : 0)	이란(2 : 1)	유고(1 : 0)
			일본	아르헨(1 : 0)	크로아티(1 : 0)	자메이카(2 : 1)
17	2002	한국&일본	슬로베니아	스페인(3 : 1)	남아공(1 : 0)	파라과이(3 : 1)
			중국	코스타리카(2 : 0)	브라질(4 : 0)	터키(3 : 0)
			사우디	독일(8 : 0)	카메룬(1 : 0)	아일랜드(3 : 0)
18	2006	독일	코스타리카	독일(4 : 2)	에콰도르(3 : 0)	폴란드(2 : 1)
			세르-몬테	네덜란드(1 : 0)	아르헨(6 : 0)	코트디부(3 : 2)
			토고	한국(2 : 1)	스위스(2 : 0)	프랑스(2 : 0)
19	2010	남아공	카메룬	일본(1 : 0)	덴마크(2 : 1)	네덜란드(2 : 1)
			북한	브라질(2 : 1)	포르투갈(7 : 0)	코트디부(3 : 0)

월드컵 역대 참전 순위 – 16걸

순위	국가	연도별 참전 현황										회수	참전(%)
		'30 / '78	'34 / '82	'38 / '86	'50 / '90	'54 / '94	'58 / '98	'62 / '02	'66 / '06	'70 / '10	'74 / '14		
1	브라질			3위	준		우	우		우	4위	20	100
		3위				우	준	우					
2	이태리		우	우						준		18	90
		4위	우		3위	준			우				
	독일		3위			우	4위		준	3위	우	18	90
			준	준	우			준	3위	3위			
4	아르헨	준										16	80
		우		우	준								
5	멕시코											15	75
6	프랑스						3위					14	70
			4위	3위			우		준				
	잉글랜드								우			14	70
					4위								
	스페인											14	70
					4위					우			
9	벨기에											12	60
				4위									
	우루과이	우			우	4위				4위		12	60
										4위			
11	스웨덴		4위	3위			준					11	55
						3위							
12	미국	3위										10	50
	스위스											10	50
	네덜란드									준		10	50
		준					4위		준				
	러시아								4위			10	50
16	한국							4위				9	45
	칠레							3위				9	45

※주) 색인부분은 참전, 속 표시는 4강성적임.– 우(우승)/준(준우승)

06 안방에서 지켜본 월드컵

월드컵 3패 클럽 (2)-태평양클럽

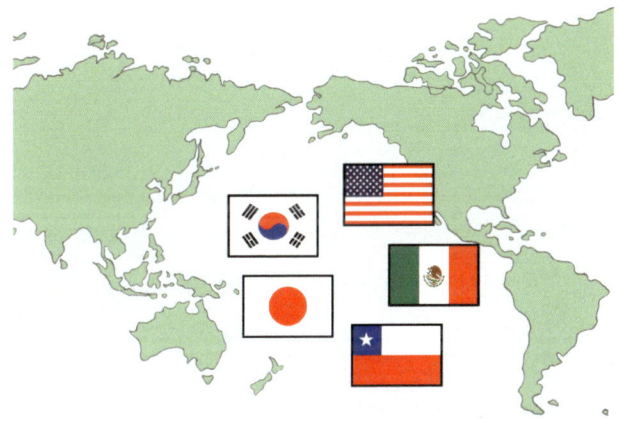

　일찍이 월드컵 문밖의 아우성에 귀를 기울인 피파의 본선 참가국 확대 정책은 82 스페인대회부터 8개국이 늘어난 24개국이 경합을 벌이면서 처음으로 3개국이 클럽의 문을 두드렸다.

　2010년 10월 '치치치 레레레'의 구호가 지금도 귓전을 때리는 칠레 북부 산호세의 광산에 세계의 이목이 집중됐다. 지하 700m 갱도 안에 매몰된 33명의 광부 전원 구조의 기적은 각국이 참여하고 세계의 모든 첨단 기술들이 합작하여 이뤄낸, 인간 생명에 대한 존엄성의 승리라는 상징적인 사건이었다. 구조된 광부들이 특히 좋아했던 축구경기는 그들의 월드컵 도전사에 남겨진 영욕의 모습을 기억했을지 모른다.

칠레는 늘 브라질, 아르헨티나, 우루과이라는 강국들 그늘에 가려져 있으나 남미에서는 그들과 충분히 어깨를 나란히 할 수 있는 나라였다. 때론 월드컵 예선을 통하여 그들을 위협하기에 충분한 62년 월드컵 개최국이기도 하였다. 당시 주최국 프리미엄을 안고 3위에 오르는 등, 2002년 한국처럼 안방의 이점을 십분 활용할 줄 아는 실력파였다. 클럽회장 멕시코에게는 1회 대회 1패를 안기며 클럽 창설에 애써준 이력도 있었으나 82년대회에 와서 오스트리아와 우승후보 독일, 또 그 독일을 침몰시켜 깜짝 놀라게 한 알제리의 벽을 넘지 못하고 매운 맛을 본 건 고추처럼 생긴 나라가 경험한 역설이었을까.

한편 엘살바도르는 70 브라질대회 이후 두 번째 출전에서 또다시 3연패의 성적을 내는 데 그치지 않고 헝가리에게 10:1 패배로 한 팀의 두 자릿수라는 본선역사 전대미문의 스코어를 기록했다. 축구를 다른 구기종목과 혼돈케 하는 등 집행부인 멕시코와 스위스가 동 클럽 회원 간 벌어진 별난 격돌을 우려했다. 그러나 클럽 내 강자라 할지라도 헝가리 역시 너무 에너지를 낭비한 이유였는지 2라운드 진입에 실패한다.

뉴질랜드는 금번 3패로 오세아니아 대륙에서 최초로 가입되었으나 다음 출전한 10 남아공대회에서 3무를 이루는 괄목상대의 기록을 앞세워 다음 대회 출전 기회라면 첫 승이 기대되는 3패 클럽의 희망적 주자로 주목받았으나 14 브라질대회 진출이 좌절되고 말았다.

⚽ 클럽의 비대화, 균열 양상으로

이렇게 회장국 멕시코가 문을 연 지 52년 동안 스위스에 이어 불가리아, 엘살바도르, 체코슬로바키아, 자이레, 아이티, 헝가리 등 8개국에 이어

칠레와 뉴질랜드가 회원으로 새롭게 동참한다. 그 전반기의 10개국은 후반기에 접어들어 밀려드는 신입회원들과 기수를 다투게 된다.

86 멕시코대회 - 이라크, 캐나다

90 이탈리아대회 - 한국, 미국, 스웨덴, UAE

94 미국대회 - 그리스, 모로코

98 프랑스대회 - 미국, 일본

02 한일대회 - 슬로베니아, 중국, 사우디

06 독일대회 - 코스타리카, 세르비아몬테니그로, 토고

10 남아공대회 - 카메룬, 북한

지난 10 남아공대회까지 예외 없이 2~3팀씩 탄생되는 3패 클럽은 모두 총 27개국이 가입되어 현재 최고의 중흥기(?)를 맞고 있다. 그러나 아시아 최초이자 범세계화의 단추였던 02 한일대회에 와서는 비대해진 조직과 회원국 수만큼이나 다양해진 집단 내 의견 표출, 여기에 이해관계의 대립이 얽혀 서열화는 무시되고 결국 분파주의적 양상이 나타나기 시작했다. 후반기 3패를 두 차례나 당한 미국이 최다패의 회장국에 반기의 깃발을 세우며 변화가 불가피한 상황을 유도하면서 클럽 내부의 하극상처럼 비쳐진 사건이 전개됐다.

사건의 발단은 02 동 대회 1라운드 7그룹의 1위 멕시코와 주최국 한국에 밀려 4그룹 2위를 차지한 미국이 16강 외나무다리에서 서로 눈을 부릅뜨고 마주친 것이다. 월드컵 최초 양국 간 토너먼트 대결이었다. 이미 미국은 각오한 듯이 전의를 불태웠다. "그 눈 안 깔아?"라고 회장국이 말할 상황도 아니었다. 두 번의 본선을 주최하고도 역대 8강이 최고의 성적인 멕시코에 반해 미국은 월드컵 '4강'이란 역대 최고 기록을 갖고 있는 점

도 회장국의 자존심을 자극하는 문제였다.

　정치적으로도 과거 '에스트라다 독트린'으로 알려진 멕시코의 불간섭, 자주 외교원칙은 미국을 의식한 것이기도 하였고, 1938년 석유산업 국유화로 미국을 불편하게 만들었던 것도 그런 이유였다. 불법 이민자들을 퇴치하기 위해 2006년 미국 부시 전 대통령의 국경 차단벽 설치 조치에 미국 내 거주 멕시코인들의 반발기류뿐만 아니라 걸프전 당시에도 회원국 이라크를 공격하려는 미국에 맞서 UN 안보리를 통해 거부의사를 분명히 하는 등 양국 간의 관계를 웅변하는 사례는 근자에 이르러 통신서비스나 참치분쟁 등 WTO 제소 건으로도 확대 국면이다.

　이러한 국익적 갈등의 배경을 안은 두 나라의 맞대결이 이뤄지자 이전까지 클럽 서열관계의 조직체계는 잠시 접어두고 경기는 어디까지나 경기이니 정정당당하게 하자는 미국 쪽 주장이 회장국의 자존심을 건드린 것이다.

앙땅뜨시대 민주진영 외교의 상징 헨리키신저 미 국무장관이 74 월드컵 결승전을 관람하고 있다 (우측 첫 번째). 이당시 미국은 축구의 암흑기를 보내고 있었으나 세계인의 제전 월드컵을 외면할 수는 없었다. 〈AP 제공〉

⚽ 수퍼파워, 회장국에 도전장 내밀어

클럽회원들에게 멕시코는 절대 건드려서는 안 될 사자의 코털 같은 존재였다. 이름자에도 '코' 자가 들어 있는 것처럼. 94 미국대회 불가리아전을 제외하고 과거 칠레, 스위스, 스웨덴, 헝가리가 한때 멕시코를 물리친 것은 어디까지나 30~50년대 비회원시절 클럽 결성에 이바지해준 원조였을 뿐, 유로 04의 우승국 그리스를 한국이 제압했다거나 똑같이 02 월드컵을 유치하고서 누구는 4강 누구는 16강에 머문 것도 그런 연유였다. 전체적으로 승패의 균형이 선배 기수회원에게 기울어져 있는 것은 이후 회원들 상호간 불문율처럼 되어 있는 기수의 선후관계를 존중한 전통의 결과였다.

그러나 02년 멕시코는 1라운드에서 2승 1무를 기록하며 '이불독아' 집단의 멤버이자 우승후보 이탈리아를 따돌리면서 3패 클럽 수장으로서 나름 최선을 다하는 모습을 보였으나 결국엔 도전자 미국에게 0:2로 완패하고 말았다. 당시 멕시코 VS 미국의 경기를 지켜보던 클럽 사무국 직원들이 두 손을 입가에 모으며 "웬일이니!"를 연발하면서 월드컵이 끝나는 차기 총회 분위기를 은근히 걱정하는 눈치였다.

하필 한국의 앞마당에서 펼쳐진 클럽의 내분 사태에 주최국 한국이나 회장국도 편치만은 않았을 법했다. 지난 98 프랑스대회 첫 경기에서 한국이 회장국에 뼈아프게 역전패한 사실에 연관 지어 생각할 수 있는 오해의 소지에 이 경기를 지켜보는 한국의 심정은 복잡다단할 수밖에 없었다. 83 멕시코 청소년대회 한국이 4강에 오르기까지 보여준 멕시코 국민의 '꼬레아 열풍'을 잊을 수 없다. 하지만 미국이라는 거대시장을 놓고 멕시코는 무역적으로 한국과 경쟁관계인 데 반해 미국은 군사적으로는 동맹관계이다. 그런 관계에서였는지 한국은 제노사이드의 만행이 있었던 90 이탈리아대회 당시 북유럽의 강호 스웨덴, 아라비아의 진주 UAE가 신규 가입을 함께했을 때 강자들에 대한 저항의 끝을 보이며 마지막 파트너인 미국과 함께 손을 맞잡고 원서를 제출했다. 02 한일대회 8강전 독일에 패한 미국을 대신해 4강전에서 한국이 되갚지 못하고 패한 미국과의 동지의식도 없지는 않았다.

3패 클럽 내부로 보자면 멕시코나 미국이나 3패를 2번 혹은 그 이상을 차지한 측면에서 별반 다를 바 없겠으나 미국이 판을 뒤집고 나오는 이상 회장국에 대한 동 대회의 미국의 승리를 기점으로 양대 세력화가 불가피해졌다.

여기서 이 대회 새 회원으로 가입한 미국의 호적수 중국의 출현은 클럽의 앞날에 커다란 변수로 다가왔다. 같은 기수로 가입한 아드리아 해의 신생독립국 슬로베니아나 중동 산유국의 대표 격인 사우디 등에 비해 무게감이 다를 수밖에 없었다. 멕시코로 봐서는 주류 측에게 언뜻 큰 힘을 보탤 수 있는 기회였다고 보았고, 미국도 내심으론 중국의 클럽 가입으로 저쪽 라인이 될 공산이 컸기에 적잖이 신경을 쓰던 차였다. 그러나 한국의 경우처럼 미국시장을 놓고선 중국도 경쟁국이라고 판단한다면 멕시코에게 애석하긴 해도 마냥 믿고 갈 수는 없는 기대난이었다. 한국과 같이 클럽 가입 후 꾸준히 본선무대를 통하여 여러 회원들의 사기를 앙양하는 전과를 보여주기는커녕 그때 이후 본선 진출이 감감하고 요원한 실정에 비춰 차라리 포기 쪽 선택이 나으리라 여겼던 것이다. 미국의 속내가 어떨지는 몰라도 미련을 보일만한 실익이 미약했다. 비슷한 예이지만 멕시코는 같은 북중미 나라인 캐나다의 역할을 은근히 기대하고 있었다. 미국을 견제하자면 캐나다가 지역예선에서 선전을 펼쳐야 한다고 늘 소리 없이 주창하지만, 이것도 미국의 귀에 안 들어 갈 리 없이 신경을 거슬렸다.

86 멕시코대회 아시아 최초로 클럽의 레드카펫을 밟고 들어선 이라크

와 함께 캐나다는 유럽으로부터 날아온 삼각편대 프랑스와 헝가리, 그리고 소련의 공습을 받고 폐허처럼 무너졌다. 유럽 두 나라는 공교롭게도 같은 NATO 회원국이었지만 중국처럼 인정사정 볼 것 없는 영봉패의 후유증은 74 뮌헨대회의 회원 자이레(콩고공화국)와 같은 증세로 나타나 86 대회 이후 현재까지 종무소식이다. 회원들 간 덩치 값을 못한다는 말이 나돌아도 그들에겐 축구의 태클이 아이스하키의 보디체크만 못해 보였을 지도 몰랐다.

그럼에도 불구하고 미국의 입장에서 중국과 캐나다의 회원 가입, 나아가 모로코, 토고, 카메룬 등 아프리카 여러 세력의 클럽 진입에다 좌파성향의 코스타리카나 군사적으로 핵문제를 들고 장기간 대치국면을 펴고 있는 북한마저 막차를 타고 진입해 들어오는 상황을 지켜보았다. 이는 향후 클럽의 세력판도에 적잖은 영향을 미칠 수 있는 외풍의 본진들이다. 여차하면 중대하고도 위험한 소용돌이 속으로 빠져들 것이 불을 보듯 뻔했다.

⚽ 태평양클럽, 3패 클럽의 상임조직화

이런 와중에 2012 런던올림픽 축구 4강은 놀랍게도 한국을 비롯해 멕시코, 일본, 브라질이 차지하는 전대미문의 역사가 기록됐다. 특이하게도 브라질을 제외하면 3개국 공히 3패 클럽 회원에 태평양지역 국가들이며, 또한 모두 월드컵을 개최한 경험이 있는 나라들이다. 이미 태평양시대가 도래하고 있음을 전조하고 있는 판도 변화의 신호였다. 이런 형세가 장차 월드컵 무대로 옮겨 가지 말라는 법도 없었다.

알다시피 월드컵전쟁의 중심무대가 유럽과 남미의 양대 지역이었는데,

앞으로 유럽과 남미 간 월드컵 개최대륙 우승 징크스가 머지않아 깨질지도 모른다는 섣부른 전망이 고개를 드는 날엔 양자의 클럽 대립구도를 언제든 요동치게 만들 것이기 때문이다.

미국은 자국이 빠져 있는 이 사건으로 주도권의 상실을 우려해 즉시 선수를 쳤다. 날로 클럽 내에 잠재한 불안정의 기류가 부피를 키워가는 상황을 더 이상 팔짱만 끼고 바라다볼 시간도 여력도 없었다. 하루라도 멕시코에게 새로운 세력의 중심을 선점당하기 전에 상황을 탈바꿈시킬 만한 빌미가 필요했다.

태평양지역의 경제규모에 걸맞게 이미 출범한 TPP, 즉 환태평양경제동반자협정과 같은 이 지역 축구문화의 세력화를 위한 월드컵 '태평양클럽'의 창설을 주창했다. 제안 받은 한국, 일본, 칠레가 모두 이를 환영하며 속속 멤버 가입을 승인했다.

스위스를 중심으로 일부 회원들 간에 태평양클럽이 향후 중국 등을 배제하기 위한 음모일 것이라는 주장과 함께 새 클럽이 현 클럽의 집행부에 자칫 '옥상옥'이 되리란 문제를 제기했다. 다른 일부는 상임이사국쯤에 해당하는 또 다른 상층부의 역할 증진이 필요하다는 긍정적 반응을 보였지만, 그 주장처럼 문제는 관련국들이 얼마나 전체 회원국들의 경기력 증진과 본선에서의 일취월장한 성적을 실제적으로 내주느냐의 여부였다. 말하자면 태평양클럽 소속국들이 축구강국들에 대항해 전위부대로서 세계축구무대를 평준화시켜야 한다는 당위의 사실인식이었다. 그런 인식의 바탕 위에서 14 브라질대회 직전 열린 클럽 총회에서 회장 멕시코의 의중이 시험대 위에 오른 것이다.

굴러온 돌의 무게가 박힌 돌의 그것을 압도할만한 조건이 성숙해지면 상호 충돌은 피할 수 없는 수순이다. 멕시코의 이런 시각은 미국과의 패권 다툼 속에 열악해져가는 도전자에 대한 대응 환경의 변화를 뼈저리게 인식해야 했다.

3패 클럽의 수장으로서도 회원들의 권익신장과 차기 대회에서의 선전을 위한 큰 틀의 리더십을 보여야 하고 축구선진국들 앞에서 적전분열의 모습으로 자멸할 수는 없었을 것이다. 멕시코와 미국의 이해관계를 절묘하게 절충하면서 변화의 바람을 받아들이는 동시에 그 주체로 거듭나기로 판단한 회장국은 클럽 내의 태평양클럽을 최종 추인했다. 의장국은 멕시코, 한국, 미국, 일본, 칠레가 돌아가면서 맡기로 결론지었다. 주요 추진 사업은 1) '3패 클럽 월드컵' 개최 2) 태평양클럽 회원 간 A매치 정기 교류전 3) 준회원 가입 및 기타 회원 간 정보지원 등으로 요약된 의결 사항을 통과시켰다. 물론 피파의 최종 승인을 요하는 내용이 대부분이지만, 200개국이 넘는 회원국들 가운데 대륙별 산하 연맹조직 이외에 일부 회원국들 간의 세력화는 피파로서 상당한 부담을 안게 되는, 결코 가볍지만은 않은 사안이었다. 27개의 회원국에서 주도적 위치에 있는 태평양 클럽이 '왝더독'과 같은 존재가 되어 피파 전체를 흔들어대거나 산하 조직에서 벗어나 독자 세력화되는 최악의 상황 돌변은 세계축구계 전체의 질서에 대한 심대한 위협요인이 될 수 있다. 그러한 불안한 요소는 그 자체로 3패 클럽에 적지 않은 약점을 지닌 것이었다. 그럼에도 미국은 극동에까지 미치는 새로운 지역적 패러다임의 구축을 끈기 있게 추구해 관철시켰다. 피파의 최후 승인이 쉽지만은 않은 듯 총회의 의제에 채택을 기다리며 계류 중이다.

⚽ 해동 5룡, 월드컵 판도 변화의 서막

어떻게 보면 태평양클럽의 먼 단서를 제공한 것은 일본이라 할 수 있다. 단순히 태평양전쟁을 일으킨 당사자여서라기보다는 그 대양 너머 반대쪽

월드컵 개최의 경험국들을 극동과 연계해 축구문화의 지역적 허브, 나아가 동북아 국제외교의 주도적 역할을 자임하고 나서려던 의욕은 늘 태평양 지역의 일부를 지배권에 넣으려는 야심을 노정했다. 다만 더 큰 틀을 바라보는 미국의 의도에 중첩되어 있을 뿐이었다. 거기에 90 이탈리아대회에서 미국이 한국과 동반 가입한 것만으로는 동북아 정세를 좌우할 추진력이 한계에 있으므로 일본이란 전초기지 없이 태평양에 협동조합을 설립하기란 불가능했기 때문이었다.

과정상으로도 일본은 98 프랑스대회 처녀 출전하여 곧바로 3패 클럽에 가입했다. 멕시코가 1회 대회에서부터 수많은 파란을 겪으며 클럽을 오로지 홀로 다져왔다는 전설적 개척자였던 점은 차치하고라도 클럽 가입은 스위스, 스웨덴, 체코, 헝가리 등 유럽의 회원들뿐 아니라 남미의 칠레나 아시아의 한국, 사우디, 북한 등과 미국까지도 수십 년간에 걸친 피나는 도전의 과정을 거친 소산이었다. 그런 점에 견줘보면 일본은 초단기간에 걸친 전면 등장으로 '기한의 이익'을 톡톡히 챙겨갔다. 그만큼 축구와 관련된 여러 인적·물적 자원들을 계획적이고도 효율적으로 배분하여 활용한 것이었다. 이것은 미국이 동북아에서 외교적으로 효과적인 영향력을 행사하려는 입장에서 공조관계인 일본을 움직이는 데 큰 도움이 되는 배경이기도 했다.

그렇다고 미국이 같은 멤버가 될 한국의 역할을 도외시할 수는 없었다. 한국은 대륙의 축구 황무지와 맞닿은 세력과 세력 간 완충 역할의 요충지다. 일본의 효율성 높은 조직화와 축구 저변의 인프라 우위라는 장점에 못지않은 한국 고유의 역동적인 힘과 재능은 극동지역의 견제와 균형을 상징하는 또 다른 중심축이다.

과거 일본의 자민당이 민주당에 정권을 내주었던 월드컵 역전승부 같은 정치사가 펼쳐진 직후 대미외교에 있어 독자적 목소리를 키웠던 적이 있다. 이 과정에서 후텐마(普天間) 문제를 거론하자 '도요타 사태'로 응수한 미국에 백기 투항했던 어설픈 대응은 기본적으로 한국에서는 찾아볼 수 없다. 세계경제의 그라운드를 이끄는 '투톱' 미중관계의 역학구도에 밀도 있는 응전은 보다 신중하면서도 유연하다. 02 한일대회에서 한미 간 일전을 통해 1:1로 승부를 가리지 못한 것도 서로의 입장을 인정하면서 정상의 국가 간에 지켜진 외교적 교범임을 보여주었다.

결국 90년 한미의 합동 가입과 98년 미국의 원조에 의한 일본의 단독 가입, 그리고 02년 한일대회 개최의 성과와 그 뒤를 잇는 10 남아공대회 멕시코, 한국, 미국, 일본, 칠레의 '축 16강 합격'의 플래카드가 3패 클럽에 나부끼는 등 일련의 사건들은 클럽 조직이 경작해온 비옥한 토지 위에 미래의 새로운 패러다임을 파종키에 충분했다. 월드컵 100년 역사의 판도 변화를 알리는 서막이 서서히 움트고 있는 것이다. 그러한 인과의 흐름은 최종적으로 태평양클럽 출범을 알리는 팡파르와 함께 멕시코, 한국, 일본의 2012 런던올림픽 4강이란 화룡점정을 찍었다. 동시에 다섯 용(龍)들이 태동하며 유럽의 동쪽 해동(海東)을 중심으로 태평양에 집결했다.

이제 새로운 질서의 재편은 올림픽을 넘어 머지않은 장래에 월드컵 정상으로 향할 것이다. 한국 고대역사의 전설처럼 해동제국의 오룡이 펼치는 월드컵 개벽의 천지는 한 세대를 떠나보내며 그리 멀지않은 곳에 다가온 것일까.

07

안방에서 지켜본 월드컵

나의 사전에 조국은 없다

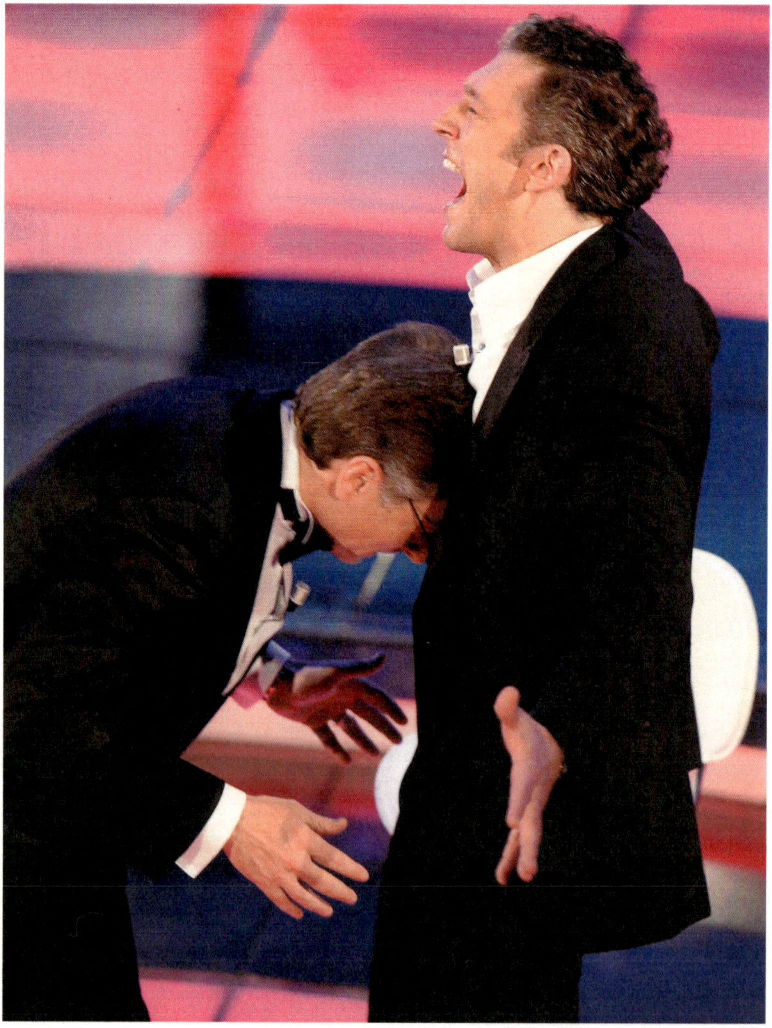

지단의 박치기를 풍자한 프랑스 배우 카셀과 TV 호스트
(2009 산레모가요제 – AP제공)

공격수와 수비수 중 어느 쪽이 더 악당일까. 축구를 좀 아는 대개의 남자들은 의당 수비 쪽이 더 악당이라고 할 것이다. 한마디로 동의한다. 그리고 이를 뒷받침하듯이 현존하는 세계 유명 수비수들 가운데 싸움꾼들이 많다. 그들은 대개가 우람하고 건장한 체격에 여차하면 상대 공격수에게 주먹다짐에 전신의 몸싸움을 개시할 만반의 태세를 갖추고 있다. 악마를 잡아먹은 것 같은 입에선 육두문자와 상대에게 내뱉을 타액이 항시 장전되어 있고, 때로는 그것이 주심에게까지 향하는 바람에 종종 큰 불이익과 불상사를 일으키지만, 그를 저지할 사람은 경기장 내 오로지 주심이 들고 있는 퇴장카드와 피파의 후속 징계뿐이다.

월드컵 초창기부터 국제적 이벤트로서의 수준에 걸맞지 않은 투박했던 터프가이들 간 격돌은 문자 그대로 육박전이었다. 경기 때마다 선혈이 낭자한 피 튀기는 혈투는 불가피했고 54 스위스대회 '베른의 난투극'이나 62 칠레대회 '산티아고의 전쟁'은 그 상징처럼 회자되고 있다. 난투와는 관계없이 정상적 플레이를 하는 과정에서의 한국도 98 프랑스대회(이임생)와 02 한일대회(황선홍), 그리고 06 독일대회(최진철)를 통해 연속해 유혈극을 빚기도 했다. 실상이 이러할 정도니 생사의 격전을 방불했던 그 많던 대결장이야 일일이 확인할 수도 없다. 악당들 가운데에는-그게 본업이기도 하지만-상대방 공격수든 누구든 걸리면 마구 괴롭히고 차대면서 자신의 정체성을 확인하려는 전형적인 사디스트들도 있었다. 축구가 돈이 되는 한 전직 룸펜 출신에 심지어 범죄조직과 연계된 '어깨'들도 그라운드로 몰려들었고, 초기의 월드컵 무대는 그런 시대를 구가하고 있었다.

인류 평화의 제전이란 기치가 무색해져가는 가운데 피파는 늦게나마 팔을 걷어붙였다. 심판에게 부여할 수 있는 최대한의 권한 강화로 경기장 내 폭력의 사전 예방과 반칙에 대한 엄격 규제의 방향으로 경기 규칙을 개정, 질서를 확립했다. 악마의 조건을 두루 갖춘 마초들은 그 재능을 발휘할 기회가 적어진 것에 흠칫했다. 그들도 이에 대응하는 차원의 수준을 준비하여야 피 터지는 그라운드에서 살아남을 수 있다. 자연히 눈에 보이는 폭력도 교묘하고 지능적인 수준으로 세련되게 진화하고 탈바꿈되었다.

⚽ 축구는 공격자의 총체적 예술혼을 담아

축구가 미학적 요소의 보편성을 인정받는 건 그런 악마들과의 몸싸움을 따돌리고 상대방 골문에 공을 집어넣는 예술적 활동의 총아이기 때문이다. 또한 공격수들은 그런 결과로 얻어진 영광의 전리품들을 수비수보다 우위적으로 차지하고 있는 현실도 이를 반영한다. 그에 반해 수비수는 거의 대부분 공습을 해오는 공격자에게 초점이 맞춰져 있다. 단지 현대축구에 있어 공수의 분담이 과거에 비해 약해진 측면은 없지 않으나 '홀딩맨'이니 '맨투맨'이니 하는 따위가 모두 그런 단순한 기능을 반영한 개념들인 것이다. 물론 이런 부분도 축구가 가지는 상당히 중요한 일면의 모습이다. 공격하여 상대 진영에 골을 성공시키려는 적들을 방어한다는 것은 아군의 승리를 위한 합목적적 활동이기는 하다. 그러나 그 모두를 잘하기 위해선 좀 더 본질적으로 접근해야 한다.

공을 잡은 선수는 일단 상대에게 공을 빼앗기지 말아야 한다. 상대도 그에게서 공을 빼앗아야 한다. 결국 공을 뺏기고 빼앗는 것이 제일 본질적인 요소이지만, 험상 맞은 불한당으로부터 공을 안전하게 분리하여 격리시키는 보디가드로서의 책무를 수비수보다는 공격수가 상대적으로 잘 수행한다는 것이다. 그와 같은 볼 키핑력으로 비 오듯 쏟아지는 전방의 포격을 피해 전진에 전진을 거듭해야 한다. 죽음을 무릅쓴 전장의 돌격대는 아무나 할 수 있는 역할은 아니다.

공과 함께 곡선을 그리며 통과하는 터치점들 사이는 조형물을 다듬는 조각가의 오밀조밀하고 섬세한 감각이 묻어나온다. 전진과 후퇴를 반복해 가며 강약을 조절하는 리듬은 경쾌한 박자의 선율을 담아가는 작곡가의 경지에 도달해 있다. 멀리서 눈을 뜨면 그런 장황한 장면을 캔버스 위에 능란한 붓놀림으로 쓱쓱 그려가는 화가처럼 여유롭고 우아하기까지 하다. 더러 공간 지배자로서의 폭발적 드리블은 화선지를 뚫고 거칠 것 없이 침투해버리는 서도가의 강렬한 필치처럼 아릿한 번뜩임이 파장되어 온다.

노를 젓듯 바람을 가르듯 나아가는 이러한 예술적 경지를 구현하기 위해 적 진영에 대한 창조적인 돌파력은 언제나 기본적 능력으로 배양된 개인기의 요체이다. 걸출한 아티스트들이 펼치는 예술혼의 광장에서 축구가 그 수명을 다한다면 문화적 장르로서의 축구는 예술과 함께 사라져버릴 것이란 두려움마저 안긴다. 경우에 따라서는 상대 수비수의 악의적인 반칙에도 의연하고도 유연하게 대처하는 침착함이야말로 성현다운 구도자의 자세로 흔들림이 없어야 한다. 그것이 예나 지금이나 진정한 공격수의 역할이며 예술정신인 것이다.

⚽ 악당의 심리전에 말려든 공격수

그런데 월드컵 100년사에 일찍이 볼 수 없던 문제가 불쑥 터졌다. 그것도 결승전에서 공격수가 상대 수비수에게 초유의 폭력을 행사한 사태가 벌어진 것이다. 06 독일대회 프랑스의 주장 지네딘 지단Zinedine Zidane이 소위 '가린샤클럽'의 멤버로 다섯 번째 탄생하는 순간이었다. 이탈리아 특유의 자그락거리는 낚시전법에 그가 그만 걸려든 것이다. 상대방의 팀 주장이자 강력한 위협자를 표적으로 한 이탈리아 수비의 지능적인 계략은 지단의 결벽적 심리 기저를 반복적이고도 자극적으로 감쳐들었다. 수비는 육체적인 한계에 부딪혔을 때 심리적 공세의 극한 대립을 유도한다.

이날의 결승전은 인접국 간 벌어졌던 전쟁의 역사를 압축시켜놓은 월드컵 최초의 양국 간 대결장이기도 했다. 공지의 사실이지만 지단의 이마가 이탈리아 최종 수비수 마테라치Marco Materazzi의 가슴 한가운데를 강타했다. 그로 인해 우승을 눈앞에 둔 프랑스의 월드컵 트로피도 동시에 깨져서 날아가 버린 결과가 승자와 패자의 명운을 갈라버렸다. 지체 없이 지단을 향한 주심의 퇴장명령에도 아랑곳없이 당당하게 그라운드를 나서는 독기 어린 표정은 이 경기에 대한 미련을 포기했음을, 그리고 폭력에 대한 고의가 명백했으나 자신의 동기만은 떳떳했음을 만인 앞에 시위하듯 주장 완장을 풀어 버렸다. 그가 경기장 밖으로 빠져나갈 때까지 휩싸인 흉흉해진 분위기는 수많은 관객을 위해 무대에 오른 배우의 표정 앞에서 무겁고 차갑게 신음할 따름이었다. 사태의 제공자이자 무뢰한인 마테라치에 대한 분노는 퉁명스럽고 잔뜩 화난 심정처럼 '나의 사전에 용서는 없다'는 단호함 그 하나였다. 그것은 인류에 자유세계의 문물 처음 열었다고 자부심이 드높은 프랑스 국민의 결승전 응원에 찬물을 끼얹는 행위였으나, 또한 그것은 어디까지나 우리의 시각이라고 봐야 할 그 무엇이 있다면 서구사회의 프라이버시 존중의 문화 정도로 이해하고 넘어갈 문제인 것처럼 비치기도 했다.

유럽에서는 먼 옛적부터 명예롭지 못한 일이 발생해 한쪽이 목숨을 잃어야 할 만큼 엄중한 승부가 필요하다면 즉석에서 결말지었던 전통을 생각할 때, 한편으로는 수긍할 면도 없지 않기 때문이었다. 특히 중세기에는 결투의 문화가 남성들 간에 갈등을 해결하는 주요한 수단이었다. 사소한 상대방과의 분쟁은 쌍방 간 합법적 칼부림으로 해결하였으니 말이다. 하물며 자신의 가족 일원인 여자에 대한 모욕행위가 일어난다면 누군가가 목숨을 잃지 않고서는 해결될 수 없는 문제였다.

사건의 발단이 된 지단 친모에 대한 마테라치의 모욕적 언사는 그러한 유럽의 전통적 명예관을 악용하고 역이용한 모략의 측면이 있었던 것으로 보이며, 양 팀 선수 간 이해의 틈바구니에 나타나 사단을 일으킨 것이다. 나중에 지단이 고백한 대로라면 경기와 관계없는 친모에 대한 모욕행위를 마테라치가 여러 번 반복했다는 사실은 그러한 의도가 다분했던 폭력행위 유발자로서의 지탄을 면키는 어렵다. 어느 모로 보나 월드컵 결승전에 지단의 어머니가 그라운드 위에 교체 멤버로 올라올 하등의 이유가 없었다. 유럽리그에서 겪어본 지단을 너무 잘 아는 처지에서 그를 막아낼 도리가 딱히 없다는 최후의 판단 하에 그런 자극적인 방어술을 썼다고 볼 수도 있다. 그렇다면 카테나치오가 월드컵 역사의 궤적을 통하여 이제껏 보여주었던 남모르는 수비의 노하우로 기습과 역습의 화려한 축구전술을 구사했던 자신의 한계는 아니었을까도 싶다. 수비수로서 축구가 갖는 가장 터프하고 교활한 방어술을 구사하는 데 이미 유럽축구의 세계에서 이력과 악명을 떨치고 있는 마테라치가 그의 조국 이탈리아 입장에서는 가장 유능한 방위사령관이었다손 치더라도 말이다.

여기서 간과할 수 없는 사실 또 하나는 그러고도 지단은 2006 월드컵 최우수 선수상을 수상했다. 그리고 황당한 월드컵이 막을 내리는 순간을 우리는 지켜봤다. 프랑스 같은 서구사회가, 개인적 프라이버시를 중시하는 사회의 성원들의 인식수준이 이런 이적행위나 다름없는 탈선행위를 넘길 수야 없을 것이다. 동기의 정당성 여부를 떠나 지단은 분명히 그 순간 자신이 축구를 하고 있음을 잊은 것이며, 축구란 늘 그런 것이란 것쯤은 이해하고도 남을 위인이었기에 박치기 사건은 영웅답지 못한 행동일 수밖에 없었다. 물론 박치기 행위 당시 많은 프랑스인들도 그를 비난했고 지단도 나중에 실수를 인정했다. 그럼에도 그가 그런 행동을 용감하게 감행할 수 있었던 또 다른 원인이 무엇이었는지가 궁금증을 더해만 간다.

마테라치(가운데)를 따돌리고 헤딩 공격하는 지단은 이탈리아에게 커다란 위협이었다.
〈06 독일월드컵 결승 – 연합뉴스 제공〉

⚽ 축구와 정치의 경계가 모호한 나라 프랑스

프랑스 베르사유 빈민촌 출신이자, 알제리 이민자의 2세는 우연하게도 한국의 마르세유 비극(98 월드컵 네덜란드 0:5 패배)을 낳은 그 고장 출생이다. 축구에 펠레와 마라도나가 있다면 축구의 본고장 유럽엔 80년대 후반과 90년대에 지단이 있다고 할 만큼 서구의 축구전설을 대표하는 1998년 발롱도르상 수상 출신이다. 프랑스가 월드컵 우승과 준우승을 각각 1회씩 차지하며 한 국가로서의 이름을 올려놓을 수 있었던 것도 순전히 그가 있어서였다. 98 프랑스월드컵 결승전 3:0 승리의 두 골을 그가 혼자서 기록했고, 상대도 세계 최강 브라질이었다. 문제가 된 06 독일대회 이탈리아와의 결승전 1:1 스코어의 한 골도 그가 차 넣은 점수였다. 그만큼 지단은 화려하고 탁월한 플레이만큼이나 빛나는 프랑스 서민대중의 영웅이기도 하다. 나폴레옹을 백안시하는 프랑스인들에게 당시 지단의 인기는 역사의 그 누구보다 엄지손가락 그 자체였다. 우리가 세종대왕이나 이순신의 반열에 박지성을 끼워 넣는 시각은 어린 세대의 시각이다. 그렇지만 지단은 그런 차원을 현실 프랑스 기성세대권에 접목시킬 만큼 영향력을 품었고, 이를 시험할 시기에 분연히 일어섰다.

02 한일대회가 열리기 직전 프랑스는 대선 정국의 소용돌이에 휩싸여 있었다. 4월의 1차 결선투표에서 극우파 국민전선의 르펜Jean-Marie Le Pen 후보가 사회당 조스팽Lionel Jospin 후보를 누르고 2위에 오르는 선전을 펼친 것이다. 9.11 테러 이후 한층 강화된 미국 주도의 세계화에 대한 반정서가 유럽인들의 우편향적 결집을 가져온 결과였다. 프랑스 국민은 당혹했다. 2차 대전 때 히틀러Adolf Hitler에게 당한 민족적 아픔이 가신 지 불과 1세기도 안 된 시점이었다. 나라를 되찾으면서 동족을 배반하고 부역한 대가로 뿌려진 피비린내의 처형들이 전후 프랑스기에 얼마이던가.

2000년대에 들어서도 공공연히 인종차별정책을 주장하는 파시스트와도 같은 정당이 프랑스에 집권세력으로 등장한다는 것은 상상할 수 없는 역사의 후퇴였다. 더욱이 르펜진영은 축구문제와 관련해 아프리카 출신 흑인선수들을 국가 대표팀에서 제외시킬 것을 주장하는 인종차별 정책으로 국민적 지지를 호소하기까지 했다. 이에 맞서 당사자였던 지단 등 몇몇 국가대표 흑인선수들은 축구공을 정계로 몰고 중앙 돌파해 들어갔다. 지단은 만일 르펜이 대통령에 당선된다면 향후 월드컵 불참은 물론 자신의 축구화를 벗어 던지겠다고 선언했다. 그러니 르펜후보와 자신 중 한쪽을 택할 것을 공식 기자회견을 통해 국민에게 압력을 행사한 셈이 되어버렸다.

이미 예견된 결과였지만 2차 결선투표는 공화당 시라크Jacques Chirac 진영에 대한 국민의 압도적 몰표로 프랑스의 선택은 끝났다. 지단의 정치적 발언이 얼마나 큰 작용을 했는지 예측할 수 없는 상황이었지만, 일국 대선후보의 낙선을 관철시킨 막강한 전력은 그에게 있어 또 다른 정치적 훈장이 되었다.

지단이 은퇴한 프랑스는 지난 대회 준우승에도 불구하고 10 남아공대 회 1차 라운드에서 탈락, 16강에도 오르지 못하는 졸전을 펼쳤다. 거기에 다 선수단 내 항명사태 등 분규로 인하여 대표팀 감독과 일부 선수들의 하극상이 언론에 보도되어 감독은 귀국 후 축구협회장과 함께 국회 청문 회에까지 축구공을 들고 가야 했다. 청문회의 출석 취지는 월드컵에서 참 패를 당한 원인 규명으로 모아졌고 감독은 이를 소명하는 절차였다. 월드 컵 본선 1무 2패로 16강에 오르지 못한 것을 가지고 국회에서 따진다고 벼르고 있었다니 '월드컵 3패 클럽' 회원들이 들으면 기겁할 노릇이기도 했다. 차라리 프랑스가 일찍이 3패 클럽 회원에 가입했더라면 이런 불상사 가 없었을지도 몰랐다. 지단도 대표팀 감독을 비판하는 대열에 가세했다. 피파는 즉각적으로 프랑스 정치권의 자국 축구계에 대한 간섭행위를 중지 할 것을 경고하였지만, 회장 제프 블래터의 권세로는 씨알도 먹히지 않는 일이었다. "일개 종목의 세계 스포츠 단체장 주제에 대프랑스제국 앞에서 어따 대고 감히!"였던 것이다.

⚽ 세계 스포츠 황제들, 공사 구분 무지 드러내

서양세계에 인권사상을 태동시킨 주역으로서의 프랑스가 마치 전체주 의적 사고로 세계인들로부터 그런 시선을 받으리라곤 상상도 할 수 없다. 축구가 정치고 정치가 곧 축구가 되어버린 내정문제는 그 자체가 이미 한 국가의 문화화 되어버린 것은 이해해야 한다. 하지만 예술은 그 분야의 주체들이 자신의 영역에서 책임질 수 있을 때에만 온전한 가치로서 유효하다. 예술의 나라에서 축구가 갖는 보편성을 지나치게 정치적이고 제도적인 화두로 변색시키거나 이를 예속화해버린다면 진정한 예술과 문화는 과연 서야 할 땅이 어디일지 생각해볼 일이다.

스타플레이어들도 세계 스포츠무대에서는 다양하고 많은 지지자들을 보유하고 있다. 운동을 좀 잘한다는 그 한 가지의 특출한 재능, 혹은 이로 인해 벌어놓은 국민적 추앙의 훈장은 종종 다른 정치적 대가를 요구하며 그 인기를 볼모로 싸우고자 한다. 이것은 스포츠가 과거로부터 흔히 그랬던 것처럼 위정자가 그 스포츠를 정치적 도구로 이용하여왔던 악습의 부메랑처럼 되돌아온다. "너희도 나를 정치적으로 이용하였으니"라는 반대급부의 심리적 시한폭탄을 제조해버린 것이다. 대선후보도 떨어뜨릴 만큼 기세등등했던 국민영웅에게 상대 진영 일개 수비선수에 불과한 마테라치의 모욕 사건은 경기 당시 참을 수 없는 치욕인 것만은 사실일 것이다. 그의 국회가 그랬듯이 "어따 대고 감히!"를 연상할 만한 이유였으니까. 그래서 축구화도 벗을 수 있다고까지 국민 앞에서 호언한 마당에 무대가 월드컵 결승전의 팽팽한 무승부 상태였기에 그 타이밍은 가장 극적인 때에 맞춰져 존재감의 발로처럼 그 시한폭탄은 폭발해버렸다. 스포츠 대스타 시위의 장으로 바꾸어버린 돌출행동에 아연할밖에 도리가 없지만, 경기 후 대회 최우수선수로까지 선정되는 황당함은 당시 정몽준 전 피파 부회장의 지적에도 불구하고 우리의 시각을 반영할 뿐이다.

그렇게 사태의 분위기 이전부터 나라 한 구석에선 이미 지단이라는 '스포츠 황제주의'의 싹이 지나치게 생장해버린 연유였다면 과도한 편견일까. 여기에 선수는 충동통제력이 낮아있는 상태에서 권력화 되어버리는 대중적 인기의 파워라는 화려함은 개인의 우상화가 가져온 현대사회의 가치전도 현상 속에 우리시대 진정한 영웅을 그리워하는 대중의 고독함을 파고

들며 방향성을 잃어간다.

* 미국 임상심리학자 매들린 L. 반헤케Madeleine L. Van Hecke는 "정신적으로 스트레스를 받으면 사고과정이 교란되기 때문에 위기상황이나 최종결정을 내려야 할 때 제대로 판단하지 못한다면서 모든 인간은 다른 사람들을 어떻게 대하고 있는지, 그들에게 어떻게 비춰지고 어떤 영향을 주고 있는지 모르는 사이 자신의 실수나 편견, 멍청함 등이 바로 자기의 맹점에서 시작된다고 하고 그 원인과 극복전략 등이 필요하다."며 이의 극복을 지적한다. 현대인들, 특히 대중스타 같은 공적인 일에 종사하는 이가 활동하는 데 귀 기울여야 할 부분이다.

⚽ 전쟁을 대신한 국가 간 스포츠 경쟁에 스타의식 버려야

악인은 악인과 싸움을 잘 벌이지 않는다. 선인도 선인과는 잘 부딪히려 하지 않는다. 전자는 서로가 서로를 잘 알기에 두려운 것이며, 후자는 서로가 서로에게 상처가 되는 것에 두려움을 갖고 있다. 따라서 싸움이란 주로 선과 악간의 모순적 대립관계를 설정한다. 위의 사건을 초래한 수비수 쪽에 원인제공의 상당 부분을 인정한다면 그런 점에서 동기만큼은 지단의 순수성에 대해 동정을 받기는 쉽다. 최소한 선의 조건은 갖추지 못했지만 공과 사를 구분하지 못한 맹점의 과오는 보여준 그대로일 뿐이다.

축구는 이미 상대편에게 선전포고가 된 전쟁문화다. 상대방이 어떠한 악행적 행위로 나올지에 대해서는 어느 정도 몸과 마음의 준비를 하여야만 되는 쌍무적(雙務的) 대결의 장이다. 일본이 진주만을 비겁하게 기습했다 하여 전쟁이 아닌 것은 아니다. 미국이 일본의 히로시마와 나가사키에 원폭을 투하한 것을 두고 민간인을 공격한 것이라고 비난한다면, 그것도 마찬가지 논리이다. 이스라엘이 팔레스타인 가자지구의 민간인들을 공격하고, 21세기 최대의 문명도시 한복판에서 9.11 테러가 자행되어 수많은 민간시민의 무고한 희생도 생생히 목격했다. 모두가 불행할 수밖에 없는 참혹한 일이며 전쟁이란 그런 추악한 구석이 늘 존재하는 공간이다. 승리를 쟁취하기 위해서라면 수단과 방법을 가리지 않는 전쟁. 그래서 우리는 전쟁을 반대하는 것이다. 다만 축구가 이를 대신해준 신성한 경쟁적 규범의 틀 속에서 일정한 반칙에 대하여 강한 벌을 주도록 규정하고 있음을 망각해서는 안 될 일이다. 경기 전 국가가 울려 퍼지고 국기를 바라보며 이에 경의를 표하는 순간 선수는 이미 일신의 몸이 아님을 스스로에게도 약속하는 시간이다. 대표 중의 대표로 공인된 주장의 입장이라면 말할 나위 없는 의무이자 신성한 것이기도 하다.

지단의 일탈행위가 선진 서구사회의 다양한 분열상이나 인물적 특수성이 가져온 현상이라 여긴다 해도 이를 바라보는 우리의 시각은 씁쓸하기 그지없다. 마치 우리의 박지성이나 김연아 같은 스타들이 정치적으로 그 성향을 표방하고 나서거나 국제대회 도중 돌연 경기장을 떠나는 일을 지켜보는 것만큼 고국 팬들에게 괴로운 일은 없을 것이기 때문이다. 그의 심리 기저에 존재하는 빈민촌 출신이라는 '결핍동기'가 개인적으로 아무리 큰 것일지라도 주장완장이 상징하는 것처럼 양 어깨에 짊어진 조국과 국민의 기대수준을 넘어설 수는 없다.

서양이 동양문명을 앞서간 이유는 동질 간 순혈기능보다 이질 간 융합기능을 통해 역사발전이나 우성의 인자 배양으로 더욱 유리한 환경을 개척한 때문이다. 그런 과정에서의 기이한 현상들을 단순히 동양적 가치환경과 서양적 그것의 차이라고만 치부하기에는 조국이란 하나의 순수한 이상을 훼손되게 하여서는 안 될 일이다. 조국은 누구에게나 하나인 것이다.

나폴레옹의 사전이 허전한 것은 무언가 중요하게 빠진 단어 하나 때문

이다. 혹시 월드컵에 나서는 각국 전사들의 사전에 '조국'은 과연 있음을
살펴보고(?) 참가하는지 의문을 품어 보는 것은 공연한 것인가.

* 매클린.반헤케(블라인드 스팟) 다산초당 55쪽,131쪽

08 안방에서 지켜본 월드컵

PK 앞에만 서면 쥐가 내린다

마지막 승부차기 단 한 번의 실수로 월드컵이 날아갔다.

순간적으로 조국의 명예와 국민적 열망을, 국가대표 한 개인의 실축으로 말미암아 빚어진 비극적 승부와 바꾸기엔 이성화된 문명사회가 깨우쳐주는 위로의 격려가 오히려 부담스럽게 느껴진다. 불편한 감정을 순화하고 애써 자위하고 잊어보려 하지만 정작 주인공인 당사자의 괴로움은 쥐구멍이 문제가 아니다. 그는 더구나 세계에서 골을 제일 잘 넣는 사나이 중 하나로 정평이 난 골게터다. 이 사실이 팬들에게는 더욱 곤혹스러움을 안긴다.

사건을 제공한 94 미국월드컵 결승전은 또 다른 여러 가지 의미를 내포

했다. 빗장수비의 대명사 이탈리아가 특유의 수비치중 전법에 더하여 압박축구라는 새로운 시스템축구를 창안하여 90 이탈리아 자국대회부터 실험적으로 도입한 것이 비교적 성공적이란 결과를 낳았다. 단지 주최국으로서 결승을 치르진 못했지만 3위 입상이란 성과를 올려놓은 결과였다.

그러나 차기대회로 건너오면서 퍼져나간 압박축구는 넓은 중원에서부터 전방위의 프레싱 전법에 막힌 상대 골게터들이 활개를 치기에 너무나 제약이 많았다. 자연히 득점력도 떨어지고 축구팬들 입장에서는 재미가 반감됐다. 먹을 것 없는 소문난 잔치로 만든 문제의 94 미국대회는 월드컵 결승전조차 연장전까지 한 골도 못 넣은 채 결판을 보지 못하고 승부차기에 돌입했다. 더구나 상대방은 70 멕시코대회 결승에서의 패배를 안겨준 천하의 브라질이다. 갚아주어야 할 빚을 안고 최정상에서 격돌한 이상 갈아온 비수를 빼드는 시늉이라도 했음 직한데 어이없이 도로 거두어버리는 소심함이 결승전의 빛을 잃게 만들었다. 혈전이 돼야 할 최후의 전쟁이 연습게임처럼 맥이 풀린 상태가 되자 난감해진 건 국제축구계와 이를 이끄는 주체들이었다.

급기야 대회가 끝나고 드러난 문제점에 대해 각계에서 이런저런 해결방안이 거론됐다. 문제가 된 골 가뭄 현상을 줄이고자 골대를 현재의 규격보다 좀 더 넓히는 직접적인 해결 방법에서부터 베스트 일레븐 출전 선수를 10명으로 줄인다거나 심지어 이미 검증되었던 오프사이드 반칙을 없애는 규칙 개정 등에 이르기까지 다양한 의견이 안출됐다. 축구가 골을 넣는 경기인 만큼 이를 관철하는 것만이 최상의 가치이므로 월드컵 본선을 모두 승부차기로 결정하자는 주장이 나오지 않았던 것으로 보아 현실을 도외시한 모두가 공허한 계획으로 끝나버렸다.

이 대회 최우수선수이자 이탈리아 대표팀의 골게터 로베르토 바조 Roberto Baggio가 홍역을 치른 실축의 근본 원인 제공은 공교롭게도 이탈리아 자신들의 수비축구 내지는 압박축구가 빚어낸 부메랑이었다.

⚽ PK, 공격자와 수비자의 멘털 뒤바꿔

어느 팀에게나 똑같은 조건일 것 같은 PK-승부차기의 본질을 마냥 '묻지도 따지지도 않고' 골게터에게 몰아주기식의 대처는 자칫 큰 낭패를 보는 일이다. 브라질의 골게터 지코Zico, 네덜란드의 사냥꾼 클루이베르트 Kluivert와 반바스텐Van Basten 그리고 프랑스의 최고 스타 플라티니 Platini와 지단Zidane, 앙리Henry 등은 물론 포르투갈의 피구Pigo와 스페인의 토레스Torres, 아프리카 대륙을 대표하는 드록바Drogba 등 이외에도 잉글랜드의 베컴Beckhem과 루니Rooney, 전성기를 구가하고 있는 호날두Ronaldo나 메시Messi에 이르기까지 현세기 지구촌의 내로라하는 톱스타들만 모아놓은 이들은 PK-승부차기를 실축한 전력의 소유자들이다. 각자 클럽 리그에서부터 유럽선수권대회나 월드컵 기간 중 결정적인 실수를 범하여 순간적으로 팀 팬들에게 공분을 일으켰던 명실상부한 빅맨들이다. 클럽 멤버를 꾸려가기에 딱 알맞은 인원 구성이기도 하다.

클럽 이름은 실축을 했으니 '미스클럽' 아니면 이름값에 맞는 '빅맨클럽'도 어울릴 것 같지만, PK 앞에만 서면 '쥐가 내리는' 습벽이 있으니 '마우스클럽'도 그럴듯하게 보인다. 가린샤클럽처럼 당사자의 이름을 빌려서 '바조클럽'이라 칭한다면 해당선수의 항의가 들어올지 모른다. 그러나 더 중요한 건 클럽 명칭이 아니라 그 쉬워 보일 것만 같은 PK-승부차기를 못 넣는 골게터들의 사정이다.

그들은 엄밀히 말할 것이다. 자신은 축구하기를 원하지 그냥 공을 차는 일엔 적성이 맞지 않다고. 그럼 왜 PK-승부차기를 하느냐고 묻는다면 코칭 스태프의 반강압적 지시나 골게터로서 팬들의 기대에 부응하고 명성에 걸맞은 골키퍼와의 대결을 겁내지 말아야 하는 당위성 등등 뭐 그런 정도다. 일부 선수는 그놈의 대회 득점왕만 아니면 과감히 PK-승부차기하는 일은 절대 사양하고자 입을 모은다. 넣으면 그만이요 못 넣으면 역적의 주홍글씨가 붙어 다니는 만큼 PK-승부차기는 막는 쪽보다 차는 쪽에게 더 극심한 공포를 안겨준다.

경기 인플레이 상태에서의 골 득점은 기본적으로 득점자 자신이 언제든 발휘하는 창조력의 소산이다. 물론 전 단계인 동료로부터 도움을 받아 공을 성공시키는 형태가 대부분이지만, 골키퍼와 공이 정지한 상태에서 키킹을 하는 PK-승부차기와는 근본적으로 차이를 갖는다. 그래서 PK-승부차기는 축구에 있어 엄연히 녹색의 그라운드 내에 존재하면서도 탈그라운드적인 차원의 다른 세계다. 창조력을 발휘하기 힘든 이유가 여기에 있다. 키커가 발사한 공의 속도와 골키퍼의 반응속도와의 싸움이 바로 PK인데, 컴퓨터 프로그램이 과학적 분석으로 결론을 낸 것처럼 공의 속도와 키퍼의 반응속도의 차이로 계산한다면 100%에 가까운 성공률이 보장되는 것이 PK라는 것이다.

문제는 컴퓨터 같은 기계가 공을 쏘는 것이 아니라 수억만 개의 전신세포가 유기적으로 체내에서 호흡하고 있고, 그 어떤 사물에 대해 갈대와 같은 판단력을 지닌 오욕칠정의 인간이 공을 차야 하는 데 있다. 적의 골문 앞을 휘저으며 골을 사냥하는 전문인 킬러를 이렇게 골키퍼와 일대일 대결을 붙이는 것은 왠지 부담이 크며 낯설다. 그래서 키커가 골문 앞에 세워놓은 공을 차기 위해 골키퍼 앞에 선다는 의미는 이미 골키퍼의 시선 앞에 주눅 들어버리고 마음 약한 선수에 따라서는 그 날카롭던 예봉이 꺾이기 일쑤다. 그런 상태에서 맞서는 대결이므로 못 넣게 되면 어찌해야 될지의 걱정이 전제된 근심거리이다. 골키퍼는 이를 역이용해 키커를 현혹시킨다. 뚫어져라 상대의 눈을 응시하며 마음을 흔들어본다. 어떤 골키퍼는 키커를 노려보며 혓바닥을 날름거리기도 한다. 그곳에 상대방의 모든 심리적 정서가 들어 있다. 사랑하는 사람의 눈동자에 모든 마음이 깃들어 있듯이. 그래서 골키퍼는 키커가 자신의 눈을 보아주길 바라며 눈싸움을 계속 시도하지만 그 의도에 말려들지 않으려는 키커는 상대의 눈과 마주치지 않으려 이를 철저히 외면한다. 악마의 눈이다. 아예 공만 보고 차는 이들은 현명한 대응처럼 보인다. 흔들리면 지는 것이다.

누군가가 나를 잔뜩 노려본다면 어떤 사람이든 심리적으로 위축될 수 있다. 사실 킬러만큼 수줍은 존재도 없다. 어두운 밤 침침한 그늘 녘 어딘가에서 갑자기 나타나 남이 자신을 보지 않을 때 은근슬쩍 일을 도모한다. 그래서 적은 언제나 이 위험인물에 대해 전담 마크맨을 붙여두는 것이다. 킬러의 시선 노출은 적 앞에 모든 공격 전략을 발각당하는 것과 같다. 그의 진면목이란 모두들 공에 정신을 팔고 있을 때, 그 쏠린 시선 다음 단계를 선점하기 위한 후속 액션에 유능하다는 점이다. 다시 말해 피아간 유기적인 활동 속에서 정지되지 않은 공과 자신의 발을 임팩트 타이밍에 맞춰 공의 유동과 적군의 위치, 아군의 협력공격 속에 제때 정확한 슛을 날릴 수 있는 상태를 조준 잘하는 수준 높은 프로들이며 저격수들이다. 따라서 정지된 물체와 적의 서슬 퍼런 눈빛의 키퍼 앞은 낯선 시간이며, 양자가 심리적 거리의 간격을 좁힌다는 것은 상대방의 의도에 최소한의 일부라도 동조하게 되는 결과를 가져온다. 소위 '스톡홀름 증후군'처럼 범법자를 그의 편에 서서 이해하게 되는 위험한 함정에 빠지는 일이다.

겉으로는 냉혹하고 잔인한 포격을 퍼부어대는 차가운 킬러지만, 그에게도 일말의 온기 어린 피가 내면에 흐르고 있다. 실은 더 겁이 많고 두려움을 잘 아는 온유한 인물인지도 모른다. 그래서 배짱 두둑해 보이고 항상 당당해 보이는 골게터라는 이름의 사나이들은 공격이 적성에 맞는 이

유 가운데 하나는 수비가 두렵기 때문이기도 한 것이다. 대표팀의 공격수
들보다 수비수들 중에 싸움꾼이 유독 많은 이유가 그런 정황을 증명해준
다. 골을 잘 넣는 선수들에게 축구장에 가만히 서 있으라고 하면 오히려
어지러움증을 호소할 수 있다. 춤을 잘 추는 댄서에게 클럽 무대 위에서
나오는 음악소리에도 춤추지 말고 한참 서 있기만을 요구한다면 동일한
현상이 벌어질 것이다. 그것은 고문이나 마찬가지다.

따라서 멈춰 세운 축구공 하나를 놓고 마치 '암흑가의 두 사람'처럼 양
측 간 최후의 결판을 벌이는 미묘한 신경전은 오히려 공격하려는 골키퍼
의 심리전에 수비를 해야 하는 키커의 '뒤집어놓은' 사커게임이라고 보면
어떨까. 가끔씩 주객이 전도되는 인생사의 기묘한 일이 월드컵 PK 앞에
서 다시 보게 되는 것이다.

이처럼 축구가 드넓은 그라운드에서 행해지는 역동적 파노라마의 이면
속 요지경이 잘 보이지 않았던 PK의 본 모습이었다는 사실은 흥미롭다.
호랑이의 겉모습은 쉽게 그릴 수는 있지만 그 뼈다귀는 잘 그려지지 않는
것과 같다. 스트라이커일수록 실축 중후군이 많았다는 의아스런 진실은
많은 나라들에게 희비를 선사한 구경거리로서의 공로 측면이 존재하지만,
특히 선수 개개인에게 가혹했다는 점만큼은 부정할 수는 없을 것이다.

⚽ 승부차기 한 팀, 영육의 기력을 빼앗아

여기서 잠시 역대 월드컵 승부차기의 기록을 대강 살펴보자.

총 20경기가 치러졌고 이 가운데 3전 이상을 치른 국가들이 나왔다. 독
일이 3전 전승을 기록하여 심리전의 최강자임을 과시했으며, 아르헨티나
와 브라질은 각각 3승 1패와 2승 1패의 전적을 남겨 비교적 강자의 면모

를 지켰다. 그런가 하면 이탈리아, 프랑스, 스페인은 1승 2패로 명성에 비해 약세를 나타내었지만 잉글랜드만은 독일, 아르헨티나, 포르투갈을 상대로 3전 전패를 보여줘 '월드컵 3패 클럽' 멤버인지를 혼동시키며 심리전에 약한 전략을 드러냈다.

따라서 좀 전세가 불리하다 해서 힘과 배짱축구를 지향하는 독일이나 아르헨티나를 상대로 승부차기까지 가는 일은 스스로 무덤을 파는 일이 되겠고, 브라질이 상대였다면 역시 승리하기엔 힘이 들 터이니 가급적 연장전 내에 승부수를 던질 일이다. 이탈리아나 프랑스, 스페인이라면 한번 끝까지 가는 것을 고려해봄 직하지만 잉글랜드라면 물어볼 것 없이 '무조건' 비기기 작전으로 가야 할 것이다. 잉글랜드는 영연방이 총출전한 연합국 영국으로도 홈그라운드인 런던올림픽 8강전 승부차기를 한국에 패하는 전통 아닌 전통을 이어나가는 중이다.

그러나 한편으로 깊이 눈여겨볼 대목은 그 이후 승부의 결과들이다. 가히 '펠레의 저주'나 '4강의 저주' 같은 징크스가 떠오를만한 일이었다. 총 20경기 가운데 그 자체가 결승전이어서 이후 승부가 없었던 94 미국대회와 06 독일대회를 제외하곤 나머지 18경기의 결과는, 첫 승부차기의 승리국가가 3경기만 연속 승리를 이뤄냈고 15경기는 모두 패배하고 말았다. 다시 말해 승부차기를 천신만고 끝에 승리로 이끈 후의 다음 대결의 결과는 확률로 보자면 열 경기 중 한두 경기만 이길 수 있고 나머지 여덟아홉 경기는 거의 패배하고 만다는 결론이다.

승부차기는 선수단의 몸과 마음의 모든 기력을 오롯이 빼버린다는 교훈을 다시 되새겨본다면 02 한일대회 독일과의 4강전은 당시 코칭스태프의 전술에 일말의 아쉬움을 느끼는 부분이 있다. 16강 이탈리아전 연장과 8강전 스페인과의 경기를 승부차기까지 가져가 소모전을 벌이고서 그 멤버 그대로를 다시 재투입하여 바닥난 체력을 드러내 보이는 플레이는

타인의 실수로 얻어진 월드컵 승부차기의 명과 암
〈 94 미국월드컵 결승전 로베르토 바조와 브라질 대표팀 – AP제공 〉

패착의 수순에 다름 아니었다. 체력과 힘에서라면 세계 최강자임을 자타
가 인정하는 독일을 맞아서도 더욱 그러했다. 나머지 벤치의 리저브 멤버
11명 가운데 다수에 대하여 중용의 변화가 절실했던 대결목이었다.

승부차기의 득점에 있어서도 5:4와 4:3 스코어가 각각 4회로 막판까지
치열하고 가슴 졸인 승부가 많았다. 반면, 5:3과 3:2가 각기 3회, 4:1과 3:
1, 심지어 3:0까지 각 2회씩 기록되어 적잖은 실축 횟수가 당사자들뿐만
아니라 관련 이해관계자들을 멘붕 상태에 빠뜨리며 승패를 갈랐음을 볼
수 있다. 그러니 PK-승부차기에 앞에 지명된 키커들의 발에 이상 증세가
일어나지 않는 것은 그 자체가 이상한 일이 될 것이다.

한국도 예외는 아니었다. 월드컵 본선대회를 통틀어 단 두 번의 PK 기
회가 주어졌는데 02 한일대회 16강전 대 이탈리아전과 동 대회 1라운드
미국전에서도 각각 동일한 실축을 범했으며 모두 상대 골키퍼들의 선방에
막혔다. 앞서 언급한 대로 02년 한일대회 승부차기의 승리 상황에 비해
두 PK의 주인공에게 부담 지어진 심리적 짐이 너무 컸다는 부분이 향후

해결과제를 던져주었다고 볼 것이다. 뭉쳐서 함께 싸워야 할 때와 홀로 고립되어 벅찬 상대와 대적해야 할 때의 유·불리가 우리에게는 너무 크게 작용하고 있는 점을 말이다.

⚽ PK-승부차기 실축, 개인에게 치명적 상처

PK의 경우이지만 70년대를 전후해 월드컵 아시아예선대회마다 호적수처럼 맞섰던 한국과 호주는 70 멕시코대회 지역예선 최종 2차전을 치렀다. 국가 총력전의 지원 속에 한국은 본선 진출을 목전에 두고 1:1의 팽팽한 대결 중에 얻은 PK를 그만 놓치고 만다. 통한의 실축을 범한 대표팀의 당사자는 그 죄책감으로 미국으로 이민을 떠나버렸다. PK에 대한 개인적 트라우마는 어쩔 수 없는 한계가 있다 하여도 떠나버린 동료를 그리워하고 오히려 미안해하는 선후배들의 아픈 마음은 달랠 길이 없는 것이다.

키커의 실축이냐 골키퍼의 선방이냐의 판단은 사실 어느 쪽에도 이 모순의 이중적 잣대를 논할 실익을 제공하지 않는다. 고려할 것은 공이 골문을 벗어난 유효 슈팅이 아닌 경우 골키퍼의 선방을 논할 의미가 약하므로 좀 더 키커의 실축 쪽으로 판단해버릴 수는 있을 것이다. 하지만 토너먼트 승부차기로 패하거나 PK 미스를 두고서 일반적으로 실축의 문제를 논하지 않는 것이 불문율이며, 축구는 특정한 한 사람 때문에 이기고지는 경기가 아니라는 상식쯤은 모두가 인정하는 바이기 때문이다.

그렇다면 승부차기로 이긴 자와 진 자를 구별 짓는 것이 승부의 기준점이 되기엔 지나치게 선수 개인에게 심적 압박을 주면서 주사위놀이나 혹은 러시안 룰렛게임 같은 단순함에 월드컵 타이틀을 내거는 현 매치방식은 분명히 개선의 여지를 드러내고 있다고 볼 수 있다. 실수한 선수는 선수대로, 패배를 맛본 팬들은 팬들대로 각자가 느끼는 죄의식과 패배의식 사이에서 누구도 함부로 말할 수 없는 서로간의 망연자실함은 승자도 승 자로서의 제대로 된 위상을 누리기 힘든 '반win-win'의 상황을 축구가 양 산하고 있는 역기능인 것이다.

지적했듯이 승부차기를 하여 올라간 국가가 이후 경기에서 열리면 아 홉이나 손을 들고 나가떨어지는 판국에 승부가 난 것이나 다름없는 차기 경기의 의미가 퇴색하는 것은 어쩔 도리가 없다. 표현 그대로 승부차기는 승부차기일 뿐이라 하지만 다수의 16강 토너먼트에서부터 두 번의 월드 컵 결승에 이르기까지 번져가는 단순한 매치결과는 축구를 미니게임 정 도로 전도시켜버리는 몰가치적 운용책이다.

월드컵 경기 운용방법의 개혁방안으로 만약 토너먼트나 결승에서의 승 부차기 개선책이 나오게 된다면 PK는 그런대로 의미를 지니며 존속하겠 지만, 연장전 후의 승부차기 방법에 대하여는 어떤 메스가 가해질지도 모 른다. 다만 이것은 분명히 어떤 특정 국가에 있어선 유리할 것이 못 될 수 도 있다. 비교적 즉흥적인 플레이에 익숙한 축구 잘하는 나라들에 비해 사전 준비가 철저하고 팀워크가 상대적으로 정비된 나라에게는 그들을 상대로 수세적 경기가 많았던 경험상 승부차기는 숨겨둔 경기운용 전략 의 하나 정도로 삼을 수 있기 때문이다.

설사 그렇다 하더라도 단 11m의 간격을 두고 벌이는 두 사람만의 심리 싸움으로 스펙터클하고 역동성 넘치는 축구의 본질을 훼손하는 일은 재 고되어야 마땅하다. 개인적 불행의 결과 위에 상대에게 승리의 월계관을 씌우는 것은 결코 바람직한 일이 되지 못한다. 어디까지나 축구는 단체 경기임을 잊어선 안 되는 것이다.

월드컵 본선 역대 승부차기 결과

회수	대회	승부차기 결과			차기 매치 결과		비고
		매치	승리(점)	패배(점)	매치	승리국	
1	82 Spn	4강전	독일(5)	프랑스(4)	결승	이탈리아	
2	86 Mex	8강전	프랑스(4)	브라질(3)	4강전	독일	
3	86 Mex	8강전	벨기에(5)	스페인(4)	4강전	아르헨	
4	90 Ita	16강전	아일랜드(5)	루마니아(4)	8강전	이탈리아	
5	90 Ita	8강전	아르헨(3)	유고(2)	4강전	아르헨	연승
6	90 Ita	4강전	아르헨(4)	이탈리아(3)	결승	독일	
7	90 Ita	4강전	독일(4)	잉글랜드(3)	결승	독일	연승
8	94 USA	16강전	불가리아(3)	멕시코(1)	8강전	불가리아	연승
9	94 USA	8강전	스웨덴(5)	루마니아(4)	4강전	브라질	
10	94 USA	결승	브라질(3)	이탈리아(2)	–		
11	98 Fra	16강전	아르헨(4)	잉글랜드(3)	8강전	네덜란드	
12	98 Fra	4강전	브라질(4)	네덜란드(3)	결승	프랑스	
13	02 K&J	16강전	스페인(3)	아일랜드(2)	8강전	한국	
14	02 K&J	8강전	한국(5)	스페인(3)	4강전	독일	
15	06 Ger	16강전	우크라이나(3)	스위스(0)	8강전	이탈리아	
16	06 Ger	8강전	독일(3)	아르헨(0)	4강전	이탈리아	
17	06 Ger	8강전	포르투갈(3)	잉글랜드(1)	4강전	프랑스	
18	06 Ger	결승	이탈리아(5)	프랑스(3)	–		
19	10 SOA	16강전	파라과이(5)	일본(3)	8강전	스페인	
20	10 SOA	8강전	우루과이(4)	가나(2)	4강전	네덜란드	

월드컵 역대 우승국 입상 성적

단위: 회

국 가	입상 성적				합 계
	우승	준우승	3위	4위	
브 라 질	5	2	2	1	10
이탈리아	4	2	1	1	8
독 일	3	4	2	1	10
아 르 헨	2	2	–	–	4
우루과이	2	–	–	2	4
잉글랜드	1	–	–	1	2
프 랑 스	1	1	2	1	5
스 페 인	1	–	–	1	2
Total	19	11	7	8	43

브라질   우린 좋은 것만 골라 먹는다.

이탈리아 나도 좋은 것만 고르는 편인데, 브라질은 편식이 너무 심해.

독일   입상 수만 보면 우리가 브라질과 함께 챔피언이나 다름없지.

그러니 이탈리아는 우리에게 자리를 좀 양보해줄 순 없겠니?

아르헨   우린 확실히 좋은 거(우승, 준우승) 아니면 아예 입도 안 댄다.

3·4위라면 차라리 죽음을 택하겠다.

우루과이 야, 니들 내 앞에서 까부냐? 우린 우승이 아니면 준우승도 필요

없고, 3위는 거들떠보지도 않아. 4위라면 몰라도……

잉글랜드 너 간만에 말 잘한다. 어쩜 내가 할 말 그대로 하냐?

우리 한판 붙자. 맘에 든다.

프랑스   얘들아, 이왕 먹을 거면 나같이 편식하지 말고 골고루 먹어야지,

영양실조 걸리겠다.

스페인   우루과이, 잉글랜드 이왕이면 나도 좀 끼워주라.

우리 셋이서 클럽 하나 만들자. 스윙(스우잉)클럽 어때?

모두   이참에 전체를 클럽으로 만들자. 항상 우승후보니까 네덜란드랑

포르투갈도 끼워주고 말이야.

'불독스우잉아포브이네 클럽' ^^

PART 3

만남

꿩 잡는 매는 외나무다리에 앉아 있다

한국의 '김장문화'가 제8차 유네스코 인류무형문화유산에 등재됐다는 낭보가 2013년 문화계 연말의 대미를 장식했다. 전통적으로 팔도의 특유하고도 다양한 김치의 종류와 그 특성은 해당지방의 지역색과 어울려 한반도의 오랜 역사만큼이나 이웃과 함께했던 숙성된 문화였다. 우리 전래의 음식문화에 있어 절임음식의 대명사인 김치를 빼고 이야기할 것이 얼마나 있을까 싶을 정도의 대표적 부식이고 보면 이번 결정으로 김치의 세계화가 얼마나 인류문화에 다가가 있는지 실감케 하는 뉴스였다.

이참에 상식도 넓혀볼 겸 우리 문화가 세계의 유산적 가치로 등재된 내용을 살펴보았다. 종전에 이미 등재된 15종의 전통 민속 문화에 이어 김치문화가 열여섯 번째 유산이라니. 마치 월드컵 16강의 자리를 차지한 것처럼 그 기막힌 순서의 자리를 잡고 있다. 올라있는 '16강'의 면모를 하나하나 살펴보는 가운데 축구와 관련하여 눈에 띄는 문화유산 하나가 특히 주목을 끌었다.

⚽ 꿩 잡는 매, 세계무형문화유산에 올라

여러 해 전에 꿩 사냥을 즐기는 엽사들 덕분에 몇 번 전문식당에서 요리로 먹어본 기억이 있다. 좀 질긴 맛이 있긴 하지만 담백하고 시원한 국물 맛 때문인지 기록을 보면 옛날에는 제사상에도 오르고 임금에게 바치는 진상품으로도 쓰인 모양이다. 그만큼 안방에 앉아 쉽게 먹기가 어려운, 요즘으로 치자면 명품요리였다. 지금은 당국의 사냥제한조치로 사용 총기류나 사냥구역, 허가기간 등에 따라 허가받지 않은 사냥은 일체 불법이 되어 있다. 그나마 자연환경의 훼손으로 눈에 띄게 사라져가는 야생 꿩을 대체해 '꿩 대신 닭'이라는 속언을 쫓아 다른 조류와 동물의 섭생으로 위안해보지만, 자주 만나볼 수 없는 색다른 맛 때문에 이에 탐닉하는 애호가가 적지 않은 듯하다. 근자에는 야생 꿩을 사육하는 농장들이 꽤 늘어나 곳곳에서 성업 중에 있다니 꿩 요리의 인기란 미식가들에게 식을 줄 모르는 맛의 별식문화인 모양이다.

가까운 전래의 소리마당에서도 '까투리사냥'이라 불리며 우리네 흥겨운 민요가락 속에 자리한 이 텃새는 경상도, 전라도, 충청도, 경기도 할 것 없이 가사 소절마다 한반도 전 지역을 망라해 서식했다. 그런 관계로 수컷 장끼나 암컷 까투리를 막론하고 이를 잡아 별식으로 즐겼던 문화가 여러 문헌상으로도 전해지고 있는 것을 보면 우리네 조상은 가히 '꿩 잡는 민족'이었다고나 할까. 연전에는 응사(鷹師)라 불리는 전문 매사냥꾼이 TV에도 출연하여 그 장관을 재연하여 눈길을 모으기도 하였으니, 꿩을 잡기위해 매를 길들였던 선친들의 기예(技藝)가 오늘날에 와서 무형문화재로까지 지정된 것이다.

가뜩이나 멀쩡한 날개를 갖고도 제대로 날지 못하는 죄로 천적에 의해생명줄을 바쳐야 하는 서러운 꿩의 입장에선 팔자 사나운 신세 탓이야 그렇다 하지만, 얄궂게도 2010년에 와서는 하나의 민족이 아닌 글로벌이 나서서 이 무형의 문화유산에 대해 격급을 높여 세계인류문화유산에까지등재하기에 이른 것이다.

"응복(鷹福)도 없는 닭목과의 종, 인복(人福)도 따라주질 않는다."는 꿩과의 볼멘소리가 야생조류의 세계에 퍼져 있는 가운데 세계문화기구인유네스코가 선정, 등재한 이 작업에 때마침 우리나라를 포함하여 공교롭게도 축구 한 팀 멤버에 가까운 열두 나라(한국, UAE, 모로코, 몽골, 벨기에, 사우디, 시리아, 스페인, 체코, 카타르, 슬로바키아, 프랑스)만이 공동으로 신청하여 성사된 결과였다고 한다. 우연의 일치는 여기에 머무르지 않는다. 유네스코 한국의 무형문화재 등재순서도 베스트일레븐의 열 한번째순위였다.

이래저래 축구와 연관성이 많아 보이는 상황에서, 1세기 전부터 문화의한마당으로 자리매김한 축구가 그 오랜 격동의 세월을 보내며 천적의 세계가 없을 리 만무하다는 번뜩임에 슬슬 들여다본 축구판 '꿩 잡는 매'의장은 실로 파란만장한 외나무다리의 세계를 꾸며놓고 있었다.

인류 문화예술의 경지로 끌어올린 매의 꿩 공중사냥 장면 〈연합뉴스 제공〉

⚽ 피파, 꿩 잡는 매의 다리 축조

월드컵 최정상을 향하는 절벽 사이사이에는 열여섯 줄의 연결다리가 축조되어 있다. 야생의 법칙을 스포츠문화에 접목해 꿩 잡는 매를 공식적으로 사육하며 글로벌한 판을 펼치고 있는 국제적 파워그룹의 문화적 비즈니스가 파란 많은 인류유산을 만들었다.

이 그룹의 중심엔 다리의 건너편에 서서 특유의 스마일한 표정을 지어 보이는 사람이 있다. 그는 월드컵 때만 되면 언제나 어서 건너와 보라고 반기듯 손짓하는 국제적 유명인사이다. 바로 피파 회장 제프 블래터 Joseph Sepp Blatter다. 그가 가리키는 방향의 다리를 무사히 건너고 건너서 어느 나라든 그의 손을 잡게 된다면 주체 못할 명예와 거액의 포상금, 그리고 컵과 메달이 기다린다. 만의 하나 다리를 함께 건너려다 경쟁자에게 떠밀려 깎아지른 절벽 아래로 추락하는 불상사가 발생하더라도 어디까지나 그것은 떨어지는 쪽의 책임이지 블래터의 책임이 아니다. 그냥 건너오라고 했지 누가 떨어지라 했냐고 그는 말할 테니까.

하지만 이 현대적 축조물은 블래터의 오리발에도 마냥 평화로이 건너갈 수만은 없다. 다리가 놓이고부터 야생의 생존 게임이 펼쳐지는 새들 간 만남의 전장으로 변하면서 천연의 생태환경이 조성되고 서로 물고 물리는 꿩과 매과류의 활약상이 월드컵 때마다 흥미로운 흔적을 남겼다. 장관을 연출해 가며 본선 토너먼트 생사를 가늠하는 절벽 위에서 여러 나라가 울고 웃는 것은 당연한 귀결이었다. 어차피 인류의 자연파괴와 이에 따른 자연 서식지의 감소로 인해 날로 그 개체수가 감소하여 가는 꿩과 매의 활극을 제대로 감상키 힘들어져가는 세상에 대체할만한 구경거리가 요긴해 보이기도 하다. 월드컵이 여기에서나마 팬들에게 판을 펼쳐주었다.

⚽ 잉글랜드와 네덜란드의 천적, 독일

1, 2차 세계대전을 치른 유럽 최대의 적국 잉글랜드와 독일은 축구에서 만큼은 숙적이 될 수 없었다. 그래서 블래터가 평소 종주국의 이름을 거론하기 민망할 정도로 일방적인 만남이었다. 66 잉글랜드 자국대회 결승에서의 독일 패배는 주최국 안방이라는 성격과 골인 판정에 대한 논란도 있어 논외로 하더라도, 70 멕시코 8강전과 90 이탈리아 4강전, 그리고 10 남아공 16강까지 잉글랜드는 독일만 만나면 패배로 일관했다. 종주국을 희생양으로 독일축구는 두 차례의 세계대전 침공자의 위세를 유럽 평원뿐 아니라 아메리카와 아프리카 대륙에서도 그라운드 위에서는 승리자가 된 듯 한없이 누벼댔다.

한편 전쟁의 광기에 대적할 힘이 없던 이웃 나라로서 당시 독일을 숨죽여 지켜보아야 했던 네덜란드는 전후 30년 가까운 세월이 흐른 74 뮌헨대회에서 바로 그 점령자 독일(서독)과 패권을 겨루게 된다. 하지만 강렬한 중원의 지배자들을 앞세워 토털축구라는 혁명적 바람을 전 세계에 전파하고도 우승을 독일에 내주고 돌아서야 했던 이 나라는 차기 78 아르헨티나대회 2차 라운드 설욕의 기회였던 독일과 비기며 차기를 기약한다. 이어 대회 준우승을 재탈환한 뒤 80년대 월드컵 암흑기를 보냈다.

멈추는 듯 풍차 바람을 다시 일으켜 90 이탈리아대회 16강의 다리에서 이미 '참매'가 되어 기다리던 독일을 또다시 만난다. 당시 독일만 넘었더라면 결과적으로 체코, 잉글랜드, 아르헨티나를 누르고 정상에 등극한 독일을 대신할 절호의 기회였던 만큼 그 아쉬움이란 2% 무언가의 부족 속에 전차부대의 파워에 재차 무릎을 꿇었다.

차기인 94 미국대회에서 와신상담 8강까지 다시 올라섰지만 이번엔 브라질이라는 남미산 '삼바 황조롱이'와 마주쳐 날개가 꺾이고 말았다. 다음 98 프랑스대회에 가선 준결승까지 오르며 해후한 브라질 앞에서 이미 경험한 황조롱이의 날렵한 부리공격을 끝까지 선방하며 버텨냈지만, 연장을 끝낸 승부차기에 가서 꿩이 돼버린 파득거림의 신세를 면치 못하며 네덜란드는 독일전의 전철을 밟고야 만다.

두 차례 매들의 공세에 충격에 빠졌던 탓일까? 네덜란드는 그렇게나마 90 이탈리아(16강), 94 미국(8강), 98 프랑스(4강) 월드컵의 단계적 도약을 이룩하였지만, 차기 극동대회를 노크하는 과정에서 토털축구만큼이나 쇼크를 전 세계 축구계에 던졌다. 이번엔 본선 행을 밟기도 전에 유럽예선 절벽 아래로 낙상한 것이다.

돌이켜보면 02 한일대회 네덜란드와 한국의 신임감독 히딩크가 한국에 함께 오면 치러야 할지도 모르는 빅 매치가 기대되는 상황이었는데, 그 기묘한 대결의 가능성이 예선탈락으로 불발에 그쳐버렸다. 98 프랑스대회 한국을 5:0으로 녹아웃시키면서 한 나라를 온통 들끓게 만들고 4강까지 차지했던 네덜란드가 포르투갈과 아일랜드에 밀려 차기 한일대회 유럽예선을 통과하지 못함으로써 한국(히딩크) VS 네덜란드의 '셀프 리벤지'와 같은 재대결은 무산되고 말았다. 네덜란드는 마치 월드컵 본선 쫓다가 히딩크 쳐다보는 격이 되어버렸다. 그런 네덜란드를 꺾고 한일대회에 오른 포르투갈이 한국과 한 조가 되어 네덜란드를 대신한 원한의 희생양이 된 결과로 보면, 아쉬움과 자위감이 뒤섞인 복잡한 심경이었다 해도 함께 본선에 오르지 못한 회한에 비할 수는 없었을 것이다.

그나마 지난 대회 16강에서 4강까지 쌓아놓았던 화려했던 전승의 기념비들을 퇴색시키지 않기 위해 후일을 기약한 네덜란드는 2010 남아공대회에 이르러 74, 78 대회 이후 32년 만에야 준우승의 영광을 재현해낸다.

⚽ 태양의 사나이들, 전차군단을 녹이다

이탈리아의 태양이 전 유럽을 밝히던 70년대, 꿩에게 임자는 매밖에 없음을 드러낸 두 번째의 '새매'가 이번엔 독일을 덮쳤다. 매력적인 이탈리아의 남자들이 뭉쳐 70 멕시코대회 4강 독일을 맞아 연장전에서만 3-2의 스코어를 기록하며 역사상 명승부 중의 명승부를 벌인 끝에 이탈리아가 독일의 기를 꺾더니, 82 스페인대회 결승에 안착한 독일은 12년 만에 복수극을 다짐하고 있었으나 외나무다리의 긴 여정과 그 과정에서의 혈투가 전차의 기능 일부를 망가뜨리고 난 뒤였다. 여기에 킬러 매의 교과서와도 같은 대회 득점왕 파울로 로시Paolo Rossi의 완벽한 기습은 맹금류의 날카로움이 번뜩인 아름다운 공습이었다.

두 번이나 아주리 맹금류에 당한 독일은 작심하듯 아예 세상의 모든 맹금류를 안방으로 불러들여 06 독일대회를 펼쳐놓는다. 독일의 의도대로

였는지 월드컵 외나무다리 세 번째의 만남이 이탈리아와 처음 4강 대결 때와 같이 재현됐다. 강자들답게 결승과 준결승에서만 세 차례의 대충돌을 일으켰다. 언제나 힘으로 맹공을 작심한 무적전차의 의기양양함 뒤에서 이탈리아는 교활했고, 그들이 뿌린 밑밥에 안방인 독일의 대결환경인들 지난 대결과 별반 다를 리 없었다. 끝까지 버티면 상대가 힘으로 밀어붙이는 한 언젠가는 기함해버릴 것이란 교훈이 빗장수비를 위한 말이라 할 정도로 이탈리아는 예상대로 전차부대의 부품들이 마멸되어가길 기다렸다. 그 기체의 결함을 감지한 예리한 매 떼들은 일제히 독일을 장난감 망가뜨리듯 철저히 고장을 내놓았다.

이탈리아의 남자들은 소문만큼 건달기에 바람피우기 선수들만은 아니었고, 방종했던 품행을 이럴 때 쓰임새 있게 새매의 위용으로 활공하며 날카로운 발톱을 이용, 승리를 낚아채 고국으로 전달했다.

그러나 전차부대의 완력에는 빗장의 약효가 최적의 전술요소가 된다는 점을 세계 축구인들에게 각인 시켰을망정 '승리'라는 먹이는 특정인을 위해 준비된 독점물이 아니라는 것에 수긍할 차례였다. 아주리의 색깔이 자신들만이 추구할 수 있는 정체적 소유권 같은 배타적 권리라는 집착은 또 다른 임자를 만난 후에야 혼동을 가져왔다. 빗장의 뚝심이 항상 어디서나 누구에게나 통할 수만은 없는, 승부의 세계는 언제나 상대적이고 변칙적인 법이다. 적의 수법이 드러나든 안 드러나든 공격의 강약을 조절해가며 유기적으로 경기의 흐름을 타고 거기에다 몸에 붙여 '공춤' 추듯 볼을 갖고 노는 이들에게 버티면 언젠가 기회는 온다는 카테나치오가 그런 한계를 노출했다. 브라질의 현란한 교란축구에 빗장수비가 와해되며 이번엔 이탈리아의 남자들이 녹아난 것이다.

⚽ 이탈리아, 정상에서 임자를 만나다

32년 전인 38 프랑스대회 4강전 이탈리아에 대한 첫 패배의 기억은 브라질에게 너무 아쉬웠다. 결승을 위해 아껴둔 전력을 준결승에서 써보지 못하고 패함으로써 상대에게 월드컵 우승을 넘겨준 것이나 진배없었다. 결국 70 멕시코대회 결승전에서 만난 두 팀의 대결은 진검승부가 되었다. 브라질은 이미 이 대회에 이르러 역사상 최강의 팀이 되어 나타났다. 펠레를 위시한 자일징요Jairzinho, 토스타오Tostao, 리베리노Rivelino 등 당대의 공격진을 능가하는 군단은 앞으로 어느 세기에도 만나기 어려울 만한 전력이었다. 줄리메컵을 영구히 소유하기 위해 고국으로 가져갈 파견단처럼 이미 채비를 굳힌 마법의 팀이었다.

4강전 독일을 거창하게 무너뜨린 이탈리아와 다음의 결승전에서 역사상 가장 후한 평가를 받는 장엄한 대결을 펼쳤다. 이탈리아의 태양 루이지 리바Luigi Riva와 날렵하고도 남성미가 넘쳐나는 멋진 남자 보닌세냐Boninsegna의 활약에도 이탈리아는 4:1의 스코어가 말해주듯 내로라하는 브라질 천하의 맹장들에 의해 철저히 유린을 당했다. 멋진 남자는 최강의 남자를 이길 수 없었다. 이탈리아가 당시 경기 전까지 브라질과 똑같이 보유하였던 두 차례의 월드컵 우승 기록이 상대에게 선두를 허용한 대회였지만, 무엇보다 줄리메컵을 빼앗긴 것은 고국으로 돌아가 애인에게 선물할 '영원한 전리품'을 잃은 상심이었다. 브라질이 영구히 가져간 줄리메컵이 현재 도난당한 채 오리무중인 가운데 그 행방이 묘연해진 것을 보면 이탈리아 연인의 저주가 앗아갔을지 몰랐다.

저주는 오래가면 좋지 않은 결과를 만들었다. 양국은 78 아르헨티나대회 3, 4위전과 94 미국대회 결승전 대결의 만남에서도 브라질의 승리를 거듭 확인한다. 특히 월드컵 역사상 결승전에서 재대결을 벌인 당사국은 두 나라밖에 없었다. 그만큼 이탈리아에 있어 70 멕시코대회의 내용과는 달리 미국대회 결승전은 아쉬운 일전이었다. 비록 무득점의 경기 상황이었지만, 연장전까지 무승부를 가져가는 대등한 판세를 마지막 승부차기 하나가 결정지어 버렸다. 말총머리 사나이 '로베르토 바조'는 전설의 이탈리아 남자들의 후계자라 자처하는 골게터였지만, 피파가 만들어놓은 또 다른 승부 시스템에 희생자가 되어버렸다. 다시 양자가 결승에서 만나려면 그 먼 정상에의 여정과 강자들과의 힘거운 사투 과정을 생각한다면 이를 기약하기가 요원해졌다. 이제 두 나라가 만났던 외나무다리 위에서만큼은 확연히 꿩과 매의 위상으로 갈라놓은 것이다.

2000년대 이후 독일 3회, 이탈리아 4회, 브라질 5회의 숫자처럼 월드컵 우승의 횟수는 승자와 패자의 세계 축구판도에 서열적 구도처럼 보였고 기록되었다. 이제 월드컵을 5회나 우승한 명실상부한 축구의 나라 브라질을 잡을 매는 과연 없는가가 월드컵 축구사에 초점이 맞춰졌을 때, 그 우승 5회는 숫자에 불과하다는 정성적 관점에서 축구의 제왕을 다스릴 수 있는 방법을 제시한 게 '아트축구'였다. 예술은 전문가 집단의 예술가에게 맡겨야 최강 삼바의 명성을 제대로 평가할 수 있으며 장인적 고품격의 작품이 나온다는 상식적 판단이 월드컵에서도 그대로 투영되었다. 영국이 만들어놓은 단순 공차기 수준의 축구에 관한 서 말의 구슬들을 국제적 기구와 조직에 이를 꿰어서 보배로운 예술품을 창조한 나라가 바로 프랑스 아니었던가.

⚽ 삼바축구, 프랑스의 예술에 발목 잡혀

영원할 것 같은 독불장군의 권자에게도 그를 노리는 매서운 눈이 늘 지켜보고 있다는 진리의 연장선상에서 월드컵은 외나무다리의 역사를 써왔다고 보는 건 프랑스가 있었기 때문일지도 몰랐다. 이를테면 브라질이 거의 모든 나라들을 평정하고 있을 때 70~90년대 초반 무렵까지 상당 기간 본선무대를 밟지 못한 외곽 어딘가의 구석에서 쓸쓸히 브라질의 플레이만 해부해보고 있었기에 그 약점을 간파하고 있었는지 모를 일이었다.

프랑스와 브라질은 이탈리아의 경우처럼 월드컵 본선 토너먼트 대결 도합 네 차례의 격돌을 피하지 못했다. 얼핏 보더라도 예술혼까지 갖춘 황조롱이를 당해낼 경지의 나라는 없어 보였기에 월드컵을 창시한 주도자로서 단 한차례에 그친 우승국 프랑스의 양국 대결사가 과연 의외로운 걸작이었다.

작품다운 작품이 완성되려면 여러 실패작들이 들러리를 서야 한다. 그러나 58 스웨덴대회 4강전 브라질과의 첫 외나무 결투 대패(2:5)는 프랑스에겐 습작처럼 버려진 패배로 단 한 번이면 족했다. 또한 그것은 과거 제국시절 남미 침략에 대한 헌화와도 같이 바쳐진 과거사 청산이었다.

예술은 오랜 기간 작가의 피나는 아픔을 거쳐 승화하는 과정이지만, 축구의 풍토는 그때마다 혜성처럼 불쑥불쑥 탄생하는 영웅들의 등장으로 예술의 막을 걷어 올린다. 80~90년대 아트축구를 구가한 선봉에 인텔리겐치아의 지적인 풍모까지 지닌 미셸 플라티니Michel Platini가 나타나 86 멕시코대회를 기획했다면, 98 프랑스대회와 06 독일대회에 이르러 지네딘 지단Zinedine Zidane이 완성도를 높였다. 브라질은 그 틈바구니에서 8강, 결승, 다시 8강전 등 모두 세 번에 걸쳐 프랑스에게 그들의 마스코트와 같았던 삼바의 예술성을 헌납했다. 이때까지 견지했던 매의 역할은 정지당하고 원치 않게 꿩의 지위가 돌아왔다.

이탈리아처럼 투박하고 교활한 유혹과 달리 경망하지 않으면서 예측하기 어려운 종횡의 곡선을 그리며 공간을 창조해가는 예술축구는 분명히 브라질과 또 다른 선율을 창작해내는 명곡 같은 축구였다. 유려했던 플라티니의 시대를 거쳐 월드컵과 인연이 없던 장 피에르 파팽Jean-Pierre Papin의 이름을 알리며 80, 90년대를 구가하던 예술가들은 축구를 조각하며 빚어 만든 아트의 성에다 90년대 후반과 2000년대 초엽에 들어 후계자로서 지단에게 그들 축구를 월드컵 화폭에 담아 완성시킬 도구를 만들어 건네었다.

⚽ 아트축구, 전차군단 독일이 매

그러나 완성된 예술은 그 가치에 도전하려는 이에겐 우러러볼 대상이 못되었던 것이었을까. 유네스코에 꿩 잡는 매의 나라로 당당히 등재된 나라였던 만큼이나 세계 최강을 무너뜨리며 월드컵의 한 페이지를 예술적 곡선미로 수놓았지만, 프랑스의 발목을 잡는 상대가 또한 가까이에 터를 잡고 있었다. 1,2차 세계대전의 패전 중에도 영상예술의 정상을 구가하며 음악과 문학 예술분야에서 지구상에 둘째가라면 서러워할 이웃나라 독일의 입장은 사뭇 냉철했다. 출범 전부터 월드컵을 주창한 공로는 인정해도 세계 축구계에 있어 프랑스가 꿩 잡는 매 구조의 피라미드 최상단의 위치를 차지하는 것은 뭔가가 이치에 맞지 않는 일이었다. 따라서 그들이 할 수 있는 일이란 어차피 나라 간에 물고물리는 원형식 순환구조의 승부역학 안에서 온전할 수 없도록 이 완벽하지 못한 강자를 옭아매는 일이었다. 58 스웨덴대회의 김빠진 3·4위전 패배는 까마득히 잊은 일이다. 대신 82 스페인대회와 86 멕시코 두 대회의 준결승 4강전을 통하여 독일은 프랑스의 예술축구를 연달아 제압해 버렸다. 독일에게만큼은 자신 있게 대처했던 이탈리아와는 토너먼트 도합 네 번의 격돌을 2승 2패로 호각지세를 보였던 프랑스에게 천적이 따로 있었으니 말이다. 축구는 어느 누구에게나 정상의 한계선을 일정하게 구분지어 주었다. 흔히 말하는 것처럼 영원한 강자도 영원한 패자도 없다는 격언처럼 월드컵에서도 최강국들 사이의 승부방식으로 통용되었다. 독일은 이탈리아를 만나면 무너졌고, 이탈리아는 브라질이라면 축구황제의 나라 앞에 조아려야 했다. 그러나 그 브라질도 프랑스의 예술에게만은 무력했었고, 또 프랑스는 다시 돌고 돌아서 독일에게 천적의 제물로 바쳐지며 희생을 치렀다.

이처럼 황조롱이, 송골매, 새매, 참매 등 저마다 특장 있는 발군의 강국들은 외나무다리의 헌팅을 통해 서로간 죽음의 치명상을 준 역사가 뚜렷했지만 그런 외에도 다른 특정국들한테도 임자가 따로 있음을 드러낸 단짝 매치들이 작열했다. '3패 클럽' 회장 멕시코를 86 멕시코대회 8강과 98 미국대회 16강을 통하여 이를 잡은 매는 역시 독일이었다. 무적함대 스페인이 월드컵과 오랜 기간 인연이 없었던 것은 34 프랑스대회와 94 미국대회 두 8강전에서 꿩으로 만든 또 다른 새매 아주리군단 이탈리아의 전과가 큰 때문이었다. 스웨덴이나 체코, 칠레 같은 중위그룹에게도 항상 날카로운 발톱을 세워 치명상을 입힌 브라질은 매 중에서도 챔프라고 할 것이다. 이렇게 독일, 이탈리아, 브라질 3국은 그들의 월드컵 우승 경력만큼이나 피파가 만들어놓은 외나무다리 위에서 가장 오래 생존해 남았고, 또 그렇게 잘 길들여진 맹금류의 역할을 충실히 수행한 셈이다.

토너먼트 시스템의 운명적 '승부궁합'과도 같은 두 조류과의 만남은 승자결정 구조에 기초해 그런 연속성을 월드컵은 보여왔다. 상대방에 따라서 많은 참가국들은 자신의 특장점으로 하여금 이제까지 월드컵 본선의 '꿩 잡는 매'의 승부문화를 엮어왔던 것이다. 불과 100년도 안 된 본선 마당의 천적을 부르는 월드컵 외나무다리는 앞으로도 꿩 잡는 매 스타일로 채워질 것인가.

한국의 무형문화유산-유네스코 지정

1. 종묘제례 및 종묘제례악 – 2001

* 조선왕실의 역대 왕과 왕비들의 위패를 모신 유교사당에서 제사의식을 지내는 일

* 제사지낼 때의 성대하고 장엄한 음악과 춤

2. 판소리 – 2003

* 조선 남도지방에서 발달, 고수와 광대가 어울려 장단에 맞춘 창극예술

3. 강릉단오제 – 2005

* 강릉지방 향토 제례의식으로 신에게 술을 바치고, 평화를 기원한 다양한 민속놀이

4. 강강술래 – 2009

* 전남 남해와 도서지방을 중심으로 여성들간 원무형태로 즐기던 가무놀이

5. 남사당놀이 – 2009

* 조선후기 4–50명의 놀이패들이 전국 각지의 장터 등을 돌며 공연한 놀이

6. 영산재 – 2009

* 49재 가운데 석가모니불을 재현하는 법회로 영혼을 천도하는 의식

7. 제주 칠머리당 영등굿 – 2009

* 2월 영등달을 맞아 여러 신위를 모시고 풍어를 기원하며 행하는 신앙굿

8. 처용무 – 2009

* 나라의 평온기원과 악귀를 쫓는 의식으로 궁중의 연례 무용형식으로 발달

9. 가곡 – 2010

* 시조와 가사와 함께 전통 성악곡의 하나로 관현반주가 따르는 독창 성악곡

10. 대목장 – 2010

* 전통적으로 큰 건축물을 목재를 사용해 설계, 축조, 감리까지 담당한 목수

11. 매사냥 – 2010

  * 한반도 북방지역에서 전래된, 훈련 매를 이용해 꿩, 토끼 등을 포획한 사냥문화

12. 택견 – 2011

  * 흐느적거리는 유연한 몸놀림으로 상대의 힘과 허점을 노려 제압하는 무예술

13. 줄타기 – 2011

  * 한 줄 위에서 광대가 여러 기예와 재담, 가무를 공연하는 곡예술 문화

14. 한산 모시짜기 – 2011

  * 모시풀 원료를 가공해 베를 짜고 직물을 만드는 충남 한산지방의 전통 직조술

15. 아리랑 – 2012

  * 우리나라 대표 민요곡으로 민족정서를 가장 짙게 내포한 민족의 소리음

16. 김장 – 2013

  * 동절기전 대표 부식거리인 배추를 이웃들과 공동으로 절여내어 담그는 풍습

※ 월드컵 꿩 잡는 매의 승부 기록

대회	매치	승리	스코어		패배	비고
66 Eng	결승	잉글랜드	4	2	독일	
70 Mex	8강전	독일	3	2	잉글랜드	
90 Ita	준결승	독일	1	1	잉글랜드	승부 (4:3)
10 SOA	16강전		4	1		
94 USA	8강전	브라질	3	2	네델란드	
98 Fra	준결승	브라질	1	1	네델란드	승부 (4:2)
10 SOA	8강전	네델란드	2	1	브라질	
74 Mun	결승	독일	2	1	네델란드	
90 Ita	16강전	독일	2	1	네델란드	
70 Mex	4강전	이탈리아	4	3	독일	
82 Spn	결승	이탈리아	3	1	독일	
06 Ger	준결승	이탈리아	2	0	독일	
38 Fra	4강전	이탈리아	2	1	브라질	
70 Mex	결승	브라질	4	1	이탈리아	
78 Arg	3 · 4위전	브라질	2	1	이탈리아	
94 USA	결승	브라질	0	0	이탈리아	승부 (3:2)
58 Swe	4강전	브라질	5	2	프랑스	
86 Mex	8강전	브라질	1	1	프랑스	승부 (4:3)
98 Fra	결승	프랑스	3	0	브라질	
06 Ger	8강전	프랑스	1	0	브라질	
58 Swe	3 · 4위전	프랑스	6	3	독일	
82 Spa	4강전	독일	3	3	프랑스	승부 (5:4)
86 Mex	4강전	독일	2	0	프랑스	
86 Mex	8강전	독일	0	0	멕시코	승부 (4:1)
98 Fra	16강전	독일	2	1	멕시코	
34 Ita	*8강전-재	이탈리아	1	0	스페인	재경기
94 USA	8강전	이탈리아	2	1	스페인	
38 Fra	3 · 4위전	브라질	4	2	스웨덴	
58 Swe	결승	브라질	5	2	스웨덴	
94 USA	준결승	브라질	1	0	스웨덴	
38 Fra	*8강전-재	브라질	2	1	체코	
62 Chi	결승	브라질	3	1	체코	
62 Chi	4강전	브라질	4	2	칠레	
98 Fra	16강전	브라질	4	1	칠레	
10 SOA	16강전	브라질	3	0	칠레	
38 Fra	8강전	이탈리아	3	1	프랑스	
06 Ger	결승	이탈리아	1	1	프랑스	승부 (5:3)
86 Mex	16강전	프랑스	2	0	이탈리아	
98 Fra	8강전	프랑스	0	0	이탈리아	승부(4:3)

10

태권축구, 그것은 입국심사 절차였다

축구란 결코 혼자 하는 것이 아니라는 상식은 불문율의 철칙처럼 되어 있다. 하지만 이를 비웃듯 86 멕시코대회 하늘 위 멀리에 공을 차 날려버린 희대의 절축(絶蹴)이 펠레의 황금기를 넘보며 월드컵의 전면에 등장했다.

아르헨티나의 디에고 마라도나Diego Maradona.

온갖 풍상의 세월만큼이나 스물일곱 해가 지난 2013년 7월이 되어 그의 구겨진 스타일은 세계 축구애호가들의 화젯거리로 등장했다. 지천명의 나이를 넘어섰지만 여전히 세기적 축구천재의 반열에 그 자리를 공고하게 차지하고 있는 그가 축구공도 없이 맨몸으로 미국의 문전 돌파를 시도하였으나 실패를 맛본다. 애인과 손자 등 가족들을 데리고 UAE 두바이 공항에서 미국을 방문하려던 계획이 미국 당국의 비자발급 거부로 수포로 돌아간 것이다.

대동한 가족과 디즈니랜드 여행을 하려던 계획이었다느니, 혹은 미국 내 또 다른 프로모션 계약 차 방문계획이었다는 등 입국목적에 대한 외신들의 설왕설래가 있었지만 방문국 미국의 시각은 달랐다. 마라도나가 과거 마약소지 혐의로 체포되었던 전력은 오히려 부수적 빌미였다. 기본적으로 남미의 반미적이고 좌파적 성향의 사상적 색채를 지녔다는 다분히 정치이념적 판단의 조치였다는 것이 세계 외교가의 지배적 분석이었기 때문이다.

마라도나는 94 미국대회 본선 아르헨티나 대표로 참가 중 마약 복용사실이 드러나 대회를 치르는 중도에 추방당하는 수모를 겪었다. 많은 경쟁국들은 적성국 핵심멤버의 낙오에 내심 기뻐했겠지만, 전 세계의 축구팬들과 그의 조국은 스타 하나를 그라운드에서 볼 수 없게 되었다. 이 홍역으로 인하여 그는 02 한일대회 아르헨티나 VS 잉글랜드의 자국경기 해설 차 일본 입국 신청을 하였던 것도 일본 당국의 거부로 제지당한 바 있다. 마치 서방세계에 대한 환부처럼 여겨진 그에게 양국 영토 진입을 차단한 미일동맹의 출입국관리 방침은 다른 유럽의 서방국들을 포함하여 그를 '국제적 왕따'로 조리돌림질 해대는 것 같아 그를 더욱 좌편향하게끔 부추기는 것이 아닌지 안쓰럽기까지 했다.

'축구공을 몰고 갔더라면 사정이 달랐을 텐데' 하고 공연한 상상을 해보면서도 이 해외토픽의 한 해프닝을 그냥 실소하며 넘겨버리기엔 한국과 관련된 뚜렷한 장면이 그와의 지나간 악연의 기억 속에서 서방 저널이 일으킨 풍파가 모락모락 피어올랐다.

⚽ 아시아의 호랑이, 마라도나를 물어라

몇 해 전 중학교에 다니는 아이가 방학을 이용하여 손쉽게(?) 미국과 일본에 여행을 다녀온 적이 있다. 요즘은 단기 어학연수니 혹은 학생들 간 현지 동급생들과 상호 홈스테이하는 국제교류학습이 일상화되어 있고 수학여행 코스로도 많이 다녀온다. 그렇게 우리나라의 학생 신분이면 별 어려움 없이 일상화된 현실에서 천하의 축구영웅도 못 밟는 미국과 일본 땅이라는 생각이 미치자, 집 아이와 마라도나가 비교되었다. 나중에 일본 입국은 허용되었지만 평범한 아이보다 대접을 못 받은 이 유명인사가 과연 누구였던가에 대한 대답은 필설로도 다하지 못할 지경이다.

"그의 가슴은 초고속 엔진이 장착되어 있는 듯한 두터운 흉곽을 자랑한다. 그 안에 꺼질 줄 모르는 동력원은 천 걸음을 단박에 도약해버릴 것 같은 탄성적인 하체구조에 동여져 있다. 순간적인 폭발력은 그 어느 동력기관도 따라잡을 수 없이 강력하다. 거기에다 불어오는 세찬 바람만 타게 된다면 스스로 날개 단 탱크가 되어 적진 앞에 역풍을 몰고 돌진했던 풍운의 기린아. 펠레가 축구황제라 한들 재어보지 않고서는 그 앞에 말조심이 필요하다. 그리고 무엇보다 82년 영국과의 포클랜드전쟁 패전의 한을 86 멕시코로 기어이 잡아끌고 와 철천지원수 잉글랜드를 분연히 무찌른다. 전쟁의 패전으로 실의에 젖은 아르헨티나 국민에게 구국의 월드컵 우승을 안겨준, 전쟁영웅에 다름없던 고금무쌍의 히어로가 바로 그 아니던가."

어떻게 저와 같은 자연인이 세상에 나왔을까? 그리고 동시에 우리는 왜 그와 같은 선수자원이 100년 축구역사에 신의 선물처럼 강림하지 못하는가에 한번쯤 자탄해봄 직하다. 그런 시간의 사이사이를 헤집으며 86 월드컵 본선 한 대회를 혼자서 극본, 연출, 출연까지 독식의 마술을 펼쳐댔다.

대회 도중 팬들을 미혹하는 마법 같은 곡예로 시대의 반항아가 뛰어든 분노의 질주에 세계는 숨 막히게 쳐다볼 뿐이었다. 그의 진영도 전승의 완제품들을 받아 챙기는 역할만 수행하면 그만이었다. 그래서 80년대 중반을 접어들어 견고한 수비라인에 중원을 중시하는 선진 축구류의 3-5-2 시스템으로, 새로운 팀컬러의 대변혁을 가져왔던 빌라르도Carlos Bilardo 국가대표 감독의 명성을 벤치에 묶어놓는다. 그리고 코칭스태프마저 전체를 한직으로 바꿔놓을 만큼 원맨쇼의 진수를 연기해 보인 그만의 승리 방식에 세계는 탄성을 질렀다.

본선에 들어가기 전 그를 앞세운 아르헨티나 군단은 이미 폭풍의 바람을 모든 참가국들에게 받아들이도록 강요했다. 대표팀에 마라도나가 끼어 있다는 자체가 그 예고편을 내놓은 상태였다. 과연 예고편의 주인공 마라도나, 누가 그를 경기장에서 보릿자루처럼 묶어버릴 것인가는 당 대회 본선 출전국 모두가 저어한 최고의 고민거리였다. 그런데 그 폭풍의 언덕으로 운 나쁘게 내몰린 첫 주자 한국이 조명 받게 된 것은 당시로선 자연스런 일이었다.

주지하듯 한국은 54년 스위스대회 이후 32년 만에 철통같았던 본선 자물통을 부수며 월드컵 성곽 안으로 진입한다. 66 잉글랜드대회 북한의 충격적 8강에 자극받아 도전을 재개한 70 멕시코대회를 기점으로 82 스페인대회까지 연속 네 번의 본선 문턱에서 맛본 쓰라린 좌절을 극복해내고 86 멕시코에 입성하자 1라운드 첫 만남을 가진 상대가 당 대회 우승국 아르헨티나.

멀고 길었던 행군의 종착역에서 또다시 투혼을 불살라야 했던 이면에는 83 멕시코청소년 4강 신화 직후의 월드컵 본선에 대한 온 국민의 열화와 같은 성원이 세계 축구사에 유례없는 국민의 격려 편지에 나타나 있다.

그런 한국이 세계 언론에 다른 눈으로 비춰진 것은 본선이 열리기 전부터 흔하게 각국 팀 전력을 자의적으로 탐지하고 재단하여 본선을 예측하는 외신들의 분석 안테나에 잡혔다. 뜻밖의 복병으로 삼십여 년 만에 월드컵에 귀환한 아시아의 호랑이가 포착된 것이다. 83 멕시코 청소년 4강 신화와 바로 전 대회인 81 호주 청소년대회에서도 우승후보 이탈리아를 농락, 무려 4-1로 침몰시킨 전력 등이 눈에 들었던 것인데, 그 당시 주역들이 성인이 되어 월드컵 본선마당 위를 비행하여 핵폭탄을 투하할 가능성이 점쳐진 것이다.(관련된 여담이지만 100년 한국축구역사에 가장 뛰어나고 아름다운 공격이었다 해도 과언이 아닌 경기였다. 지금 이 경기를 다시 감상해본다면 한국의 전력을 재평가해보는 기회가 될지 모른다.)

여기에다 거칠고 난폭한 남미식 축구를 전통적으로 백안시하던 유럽언론들의 차별적 저널리즘이 한몫 거들었다. 한국의 승리를 은근히 기대하며 눈엣가시처럼 여겨졌던 경쟁자의 참변을 내심 바라는 욕망에 편승해 한국의 양어깨에 묵직한 십자가를 올려놓고 싶었던 것이다.

기실 아르헨티나는 브라질과 함께 과거 한국축구의 도약기인 70, 80년대 박대통령컵 국제축구대회에 자국 프로팀이 초청되어 특유의 거칠고 교활한 반칙 플레이로 팬들의 눈살을 찌푸리게 하기로 유명했다.

그렇게 80년대 초 세계로 비상하던 한국의 '무서운 아이들'이 86 멕시코에 입성, 최강 아르헨티나뿐만 아니라 때맞춰 이탈리아까지 한국과 한 조에 편성되었다. 66 잉글랜드대회에서의 북한의 이탈리아 격파 그림까지 겹쳐지면서 세계의 관심은 증폭되어갔다. 만에 하나 핵폭탄을 실은 한국이 아르헨티나를 격침시키고 이탈리아마저 폭침시킨다면 유쾌한 반란의 상상을 넘어 세계축구의 질서를 일거에 뒤집는 최상의 각본이 될 것이다. 거기에 참전한 우승후보국 라이벌들의 각축장에서 다크호스에 의한 일부 경쟁자의 패배를 기대 반 혹시나 반의 희망사항이 현실로 나타날지를 그냥 흥미롭게 지켜보기만 하면 되었다. 유럽 각국의 내심은 한마디로 '한국

파이팅!'이었다.

　문제는 첫 단추 아르헨티나라는 바람의 기세를 잠재우고 난 연후에야
폭탄을 터뜨릴 수 있으니, 우선 한국은 방풍림작전으로 전 선수가 뭉쳐야
한다. 특히 천방지축 마라도나를 누가 전담할 것인가가 수순의 과제였다.
여기에 여러 마크맨들이 가담했다. 그러나 막상 결전이 펼쳐지자 1차 저
지선에서 2차, 3차 방어까지 두터운 저지선의 계획은 도미노게임처럼 무
너졌고, 마라도나의 바람은 숭숭 뚫린 수비진영의 구멍을 타고 브레이크
빠진 폭주족처럼 통과했다.

마라도나의 예고된 수난과 그를 앞뒤로 에워싸며 저지하려는 한국의 필살 투혼은 처절하다.
〈86 멕시코대회 아르헨티나전 첫 경기 – AP제공〉

⚽ 마라도나, 한국의 입국심사를 받다

　허정무는 그때를 떠올리기만 하면 곤혹스러워진다. 그동안 줄기차게
'들이대는' 각종 언론의 인터뷰 공세에 진땀을 흘린 적이 한두 번이 아니

다. 억울하기도 하다. 그냥 축구를 한 것이고 유력한 상대를 온몸으로 막아낸 것인데도 '태권축구'를 운운하는 세계 언론에 대해 자신의 허벅지를 도로 내주고 싶을 정도다.

태권축구라는 개념도 생소하지만, 그 표현 자체가 태권에 대한 몰지각적 사고이거나 이를 국기(國技)로 삼고 있는 나라에 대한 모독적 발상임은 말할 나위가 없는 비상식적 저널리즘의 결례다. 외국 유수의 일부 언론은 표지 화보로까지 발간해 내보내는 등 법석을 떨었다.

한국의 월드컵 참전역사와 관련해 국내외적으로 가장 논란의 가십거리가 된 사건 중 하나였던 86 멕시코대회의 태권축구. 그 화보의 사진을 잘 살펴보면 허정무의 발이 마라도나의 허벅지에 닿아 있다. 허정무의 움직임이 마치 이동하는 목표물을 향해 발진한 요격미사일처럼 그의 허벅지 중심을 명중시킨다. 흔히 액션물에서 회칼을 휘두르는 조폭들이 상대에게 집중적 표적으로 자상을 입히는 부위도 바로 허벅지다. 이 비육의 부위는 얼핏 생명과 직결되지 않아 보이지만 거기를 제대로 찔려 상처가 깊다면 의외로 생명에도 영향을 줄 수 있는 위험한 동맥근 자리이다.

그들에게 조금은 이질적인 동양의 조폭영화 꽤나 봤을 것 같은 서방 언론들. 이거 어디서 많이 본 장면이라 놀랐던지, 다크호스의 아르헨티나 격침을 내심 고대했던 그라운드의 화두는 경기 종료 후 태권축구로 둔갑해 전 세계에 타전한다.

황색저널리즘뿐 아니라 특히 축구라면 잡다하게 이야기를 늘어놓기로 유명한 영국 언론들 가운데는 한국 팀에 대하여 출전자격에 아마추어 실력이 어쩌니 하는 우화 같은 관전기를 기사화했다. 만일 한국이 그런 축구를 하고도 그들의 이해관계대로 아르헨티나를 격침시켰다면 태권축구 운운은 볼륨의 크기가 적었거나 슬그머니 자취를 감추었을지도 모를 일이었다. 아르헨티나의 침몰을 학수고대했던 서방 언론의 기대를 저버린 것에 대한 일부 유럽언론의 분풀이가 바로 태권축구라는 호칭을 잉태하고 확대 재생산한 것이다. 세상은 나의 이익을 중심으로 돌아가야 그 의미를 부여받을 수 있지만, 그 이외의 모든 것은 무의미한 것으로 치부되는 이기적 현실이 월드컵을 보는 언론의 시각에 투영되어 있었다. 나아가 그런 저널리즘적 행태는 축구의 규칙과 제반 경기운용을 관장하는 피파의 권능을 훼손하는 일이 될 수 있으며 그들이 말한 태권축구도 경기의 규칙 내에서 모두 통제와 관리가 가능하기 때문에 비판의 수위는 정도를 벗어난 것이다. 만일 태권축구가 축구경기라 할 수 없을 만큼 일반적 스포츠의 룰에서 벗어난 행위였다면 피파는 자연히 한국 팀에 여러 가지 제재방안을 검토했을 것이다.

아무리 허정무의 파울 행위가 상대방의 신체부위를 향했다 해도 어디까지나 공을 다투다가 벌어진 사안일진대, 오히려 06 독일대회 결승전에서 축구공과는 전혀 관계없이 박치기 사건을 저지른 지네딘 지단은 퇴장당한 뒤 당 대회 최우수선수로 선정되었다. 그것도 언론에 몸담고 있는 기자들이 투표한 결과였으니 서방 언론들의 이중적 잣대는 별로 공정해보이지 않는다.

최소한 건전한 스포츠로서의 축구가 가진 상식적 투쟁의 모습은 언제나 순수하다. 여기에 경쟁자들과의 이해득실의 관계나 다른 나라들이 자국의 이익에 영합하도록 첨예하게 따져드는 것은 치졸한 스포츠 패권주의에 다름 아니다.

그런 면에서 태권축구 기사는 66 잉글랜드대회에서 북한에게 보여준 영국 국민과 언론들의 환대에도 불구하고 오로지 8강이란 신화를 쓴 북한 대표팀을 찬양하기 위한 것이었는지 아니면 이탈리아 등의 경쟁자를 물리쳐준 대가의 환호였는지 그 진정성에 의심을 가게 하는 문제이기도 하다.

다소 시니컬하게 들릴지는 몰라도 정작 그들이 백안시했던 태권축구는 마라도나를 저지하였지만, 바로 며칠 뒤 벌어진 잉글랜드-아르헨티나 8강전에선 '신이 손' 골에 이어 골키퍼까지 도합 6명이 무너지며 월드컵 역사 최고 골 모두를 마라도나 1인에게 헌납하며 농락당하였으니 할 말 많은 해당 언론들이 좀 멋쩍어진 것은 부인할 수 없을 것이다.

94 미국대회 마약복용 퇴출에서 해금되어 입국심사를 통과 한국에 입국한 마라도나
〈1995년 친선경기차 내한한 당시 모습 – 연합뉴스 제공〉

마라도나를 그라운드에서 겪어보지 못한 미일동맹도 그의 명성에 놀란 나머지 실제 출입국관리법으로 입국을 저지한 해프닝과 연결지어보는 것도 영 의미가 없어 보이지는 않는다. 최소한 대회 당시의 세계 축구계가 그를 특별 관리대상으로 분류하고 있는 마당에 그라운드 내에서 그에게만은 특단의 대접이 불가피한 선택으로 받아들여지고 있는 상황에서 적으로부터 골문을 사수하기 위한 한국의 다양한 대처법은 불가피했던 것이다.

태권축구. 서방 언론들이 떠벌인 대로 이 월드컵에서 보기 드문 명장면 (?)은 그 희귀한 그림처럼 다양한 월드컵의 모습을 세계인에게 선사한 의미 정도일 것이다. 또한 한국의 국경선을 호시탐탐 무단출입하려는 마라도나를 잠시 멈춰 서게 한 허정무의 필요한 조치는 당시 향후에 있게 될 상대국 문전 입국 가능성을 사전 세계 각국에 미리 경고한 입국심사 절차였다고나 할까.

11

안방에서 지켜본 월드컵

축구와 야구, 공터의 주인은 누구인가

축구팀 야구 멤버

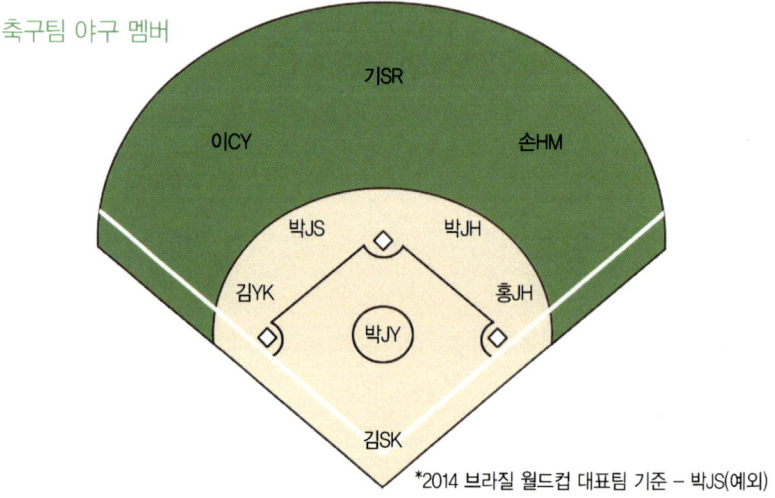

*2014 브라질 월드컵 대표팀 기준 – 박JS(예외)

야구팀 축구 멤버

*2013 골든 글로브상 기준 – 찰리(예외)

서울의 강남개발 붐이 일기 전인 60년대 후반, 나룻배를 타고 건넌 강남땅은 논과 밭이 지천이었다. 도시의 내음이 짙어가던 강북에서는 쉽사리 볼 수 없던 농경지와 채소며 과일 밭들이 구획되어 있어 갈래 길을 따라 뛰놀던 아이들 앞을 가로질렀다. 길옆 논두렁 속에선 천지를 울리는 한여름 밤 개구리 울음소리는 이에 질세라 목청을 높인 풀벌레들의 맞장구 화음과 어우러져 잠을 설칠 것같이 귓전을 때려댔다. 이 '터'의 주인이 바뀌면서 마천루의 숲길이 들어서자 그 자연의 소리도 '빼앗긴 들'에서 사라져 갔고 아이들도 퇴각해버렸다.

이제 강남에서 갈 곳 없어 보이는 아이들에게 그들을 부르는 놀이터가 있었다. 미처 개발의 손이 닿지 못한 도시의 알짜배기 땅들이 주인을 기다리며 누렇게 몸 바닥을 드러내며 누워 있다. 아이들은 너나없이 주인 없는 이곳을 놀이의 정착지로 정하였다.

강남땅 자연의 소리와 경계한 이곳 한강 이북의 둔치 공터는 도시의 소음과는 또 다른 아이들의 왁자지껄한 소리에 귀를 아프게 했다. 그러나 자신의 주인이 누구이든지 공터는 이를 차지하려는 아이들을 위해 맨몸을 헌신하다시피 피부 같은 흙먼지를 뿌옇게 내뿜었다. 어쩌다 아이들이 한꺼번에 몰리는 날이면 몇몇 놀이가 동시에 한 공간에서 아이들을 흐드러지도록 땅 위를 꽃피웠다.

문제는 공을 '차는' 저학년 아이들과 그것을 '치는' 고학년 아이들이 동시간대에 몰리게 되면 가끔씩 험악한 분위기가 감도는 사건이 벌어졌다. 이유는 없었다. 싸움은 힘이 우선이기에 완력에서 밀리는 저학년들은 형님뻘쯤 되는 상급학년 아이들에게 어떻게 터를 화평하게 내주어야 할지 대응 행동을 취하는 최소한의 요식 절차로 종결된다. 단지 저학년의 팀 주장이 말 한마디 못하고 쉽게 점령당한다는 것은 모양새가 아니다. "너 뭐랬어? 이 자식이 그냥~"이라며 발길세례라도 유도해야 대장의 할 도리를 다하는 것이다.

그래서 처음엔 슬쩍 비켜줄 의사가 없음을 내비치다가도 그 틈에 오는 말이 고울 수 없는 상대의 우악스런 욕설을 접하고서야 비로소 감정의 끝을 보이며 뒤로 후퇴한다. 골목대장 CEO도 하기 힘든 때가 이런 순간이 아닌가 한다. 그제야 공 차던 아이들의 불만 섞인 체념 반의 기운이 감돌고 까까머리 상급학년 체육복 차림들은 가져온 굴비세트 같은 장비들을 하나둘 풀어 놓는다.

놀이터를 빼앗긴 아이들에겐 아무런 희망이 없다. 공 찰 곳도 놀 곳도 없이 축구하던 아이들은 옹기종기 모여앉아 강 건너 멀리를 응시한다. 하지만 바라다 보이는 강남땅은 이미 황량하게 변모해가는 어른들을 위한 개척지일 뿐이다. 순간 대장에게 누군가가 불현듯 떠오른 사람이 있었는데, 바로 학교 선생님인 삼촌이다. 아이들이 학교를 일찍 파하고 나면 잔무를 마치고 마침 이 공터 앞을 항상 관통해 집으로 돌아가는 그와 마주칠 수 있다. 빼앗긴 공터를 수복하기 위해선 그의 힘이 절대 필요했다.

드디어 어른의 힘 앞에 공을 던지고 치던 아이들은 선생님이자 삼촌이 지시한 공동사용 안을 수용했다. 사태가 수습되자마자 다시 저학년 아이들은 죽어라 뜀박질하며 공이 달아나는 쪽을 신나게 쫓아다녔다. 차낸 공이 공치는 아이들 쪽 영역을 자주 침범하였고 그때마다 고학년 아이들은 심술을 부렸다. 굴러온 공을 공터 밖으로 차버리거나 몰려온 저학년 아이들에게 욕을 해댔다. 대장은 그들을 기억했다가 다음날 삼촌을 다시 불러들였다.

분위기를 읽은 고학년 아이들도 동네 다른 삼촌을 앞장세워 나타났다. 이제 아이들의 의사는 전적으로 어른들의 타협안으로 확정될 조짐이다. 어른들은 이성적으로 서로를 존중했고 아이들에게는 순서를 정하여 공터를 번갈아 이용토록 조정자의 역할을 수행했다. 이후 공터는 양측의 순번에 따라 주인을 맞이하였다.

⚽ 축구와 야구, 한판 겨루다

그로부터 십여 년이 흘렀다. 야구와 축구가 이 땅에서 만난 것을 자축이라도 하듯 1982년과 그 이듬해에 각자는 프로시대의 서막을 열었다. 난형난제처럼 둘은 한 세기가 넘도록 이 땅을 밟은 후 각자의 영역을 넓혀왔고, 이제야 비로소 본격 경쟁이 시작된 것이다.

그들은 각자의 인프라와 시스템을 갖추고 고객을 맞이했다. 지나가는 손님 앞에 안타와 도루에 삼진쇼, 그리고 홈런쇼 기타 다양한 상품을 진열해놓았고 한쪽에서는 골 구경과 세리머니 등 극장쇼를 방불케 하는 승부드라마로 맞불을 놓았다. 나중엔 연예인들을 동원한 다양한 공연이나 행사 같은 파생상품까지 등장하더니, 심지어 대통령의 시구 시축이나 내외가 경기 중계방송 도중 키스타임을 보이는 이벤트까지 팬들 앞에 선보였다. 양대 스포츠는 권력자가 국민 한가운데로 들어가 국정 드라이브와 이미지 홍보를 위한 수단으로서 최상의 도구처럼 발전해 있었다.

두 상점에 마케팅이라는 이름의 호객행위는 급기야 상점 점원들 간에 충돌로 빚어졌다. 옆집 때문에 장사가 안 된다고 여겨진 날들이 있었던 것이다.

'축빠', '야빠'로 이름 지어진 골수팬들 간 편들기는 이젠 이전투구 양상으로 인터넷 매체에 시끌시끌하게 도배되는 일들이 비일비재했다. 이 사태를 더 이상 좌시할 수만 없는 양측 대표격 선수들 간에 결국 한판 붙기로 한 것이다. 공정성을 기하기 위해 한번은 축구로, 또 한 번은 야구로.

먼저 축구가 시작됐다. 야구계는 투톱을 내세웠다. 4번과 지명타자였다.

공격형 미드필드에 국가대표 1, 2, 3번과 5번 타자가 기용됐고 수비형 미드필드는 6번부터 9번 타자까지 포진되었다. 마지막으로 골키퍼에는 팬들의 성화에 등 떠밀린 강MH가 나섰는데 베스트일레븐을 맞추다보니 지명타자와 골키퍼가 스타팅 멤버로 추가 가세한 것이다. 경기에 앞서 축구계의 태권축구가 은근히 걱정되었지만 박CH의 이단 옆차기가 있으니 그나마 안심이다. 하지만 결국엔 어디선지 많이 낯익은 스코어 5:0으로 승부가 갈라졌다.

야구경기가 두렵기는 축구계도 마찬가지였다. 고의적 위협공이 경험 없는 '축구타자'에게 날아올까 두려웠지만 야구선수를 할 뻔했던 박JS가 대처요령을 알려주며 스스로 내야 수비의 핵인 유격수를 맡았다. 축구계는 클린업트리오 3, 4, 5번 타자에 잘나가는 유럽파 3인을 내세워 1, 2, 3루수를 각각 포진시켰고 외야의 좌·우익수와 중견수에 K-리그의 MVP, 득점왕, 도움왕을 각각 배치했다. 그리고 배터리에는 투수 박JY, 포수에는 골 넣는 골키퍼 정SR과 새내기 김SK가 경합했다. 지명타자는 골문에서 홈런을 잘 날려대는(?) 선수 가운데 1명이 선발되었다.

그러나 야구시합은 더 일방적이었다. 스코어 10:0 7회 종료 콜드게임이 선언됐다. 종합스코어 10:5의 더블스코어였지만, 이 점수를 가지고 논쟁이 또 한 차례 불붙었다. 축구와 야구의 스코어를 단순 비교하는 것이 이치에 맞느냐 아니냐를 두고 이견이 엇갈렸다. 야구계는 82 스페인월드컵 당시 3그룹 헝가리 VS 엘살바도르의 전적(10 대 1 헝거리 승)을 들어 가능한 비교라고 주장했고, 축구계는 현대축구에선 도저히 불가능한 점수라며 비교 불가의 입장을 고수했다. 다시 양측은 깊은 고민에 빠졌다.

이런 가운데 02 한일월드컵 공동개최가 결정되었다. 그러자 2001년 12월 한국야구위원회(KBO)는 중대한 결정을 내린다. 동 대회 개막일(5.31)과 한국 축구대표팀 1차 라운드 세 번의 경기일에 각각 국내 프로야구의 경기를 중단하기로 한 것이다. 그에 앞서 2001년 3월에는 공동주최국 일본 역시 센트럴리그 구단주들의 결의에 의하여 일본 국가대표팀의 월드컵 경기일에 맞춰 자국 내 프로야구의 중단을 선언하였다. '춘투'다 '임단협'이다 해서 때만 되면 노사 간의 대립으로 얼룩진 양국의 노동계도 산업 전반의 안정 기조를 지원하며 이 기간 동안 대회조직위원회에 협조의 뜻을 피력하고 나섰다.

한국과 일본은 나란히 국토가 좁고 인구가 밀집한 양국의 스포츠 인프라 여건을 고려하지 않을 수 없었다. 무엇보다도 국가적 대사를 앞둔 사회 각계의 국민적 총력지원 체제에 대응해 이성적 조치를 단행하고 더 나아가 세계인들의 축제를 예우한 공터의 질서를 모색한 것이다. 이 조처로 인하여 양측의 무미한 논쟁은 잠시 수면 아래로 가라앉는 듯했다.

그들만의 리그를 극복하기 위한 축구계의 노력은 팬들의 관심에 그리움을 태우고 있다.
〈2014 K-리그 부산 VS 울산 경기 – 2014.4.〉

⚽ 국익문화와 놀이문화의 영역 구축

시간이 흘러 새로운 갈등의 시작은 상호간에 결코 비교할 수 없는 대상으로 우열을 다투는 일로 재점화되었다. 페넌트레이스 기간 현장중계와 높은 시청률, 그리고 관중 동원, 이에 따른 광고수입 등 연결고리처럼 이뤄진 경기의 흥행적 잣대는 둘 사이의 간격을 회복하기 힘들 만큼 벌이며 야구가 공터의 지배자로 각광받기 시작한 것이다.

단순 아이쇼핑을 하더라도 야구는 좌판에 놓인 가짓수가 많아 선택의 폭이 넓으므로 축구보다 손님 끌기가 상대적으로 유리했다. 프로 출범 이후 풍성한 볼거리와 즐길거리가 양산되었고 경기장 응원문화로 확산되며 자연히 기업들은 프로구단 창단에 앞 다퉈 줄을 서고 있을 정도다. 굳이 비싼 돈 주고서 메이저리그를 안방에 모셔오지 않아도 될 만큼 하루가 멀다 하고 매일 중계를 볼 수 있는 일상적 '놀이문화'가 자리매김한 까닭이었다.

반면 매일 열리지 않는 축구는 K-리그만으로는 열혈 팬들의 일상적 관전욕구를 충족시킬 수 없어 지구 반대편 유럽의 빅리그를 안방으로 돈 들여 초청해야 한다. 다이내믹하고 역동성 넘치는 경기의 특성에다 세계 최고의 스타가 즐비한 그곳의 마력으로 인하여 축구는 초특급 선수들의 활약상이 지구촌 곳곳에서 영웅적 플레이로 팬들을 설레게 한다. 이래저래 국내 축구는 손님 끌기 힘든 전통시장처럼 되어버렸다.

그도 그럴 것이 야구가 흥행몰이에 성공하는 대형할인점과 유사한 점이 많기 때문이다. 기본적인 생활필수품들은 말할 것도 없고 하루가 다르게 쏟아지는 아이디어 넘치는 신상품에 매머드급 규모를 갖춘 곳은 대형스포츠 컴플렉스나 영화관, 문화예술공연장, 자동차 A/S센터 등 현대인들의 문화생활에 맞춘 상품과 용역서비스가 즐비하다. 오면 즐겁고 안 와도 장까지 봐주는 서비스가 있어 주부들에겐 아주 그만이다.

그래서 터를 둘러싼 전통시장과 대형마트의 영업경쟁은 마치 축구와 야구의 관계를 보는 듯 근자엔 현저히 시장점유율을 빼앗긴 전통시장의 활성화를 위한 처방이 요즘 바뀐 대형마트 휴무일 지정이다.

만일 양측이 이러한 마켓형태의 비유가 적절하다면 그것은 시장의 원리에 모두 맡겨진 경제적 강자의 무한한 시장독식으로 또 다른 불공정거래 행위의 논란을 부를 것이지만, 실상은 두 진영이 서로 너무 다른 특질을 지니고 있다는 점에서 큰 의미는 없을 것이다. 결코 비교될 수 없는 각자의 영역을 몇몇 획일적 수치로 우열을 가리려 한다거나 "축구는 폭력게임이다, 야구는 운동도 아니다." 식의 저열한 비난의식 뒤에는 형님 혹은 아우 따지기의 다툼이 문제의 본질이기에 때문이다. 좀 더 직접화법으로 표현하자면 "공터에서 축구를 하건 야구를 하건 형님들이 왔으니 너희는 이제 그만 집에 가봐라." 라고 내쫓는 아이들 방식의 답습이다. 그렇게 당했고 분을 삭여왔으며 자신도 힘이 세어졌을 때 그렇게 하면 되니까.

오늘날 야구가 흥행의 기반을 마련하는 데 그 중추적 역할을 담당한 언론의 영향도 지대했으며, 현재 자본시장의 속성상 야구와 좀 더 친밀해 보인다. 극히 일부를 제외한 대부분의 메이저 언론사들의 인터넷 홈페이지는 양자의 서열화가 극명하고 획일적이다. 그러면서도 양자 간의 큰 뉴스들을 다룰 땐 기민하게 그 서열화를 파괴하기도 하지만, 근본적으로 그 기조를 잃지 않으면서 한쪽은 투쟁성에 반대쪽은 놀이성에 치우쳐 포커스를 맞춘다. 야구는 흥행이 되지만 축구는 상대적으로 흥행이 안 된다는 의식이 드러나 보인다. 해당 언론사 입장에서 신문 지면이나 홈피 운영의 한계상 이해되는 측면이 있다 해도 언젠가 히딩크 감독의 지적대로 한일대회를 목전에 앞두고도 국내 스포츠신문 매체들의 야구 편향성 보도에 불만을 토로했던 일을 상기한다면 비판적 시각의 개연성은 늘 존재한다고 보아야 한다.

무엇보다도 그런 저널리즘적 행태는 결과적으로 축구의 투쟁적 기질을 고착화시키고 놀이문화로 향하는 길목차단의 역효과를 주는 일이 된다면 축구발전을 위해 모두가 숙고해볼 일이다.

⚽ 축구도 야구도 공터의 공동주인

축구가 단일종목임에노 종합스포츠 제전인 올림픽을 능가하는 인기 종목인 것처럼 지나치게 범글로벌한 스포츠 영역을 장악한 측면은 국가 간 혹은 민족 간 대결적 구도를 곧잘 그라운드로 가져다놓는다. 그리하여 빈번하게 벌어지는 국제경기에서 외세와 싸워 이겨야 하는 도구쯤으로 생각하기 쉬운 점도 간과할 수 없는 대목이다. 야구는 게임이고 오늘 진다고 해도 당장 내일 승리로 만회를 기대해보지만, 축구는 싸움인 만큼 무조건 이겨야 하며 기회도 매일 있는 것이 아니다. 왜 축구가 그런 짐을 짊어져야 하는가에 대한 해답은 누구도 쉽게 말해주지 않지만 이유는 자명하다.

이길 수 없다면 축구가 아니며 결코 봐줄 수 없다는 생각이 불을 지른다. 선수들이나 이해당사자들은 사생결단과 임전무퇴의 각오로 투쟁심을 공공연하게 부르짖는다. 선진축구조차 이 파이팅 이상의 넘치는 과열 분위기를 조장하며 선수들을 채근한다. 그래서 축구는 야구보다 무조건 이겨야 하는 당위성의 억울함이 존재하는 것처럼 보이기도 한다. 이런 인식적 환경조건이 국내축구의 활성화나 발전을 저해하는 요인이라는 문제에 대해선 내 알 바가 아닌 것으로 치부된다.

그렇다 해서 야구도 국제경기가 없는 것은 아니다. WBC대회나 세계야구선수권, 그리고 대륙간컵대회 등 듣기에 이름만큼 굵직한 이벤트가 있지만, 어디까지나 팬심의 놀이중심은 국내 프로리그나 메이저리그에 더 가깝다. 게다가 야구의 이러한 놀이 적합성을 뒷받침하고 있는 차이점 가운데 선수들의 체력소모의 문제가 있다. 한순간 모든 에너지를 투입시켜야 하는 축구가 피파 규정으로도 한 경기를 뛴 선수는 이후 48시간을 쉬도록 하고 있는 점에 비해 투수를 제외하고 대다수의 선수가 매일 출전해도 큰 지장이 없는 야구의 일상적 놀이는 체력전의 대결인 축구와 대별된다.

언급한 것처럼 02 한일대회 야구의 경기중단 결정과 같이 축구가 좀 더 '국가대표'라는 성역의 국익이 존재하고 있음을 확인했다. 이것이 시장에서의 충돌 앞에서 묵시적이나마 신사협정의 근거처럼 보이지만 꼭 그런 점 때문에 득의양양해 할 것은 못 된다. 축구계는 오히려 국익문화를 대표하는 그런 이익 쪽에 치우친 축구의 편향성을 야구와는 또 다른 놀이문화 쪽으로 좀 더 이끌어야 하는 과제를 안고 있기 때문이다.

국내축구를 유럽축구 수준에 견주어보는 것은 발칙하고 야무진 상상에 불과할지라도 야구의 흥행을 생각하는 속내엔 초인기를 누리는 유럽리그에 대한 동경이 집착해 있는 까닭이라 본다면 야구의 그것만을 비교해 생각하기보단 축구가 가지는 고유한 특성과 다양한 문화적 요소들을 발굴하고 특히 이 땅의 풍토에 알맞은 축구문화의 구축에 매진할 일이다.

축구가 흥행이라는 측면에서 분명히 야구에 비해 약자의 입장인 것만은 분명하다. 하지만 그렇게 당장에 동적(動的) 국익문화 VS 정적(靜的) 놀이문화로 특징지어진 마당에 서로 조화되어 공동 실현할 수 있는 현실적 어울림의 이벤트가 없을 뿐 이 땅의 공터엔 축구도 야구도 각자의 몫과 역할이 엄존한다. '공터'란 문자 그대로 비어 있는 상태의 공간이지만, 누군가의 터전으로서 그 가치를 빛낼 수 있는 영역의 장이 되어야 한다. 더이상 빼앗고 뺏기는 대상이 아닌 만남과 공존, 그리고 질서의 열린 장으로 말이다. 공터를 놓고 잠시나마 충돌한 두 스포츠 종목의 만남은 지금 이 순간에도 눈에 보이지 않는 경쟁을 낳고는 있어도 거기에서 또 다른 질서와 상호 협력을 모두에게 요구하는 시대에 와 있는 것이다.

형님과 아우의 상하관계가 아닌 한 집안 내의 아들과 딸의 공생적 만남인 것과 같이 축구와 야구의 관계란 '아들만한 딸 없고 딸만한 아들 없는 법'과 동일한 이치이다.

안방에서 지켜본 월드컵

클레오파트라는 로마로 가자 한다

2013년 11월, 대망의 본선 14 브라질대회로 향하는 나라들이 속속 모습을 드러내며 아프리카 대륙 진출국 가운데 최종전을 확정한 가나가 상대를 큰 점수 차로 물리치고 본선 32강에 합류했다. 예선리그의 최종 결전까지 갔다면 결과는 으레 팽팽한 접전이었을 것을, 뜻밖의 싱거운 매치 결과로 승리자 가나를 밀어준 아프리카의 맹주국에 시선이 갔다. 2천 년 전 고대 비망의 한 여인이 동시에 떠오른 나라였다.

⚽ 인류 문명국과 민주정권의 좌초

인류 최초의 문명을 일으키고 나일 강의 선물이란 찬사를 들으며 피라미드라는 불가사의한 인류문화유산을 후세에 남겨준 문명국 이집트. 하지만 지금 나라의 앞날은 사뭇 험난해 보인다. 2010년 튀니지의 '재스민 혁명'으로부터 촉발된 이집트 무바라크Hosni Mubarak 독재 권력의 축출 이후 민주적 절차에 의해 선출된 무르시Mursy정권도 고삐 풀린 두 자릿수의 치솟는 물가와 청년층의 높은 실업률 등 개선되지 않는 경제상황에 부딪친 국민적 분노는 불행하게도 군부의 사태 개입을 불렀다. 집권한 지 1년 남짓 만에 무르시 새 정권도 2013년 군부에 의해 좌초되고 내전의 위기라는 최악 국난의 소용돌이에 휩싸여 있다. 이해관계가 많은 서방측 외세는 두고 보자는 침묵의 흐름에서 탈피, 사태의 방향에 따라 대응의 목소리가 커질 전망이다.

예나 지금이나 나라의 안위가 위태로운 지경에서 누군가 구원자로 나서는 건 국운을 위해 자연스런 일인데, 아득한 문명의 태동기 로마제국의 지배에 맞서 국난을 극복하려 했던 한 여걸이 지중해에 떠오르던 시대가 있었다.

기원전 로마정시대 이집트 여왕 클레오파트라Cleopatra는 연인 카이사르Juilus Caesar가 죽은 그날 로마에 와 있었다. 1934년과 1990년 월드컵이 이탈리아에서 열렸을 때도 이집트는 로마에 와 있었다. 다른 월드컵 대회에는 나가지도 않았다.

그리스계 프톨레마이오스 왕가의 핏줄을 이어받은 여왕은 남동생과 함께 이집트 내정의 최고 권부에 올랐으나 나눌 수 없는 권력의 속성은 둘 사이를 갈라놓는다. 권력투쟁의 정점에서 밀려난 여제는 때마침 이집트로 진군해 온 로마의 장군 카이사르가 당도하자 잡을 수 있는 기회를 놓지 않았다. 대제국 속국으로서의 외교적 난국의 타개는 빌미였고, 여왕의 권좌를 되돌리려 한 국란의 시험대에서 클레오파트라는 로마제국의 실력자의 힘에 기대어 이집트 왕권의 보호에 성공한다.

미모와는 다르게 원대한 야망을 품고 카이사르의 정부로 함께 낳은 아들과 로마에서의 꿈같은 나날을 보냈지만 시간이 지날수록 여왕의 야심이 노출되자 민심은 악화되었다. 끝내 로마시민이 식민지의 여왕을 요부로 질시하였고, 그녀의 의중대로 제국의 패권을 눈앞에 둔 상황에서 카이사르의 뜻하지 않은 피살은 역사의 전환기에 뒤따르는 변란은 피할 수 없는 숙명이었다. 자연히 카이사르만 의지했던 변고의 한가운데에서 여왕의 험로는 더욱 가파르게 기울어지고 만다.

장군이 추구했던 정복욕과 클레오파트라가 품었던 왕권 수호욕의 본질은 동질이었지만, 그가 로마에서 제거된 마당에 여인의 꿈과 조국의 국운은 또다시 로마제국의 위협 하에 놓였고, 카이사르 사후 2차 삼두정치로 이집트를 통치하게 될 인물이 드러났다. 이집트로 돌아와 반란의 혐의를 받은 클레오파트라는 단죄의 칼을 쥔 안토니우스Antonius 앞에 마지막 카드로써 또 한 번 권력자의 여자가 되어주는 패를 꺼내 든다. 이집트의 국운이 클레오파트라의 미인계에 의해 2차 대회전에 돌입, 둘은 강력한 군권과 여성미를 예물로 주고받으며 정식 성혼을 치렀다. 그러나 한 나라의 국권을 두고 기괴한 부부의 연을 맺은 팜므파탈의 귀착지는 파멸이었다.

마지막 남자에게 자신의 모든 것을 던져 그와 결혼까지 한 마당에 남편이 된 안토니우스마저 로마의 정적 옥타비아누스Octavianus에게 죽음의 악티움 해전이 끝난 뒤 자살로 빼앗기자, 두 권력자를 잃은 기구한 여인이 할 수 있는 선택이란 구천에 자신의 영혼을 띄우는 일이었다. 후세에 와서 문명국 왕의 죽음을 놓고 자살이니, 타살이니 진위 논란이 명확하지 않은 것을 보면 스스로 선택한 한 많은 여인의 원혼이 구천 어딘가에 떠도는 것처럼 보였다.

죽어서도 죽지 않으려 했던 클레오파트라의 혼령이 머문 곳은 두 남자와 다시 만나길 원했던 그들의 제국 로마였을까, 아니면 그 두 남자를 앗아간 로마제국에 대한 여왕의 고집스런 앙갚음의 시도가 그녀를 로마의 하늘 위를 떠돌게 만들었을까. 그 어떤 경우이든 여왕은 그곳을 떠날 수 없는 것만은 분명했다. 그것은 특출했던 2천 년 전 그들의 역사가 현세에까지 이어진 이집트의 월드컵 본선 도전사에 인과의 배경처럼 얼룩져 남아 있다.

두 연인을 잃은 여왕의 선택은 죽어서 만나는 길 밖에 없었다.
〈클레오파트라의 최후 – AP 제공〉

⚽ 아프리카 챔피언, 본선진출은 2회뿐

축구가 문명의 세계 속으로 근접할수록 보편적이고 독특한 문화예술 분야의 이 장르가 저변화를 통하여 발흥하면서 근세에 와서 고대문명의 각국에도 사커의 바람을 몰고 다녔다.

이집트는 아프리카 네이션스컵축구대회 초대우승으로부터 1986년과 1998년의 패권의 차지와 최근 2006년, 2008년, 그리고 2010년 연속 3회 우승이라는 찬란한 기록을 세우며 인류 최초의 문명국 위상에 걸맞게 명실상부한 아프리카 최강의 축구 강팀으로 군림하고 있다. 아프리카축구를 총괄하는 연맹의 본부가 이집트 카이로에 위치해 있는 것도 문명의 발상지 못지않은 이집트의 친문화적 산실의 역량이었다.

하지만 대륙별로 유럽과 남미에 이어 월드컵 본선 티켓 5장이란 피파의 파격적 우대권을 확보하고도 본선 진출에 있어 이집트는 카메룬 7회, 나이지리아 5회, 튀니지, 모로코, 알제리 각 4회, 남아공, 코트디부아르, 가나 각 3회에 이어 불행히 2회 출전에 그치고 있다. 실력과 유리한 환경에 비해 월드컵과 인연이 없는 이유를 어디서 찾아야 할지 고민하던 차에 이집트 파라오의 여왕에게서 실마리를 발견했다.

이탈리아는 월드컵 네 번의 우승국답게 본선 대회를 두 번 주최했다. 무솔리니Benito Mussolini의 파시즘이 절정기를 향해 나아가던 1934년 2회 대회와 미디어 발달의 세계화 추세로 월드컵 위성방송이 본격화한 1990년 14회 로마대회였다. 시대적 상황의 차이는 있으나 본질은 축구를 통해 승부를 가르는 전쟁 아닌 전쟁이었다.

이것은 이집트보다도 클레오파트라에 있어서 중요한 기회였다. 그녀는 로마의 하늘 위를 떠돌며 자신을 파멸로 몰고 간 옥타비아누스를 겨냥해 전생의 그와 닮았던 현세의 독재자 무솔리니를 겨냥했다. 교사 받은 파라오의 전사들로 하여금 34 이탈리아대회 본선무대로 나아가게 하였다. 전사들은 견마의 힘을 다해 여왕의 명령을 받들어 임전했다.

아시아와 아프리카를 통틀어 본선 티켓이 1장밖에 주어지지 못한 어려운 여건에다 시나이 반도를 둘러싼 장차 중동전쟁의 적수 이스라엘과 본선 진출의 결정전을 넘어야 했다. 천변의 원한을 갚으려 2천 년을 기다려 온 클레오파트라의 전사들에게 두 차례 큰 스코어로 패한 이스라엘은 적수가 되지 못했다. 여왕이 본선행을 결정지은 것은 루비콘 강을 건너 로마를 점령한 자신의 첫 남자 카이사르의 전철을 추종하는 의미이기도 했다.

찾아온 기회를 놓치지 않았지만, 34년 본선 첫 출전은 16개국이 리그전 없이 사실상 16강전의 토너먼트를 거쳐야 했다. 거기에 첫 경기가 무적 헝가리와의 일전이었다. 결과는 초반 선전이었지만 후반의 무너짐이 진군의 서슬을 뼈아프게 막아섰다. 그것으로 이탈리아를 만나지도 못한 채 최강국에 막혀 월드컵 처녀 출전은 그녀의 뜻을 저버린 채 허무하게 막을 내렸다.

이탈리아 월드컵을 철저히 체제의 선전과 광기의 국민적 선동무대로 이용하려 한 파쇼의 의도 앞에 그 어떤 다른 나라도 제 기량으로 이탈리아를 넘어설 수는 없었다. 우승은 자연히 이탈리아 몫이었고, 무솔리니는 한 여인이 자신의 목을 겨누고 있다는 사실을 잊은 채 권좌의 옆에 젊디젊은 33세 차이가 나는 연하 페타치Clara Petacci를 두고 다가올 정치적 몰락의 그림자에 젖어 들었다.

클레오파트라가 로마를 지켜보는 한, 그리고 두 연인을 죽음에 이르게 한 원흉들이 모두 로마에 의해 자행된 이상 이탈리아로 진군하려는 여왕의 의지는 이집트 월드컵 대표팀의 앞날을 결정지었다. 오로지 그녀에게 만큼은 모든 길은 '로마로'였다. 34년 대회 이후 90 이탈리아대회가 다시 돌아올 때까지 그리움과 기다림의 세월의 간극은 무려 반백 년 이상이나 벌어져 있었다. 기다림의 세월만큼이나 그리움의 색깔은 로마가 하루아침에 이뤄지지 않은 만큼의 오래고 긴 인고의 천추였다. 그럼에도 변색되지 않은 그녀의 일편적 구원(舊怨)은 미라를 만들어 멀고 먼 훗날을 도모하려 했던 이집트문명의 철학적 내세관과 일치했다.

⚽ 파라오의 전사, 두 번의 실패

월드컵도 그사이 무수히 많은 변화를 가져왔다. 지구촌 축구문화의 저 변화 성공으로 전쟁이 격화된 만큼 출전국들도 늘어났으며, 무엇보다 패배를 연구한 전문가들은 지지 않기 위한 시스템 축구를 고안해 실전에 접목시켰다. 원시적 싸움을 과학적 대응력으로 재무장해 저항력을 키웠다. 로마라고 하는 같은 장소에서 전체주의체제 축구로부터 현대 압박축구의 진화라는 다른 성질의 싸움이 예고됐다.

이집트는 또다시 로마로 나아가기 위해 지난번처럼 지역예선을 통과해야 한다. 다만 반백 년 전과는 판이하게 다른 상황이었다. 전사들 앞을 가로막은 아프리카 총 24개국 가운데 2개국만 로마행을 붙잡을 수 있다. 여왕의 출병 의지가 반영되었는지 예선 1라운드 없이 곧장 2라운드로 직행했다. 이집트는 B조 3개팀을 난파하며 최종예선 알제리와 로마행을 다투었다. 1차전 어웨이를 비기고 로마로 행군하려는 카이로의 함성이 홈에서의 승전을 알리자 모세의 기적처럼 비로소 지중해의 바닷길이 열렸다. 이탈리아로 가는 여왕의 2차 출병이 재개된 것이다.

제국의 유적이 고스란히 남겨진 로마 입성은 56년 만의 재회에도 의구한 자태로 전사들을 맞았다. 첫 만남을 고대한 것과 달리 지난번처럼 조편성부터 대결이 어긋났다. 대적 상대로 원했던 이탈리아가 보이지 않는 F조의 나라들은 우열을 가늠할 수 없는 유럽의 강자들이다. 전사들은 파라오의 명예를 걸고, 그리고 만나지 못한 이탈리아와의 대결을 가슴에 품고 사력을 다하여 싸웠다. 파라오와 토털축구의 명예는 네덜란드와의 1:1 무승부로 서로 우열을 가리지 못한 데 이어 아일랜드와의 혈전도 0:0으로 끝냈다. 마지막 3차전에 가서 잉글랜드에 0:1로 분패함으로써 사력을 다한 원정길은 막을 내렸다. 조 2위가 되어 16강전에 오른 아일랜드가 루마니아를 무찌르고 8강전에서 이탈리아와 맞선 상황을 생각하면 여왕에 겐 너무도 아쉬웠던 결과였다.

그러나 아일랜드도 이탈리아에 대하여는 나름 감정의 골이 있었다. 1930년대 미국 대공황기, 암흑가의 대통령으로 지하세계를 호령한 갱스터 보스의 대명사 알 카포네Al Capone는 무솔리니의 나라 이탈리아계 이민 자 2세였다. 그가 밀주, 마약, 매춘, 도박 등으로 일군 범죄행위의 산업화 규모는 요즘 가치로 물경 10억 달러 규모에 이른다. 일개 지역 범죄단체가 국가경제를 좀먹을 정도니 당시 미연방정부와 주(洲)치안당국이 그를 가 만둘 리 없었다. 살인교사, 범죄단체 조직 등 온갖 죄목으로 기소를 단행 했지만 번번이 무혐의로 풀려났다. 결탁하여 '부당거래'를 일삼는 과정에 서 미 지배계층의 추악한 처세술을 조롱하며 이를 지렛대로 활용, 동원할 수 있는 권력자원을 모두 출동시켰다. 기소된 모든 혐의에 대하여 법적 방어에 성공하자 도덕적 해이에 자신감이 더해졌다.

얼마 지나지 않아 금주법이 시행되자 활동무대를 시카고로 옮겼지만, 이미 시카고를 장악하고 있는 건 아일랜드계 조직. 월드컵이 첫 출범을 앞둔 한 해 전인 1929년 2월. 조직을 기습하여 모두 7명의 단원들을 벽에 일렬로 세워두고 기관단총을 난사했다. 이것이 알려진 '성발렌타인데이 습 격사건'이다. 사건 희생자의 조국 아일랜드가 61년 전 미국 암흑가의 대결 을 월드컵 그라운드로 옮겨온 것이다. 그러나 결과는 홈팀 이탈리아의 1: 0 승리. 승부는 거기서 끝을 본 게 아니었다. 바로 차기인 94 미국대회 E 조 예선 첫 경기로 양 팀이 재대결을 벌인다. 미국 땅에서 당한 만큼 제자 리로 돌아와 진검승부를 벌였다. 알 카포네의 고국 이탈리아는 결국 아일 랜드에 지난 대회에서 당했던 1:0 패배를 고스란히 되돌려 받고 말았다.

⚽ 비련의 여왕, 로마가 아니면 NO

월드컵 4대 우승국 중 하나에 빛나는 이탈리아를 본선에서 떠밀어냈던 나라가 수두룩했으니, 잡자고 마음먹고 달려드는 상대에게 '빗장'인들 끝까지 살아남기가 녹녹치는 못했을 터였다. 후일 02 한일대회를 포함하여 스웨덴, 스위스, 북한, 칠레, 한국 등 뼈아픈 패배를 안겼던 3패 클럽 멤버도 그렇고 아일랜드에 이집트까지였으니, 이탈리아의 입에서 볼멘소리가 나올 법도 했다.

"왜 나만 갖고 그래?"

사실 이탈리아 입장에서도 그 옛날 대제국 로마의 일은 현재의 반도국 이탈리아와는 전혀 다른 체제와 통할지역, 그리고 시대가 다른 별개의 나라로 보아야 마땅하다. 로마가 이탈리아의 수도라는 점 때문에 역사적 악연을 이유로 투쟁의 대상으로 삼는 것은 지나친 부분이 있다는 생각이다. 그러나 여왕에겐 이탈리아의 그런 딱한(?) 형편에 귀를 기울일 정도로 고이 잠들어 있지 못하다. 제국의 역사가 남기고 떠난 유산의 명암이 현 시대에까지 닿아 있음을 직시할 뿐이었다.

고민이 깊으면 깊을수록 해결방안도 다각도로 안출된다. 생각다 못한 이탈리아는 클레오파트라를 향한 위로의 퍼포먼스를 통하여 다른 각도에서 그 응어리를 달래기 위하여 나섰다. 2009년 아프리카 컨페더레이션스컵에 직접 참전, 조별 2차전에서 이집트와 맞닥뜨린 운명의 일전을 벌인 것이다. 클레오파트라를 피해 다녔던 이탈리아가 이집트가 소속된 아프리카에 제 발로 걸어 들어온 것이다.

파라오의 전사들은 기다렸다는 듯 무조건 승리를 다짐하며 전반에 터진 선제 헤딩골을 끝까지 지켜내고 로마의 나라를 격침시킨다. 세계축구가 경천해버린 것은 당연한 반향이었지만, 무엇보다도 바로 전 열렸던 06

독일대회 우승팀 이탈리아를 꺾은 것은 비상한 결과였다. 하지만 그 승리의 뒤에 클레오파트라의 만감이 뒤범벅되었을 상상은 무리였을까. 그녀의 꿈은 여전히 남편과 연인, 그리고 아들마저 잃게 한 혼비중천(魂飛中天)의 로마에 예전처럼 파라오 전사들을 보내는 것이었다. 원귀와의 약속이라도 지키려는 듯 이집트는 이후 속개된 10 남아공 아프리카 예선과 14 브라질 대회 동지역 예선에서 연속하여 탈락의 고배를 마신다.

월드컵 아프리카예선 이집트의 운로를 가로막으며 이탈리아대회만 고집하는 그녀의 외골수 같은 승부욕은 여전히 천상에 오르지 못한 자리에 여자의 원한이 되어 맺혀져 있다. 월드컵 역사에 아직 4강을 차지하지 못한 대륙은 오세아니아를 제외하고 아프리카뿐이다. 정상의 각국 빅리그에 숱한 지역출신 스타들을 배출하고도 정작 월드컵에선 지금까지 8강 진입이 그들의 최대 성적표였다. 세계 축구발전을 위해 본선무대에서 제 몫을 고대하는 팬들의 바람은 당 대륙의 4강 대열 합류다. 혹시나 명실상부한 지역 챔피언국가로서 이집트가 월드컵에 나아가지 못하고 있는 것에 장애가 있다면 여왕의 비련이 겹쳐지는 그런 이유가 아니었는지 엉뚱한 상상을 해본다.

2000년이 지난 지금 내전의 불안한 정정사태를 지켜보면서 클레오파트라의 사무친 원령을 떨치고 국운의 도약을 이룰 것인가. 앞으로 고대 문명국의 찬란했던 문화국 이집트 정정의 향배에 주의를 기울여본다.

PART 4

사랑

13 안방에서 지켜본 월드컵

공은 둥글어도 낯을 가린다

"공은 둥글다."

세계 축구계의 이름 있는 인사치고 이 말에 공감하지 않는 이는 없을 것이다. 또 그 같은 얘기를 해보지 않은 사람도 드물 것이다. 그러나 한편으론 평범하면서도 진리 같아 보이는 이 말이 많은 경우 둘러대기 쉬운 말로 둔갑하는 일이 있다. 축구팬들이나 언론들에 대한 책임 면피용 수단으로 활용하기 안성맞춤인 대응논리를 갖고 있다는 이야기다. 각종 큰 대회를 앞두고 벌어지는 우승이나 상위 팀 알아맞히기 질문공세 등은 권위자들로부터 한번쯤은 꼭 들어야 하는 궁금한 사안이 되어 이를 부추기기 때문이다. 그런 대개의 질문이 던지는 본뜻은 보다 정확하면서도 예측한 이유가 합리적이고 충분한 근거를 지녀야 한다. 거기에다 관련된 종속변수들을 모두 고려한 통찰력 있는 분석을 요구한다. 하지만 그것은 사실상 불가능한 일이며 허망한 일이기도 하다. 정확한 예측자의 예언대로 언제나 결과가 똑같을 순 없다. 그렇게 되면 다른 모든 경기들과 마찬가지로 축구는 존재의 가치를 잃는 것이다.

축구황제의 침묵은 금이 아니다. 몰려든 기자들의 인터뷰에 응하는 펠레
〈2014 월드컵 자국경기장에서 - AP 제공〉

⚽ 축구만사 새옹지마, 펠레는 모른다(?)

그런데 어떤 경우에는 예측이 엇나가서 결과가 나빠진 나라들의 원성을 사는 일이 있다. 결과적으로 삼수갑산까지 치고 올라가 버렸다. 신도 알아맞히기 힘든 이 예측을 두고 차라리 모르쇠로 나갔더라면 그나마 구설수는 모면했을 일이지만 허언이 반복될 때마다 자신이 저지른 만용 때문에 불신을 자초하고 말았다.

월드컵 때마다 파장을 일으키는 소위 '펠레의 저주'는 마치 겉으로 거룩해 보이는 예언자에 대한 '축구만사 새옹지마'와도 같은 질책이었다. 명색이 세계 제일의 톱스타로서 일가견을 피력하지 않을 수 없는 용감함은 첫 번째의 무모함이요, 모두들 그것이 둥글다고만 말해대는 획일적인 답변에 설득력 없는 차별성 시도가 두 번째의 실책이었다.

따지고 보면 극성스러울 만큼 스타에게로 쏠리는 팬들의 궁금한 사항을 마냥 외면해버릴 수만 없는 상황은 이해한다. 그러나 팬들에게 적극적 립 서비스를 해야 하는 스타문화의 폐해 같은 산물이라 본다면 축구황제 펠레도 피해자일지 모른다. 나름대로의 판단에 따라 승리의 가능성이 높은 쪽에다 명성을 덧붙여놨으나 빗나가버린 예측으로 자신의 그것 일부가 적잖이 훼손되었을 것이니까 말이다. 실로 점치기 어려운 그 불가능의 세계를 논하면서 어떻게 아무런 대가도 없이 승부예측이 가능한 것인지를 생각하면 자업자득인 셈이다. 하다못해 동료 간이나 심지어 연인 간에도 월드컵 승패를 미리 예측하려면 점심내기나 저녁 한잔 내기가 필수 코스다. 직장인들끼리 모여 특정 경기의 스코어까지 알아맞히려는 이런저런 이벤트가 성행하는 마당에 공짜 없는 세상은 월드컵이라고 예외는 아닐 성싶다.

조장할 뜻은 없지만 축구도박 사이트가 그 상징이라 할 것이다. 오히려 이곳의 승부 예측도는 그 어떤 축구에 달통한 인사보다 성공률이 높다. 큰돈이 걸려 있기 때문이다. 돈을 내든 내기를 하든 아니면 명예를 걸든 무언가를 걸지 않으면 승패에 대해 언급하지 말라고 월드컵은 경기결과로 웅변하고 있다. 그러니 흡사 항복이라도 하듯 답변하기 곤란한 공세에 밀려서 공은 둥글다고 대충 얼버무리듯 인용하는 것은 자신의 돈과 명예만큼은 모두 잃지 않겠다는 의사표시로 보면 될 것이다. 뒤에서 누군가와 내기를 걸지 모르는 이중적 태도는 눈 가리고 아웅 하려 한 미필적 고의에 다름 아니다. 따라서 빈말이 되어버린 그 한 문장의 부실한 측면을 마냥 반복적으로 듣고 있자니 이젠 좀 거북스러워지기도 한다. 식상하기도 하거니와 속이 훤히 들여다보이는 입바른 소리임을 자각한다면 이제는 좀 더 화자의 진정성이 엿보이는 다른 표현을 찾아보는 것이 낫지 않을까.

⚽ 둥근 공, 좌식문화에 낯설어

지금의 본선 진출 이전인 80~90년대의 예선 때마다 이를 통과한 기쁨에도 불구하고 우리가 자랑처럼 여기는 월드컵 본선 총 9회 진출의 역사는 상당부분 한숨어린 아픔의 연속이었다. 안방에 앉아서 벼락 맞는 기분이었다고나 해야 할지, 억장붕괴의 역사는 길고도 지난했다. 그 둥글다고 해대는 축구공이 우리에게만은 등을 돌려 앵도라져버리곤 하였으니까.

그런 의미에서 축구공이 과연 모두에게 공평히 굴러다녔는지 곱씹어보아야겠다는 생각마저 들게 한다. 02 한일 안방대회를 포함한다 해도 10 남아공대회까지 모두 28번을 싸워 승리한 횟수는 6회에 불과하다. 28골을 성공시킨 대신 무려 61골을 내주었다. 한국축구에게 공은 둥글지 않았던 것이다.

이를 뒷받침하듯 국제무대에서 좋지 않은 성적으로 팬들을 실망시킬 때마다 그 원흉의 하나로 지적되어온 것이 또 하나 있다. 결정적 슛 기회를 거의 무위로 날려버리는 불운 앞에 매스컴이 즐겨 붙여주는 꼬리표 달아주기 같은 '문전처리 미숙'이라는 말.

이 해묵은 멍에와 같은 과제는 축구중흥의 기치를 내건 60, 70년대부터 현재까지 귀가 닳도록 들어왔고 눈이 시리도록 비판기사를 보아왔던 한국축구의 아킬레스건이기도 하다. "발은 삐뚤어져도 공은 바로 차라."는 가르침(?)이 무색했던 우리 축구의 해법 연구는 오늘에 이르고 있다.

남들은 골키퍼 앞에서든 문전 어느 곳에서든 그렇게 쉽고 요령 있게 연결시키는 골을 가지고 월드컵 실전 때마다 바로 지척의 골 문전에서 상대 골키퍼와 일대일의 기회마저 기어이 무산시키는 우리의 허망함은 그 근본적 치유책을 생각하기에 앞서 팬들을 일제히 공격 앞으로 집결시키기에 바빴다. 그래서 일단 그 책임의 소재에 대하여 해당 실축한 선수에게 잠시 맡겼다가 다시 만만한 상대를 찾아 화살을 돌린다. 팬들의 도마 위에서 상주해야 하는 애꿎은 협회나 코칭스태프가 자라목이 되어 곤욕을 치렀지만, 이 고질병에 대한 역학조사가 필요한 상황은 언제나 풀기 힘든 난제 중의 난제였다.

서구에 비하여 우리의 문화가 신체의 발과는 다소 동떨어진 점은 충분히 납득해야 할 부분이다. 특히 드넓은 유럽평원을 누비며 주구장창 민족 간 혹은 국가 간 전쟁으로 밤낮을 이어간 이동의 역사를 떠올리면 그 스케일이 우리와는 다를 수밖에 없다. 한반도라는 동쪽의 극지에 정착하면서 더 이상 이동이 필요치 않았을 우리의 조상들은 대신 앉아서 할 수 있는 일들을 발달시켰다. 온돌문화가 대표적인 것으로, 앉아서 손으로 놀이를 즐기거나 기구를 다룰 수 있는 것이면 무엇이든 만들었고 유희하였다. 그 덕에 꽃피운 건 손재주인 반면 책상다리나 무릎 꿇기 등 다리를 구부려 앉는 습관 때문에 혈액의 정상적 순환활동을 상당 부분 차단시킴으로써 하체발육을 퇴행케 한 측면은 환경이 가져다준 애석한 생활유산이었다.

쌀을 찧기 위한 디딜방아나 음력 대보름의 답교(踏橋)행사 그리고 정초 풍물패의 지신밟기놀이 등이 고작 발로 할 수 있는 것들이었지만, 그마저 도구를 창의적으로 다루는 일과는 모두 무관한 것이었다. 동절기 제기차기 정도가 그나마 발로 다룰 수 있는 놀이였지만, 한 발로 제자리를 지지해야 하는 한계는 둥근 공의 활동성과는 거리가 멀었다. 그런 환경에서

1800년대에 와서 축구는 갑작스레 우리의 문을 두드리며 이 땅에 상륙했다. 그때까지 불안정하고 완벽할 수 없었던 발의 쓰임새가 타의에 의해 새로운 일거리로 창출된 것이다. 그래서 손기술에 미치지 못한 우리의 발기술은 언급한 대로 월드컵 본선에만 가면 승률(21%)이 보여주듯 축구공은 상대를 중심으로만 굴러 다녔던 것이다.

⚽ 공에게 교감할 수 있는 영혼을 주어야

언제나 같은 공에서 일어나는 상대방과의 다른 결과들. 이 문제를 어떻게 해결할 것인가?

인류가 직립보행을 시작하면서 자유로워진 손은 여러 가지 다양한 생활도구들을 창조해내고 사용해왔다. 어쩌면 더 풍요로운 삶의 방식을 예견한 인류가 편리한 도구를 사용하기 위해 선행적으로 직립을 계획한 사유(思惟)의 개가였을 것이다. 바로 그런 원리대로 축구공을 바라보고 사고하는 남다른 착상의 실마리를 유발하는 방법이다. 모두가 다루는 똑같은 대상, 가령 피아노를 친다 해도 다 같은 선율의 감흥은 나오지 않는다. 내하기에 따라 상대방의 반응이 다르게 나오는 것이다. 그런 면에서 본다면 축구공이 지닌 원형의 형상은 모두에게 공평히 굴러다니는 것이 아니며 낯가림이 심하게 상대를 차별하고 있는 둥글지 않는 모습이 되는 것이다.

어여쁘고 사랑스런 아이에게서 그런 성격의 면모를 엿볼 수 있다. 아이는 어려서부터 주위에 자신의 눈망울에 꽂힌 어른들로부터 '참 예쁜 아이'라고 스킨십을 시도당하며 귀여워해주는 손길에 둘러싸이지만, 어느 어른이 접근하려고 어르고 달래도 엄마나 아빠 혹은 품에 익숙한 사람에게만 마음의 문을 열고 따른다. 그리고 정작 그 아이는 어른들의 관심 어린 시선과 칭찬의 말들이 본의와는 무관하게 부담스러울 뿐이다. 낯선 사람을 처음 보거나 그가 말이라도 건네려 하면 자신과 제일 가까운 부모형제나 친한 이가 아니면 마음을 열지 않았고 늘 그들의 등 뒤에 숨어버렸다. 상대가 자신을 해할지 모르는 나쁜 사람인지 아닌지 경계하고 싶은 여린 존재였다.

축구공도 그렇게 행동한다. 녀석은 선수들 모두를 경계한다. 아이의 어여쁨을 닮아 무작정 좋다고 마구 차대기만 한다면 공은 누군가의 발 아래로 숨어버릴 것이다. 자신을 발로만 가지고 대화하려는 사람과는 대화를 원치 않는다. 오히려 그들에게서 더욱 멀어지려고 할 뿐이다.

칠흑같이 어두운 밤에 공을 다루어본 적이 있는가? 아무것도 보이지 않는 그라운드에서 외롭게 구르는 공의 숨소리는 엄마를 찾아 부르짖는 사랑스런 아이의 울음이다. 그 지면의 울림이 오감의 몸통 안으로 고스란히 전파되어 올 때마다 감지되는 음파의 경련은 지표에서 도약하고 착지하는 중력의 공간 속에 흐느끼며 파장을 일렁인다. 부박하고 둔탁한 타인들에게선 결코 받아들이지 못하는, 감각적이고 변별력 높은 예지력의 보유자만이 공의 미세하고 섬세한 신호를 먼저 지각해낸다. 여기에 먼저 터치를 가하면 그는 내가 원하는 방향과 속도에 따라 반응하고 대꾸한다. 첫 터치를 어떻게 하느냐에 따라서 바로 슛 찬스를 만들 수도 있으며, 상대방으로 하여금 이쪽의 움직임을 간파당하지 못하게 적 진영을 교란시킨다. 공도 드리블러가 미리 어느 방향을 설정해놓으면 결코 적에게 들키지 않게 함구하고 나를 따른다. 그것이 보이지 않고 들리지 않는 이들은 따라올 방도가 없다. 이미 공은 나를 사랑하고 추종하기 시작한 것이다. 이제 내 분신의 영혼이 되어 조력자처럼 늘 함께할 것이다. 알고 나면 축구공에 그렇게 맹목적 연모의 구석이 있는 줄을 몰랐을 것이다. 이 연인과 함께한다면 멀리 내다보는 월드컵의 미래는 자신감이 충만하게 그려진다.

월드컵의 킬러들이 그 이름값을 해내는 이유는 공의 흐름이나 크로스되어 오는 녀석의 낙하지점을 먼저 감지해내기 때문이며, 공과의 교감 정도가 이미 최고조에 달한 상태이다. 당연히 골문 앞에서의 임팩트는 정확성이 높을 수밖에 없으며 '문전처리 미숙'이란 처음 듣는 축구용어다.

우리가 그동안 보아온 약자의 축구는 너무도 눈에 드러나 있다. 짧아보이는 다리는 긴 허리로 인해 꼿꼿한 상체를 가누기에도 바쁘다. 자세는 당연 경직될 수밖에 없어 살짝 건드리기만 해도 쉽게 넘어진다. 그래서 공을 잡고 있을 땐 보는 이도 불안해보여 빨리 아군에게 공을 건네주기만 바랄 뿐이다. 드리블이 안 되니 조급함이 앞선 나머지 패스에 급급하다가 미스를 범한다.

긴 다리의 숲속에서도 오래도록 드리블을 잘할 수 있다는 것은 마라도나나 메시 등의 예에서도 이미 증명됐다. 오히려 큰 키와 다리는 드리블을 잘하는 키 작은 선수에 비해 방해물이 될 수 있다. 축구는 순간적 좌우회전의 신체반응 속도가 덩치 큰 상대의 값어치를 깎아 내려주는 묘한 운동이기도 하다. 그들은 춤추듯 균형을 잡아주는 양어깨와 팔이 방향을 자유자재로 변환시켜 주는 날개의 활용에 몸이 배어 있을 대로 익숙해 있다. 비록 이런 신공까진 배울 것이 못되지만 유사시 손과 팔까지 동원하려는 잠재된 무의식 속에 86 멕시코대회 공을 손으로 넣은 '신의 손' 사건이나 10 남아공대회 역시 손으로 공을 막아 4강을 쟁취한 공격수의 전신 활용도는 많은 경우 양 날개가 그들의 전신 컨트롤을 돕고 있는 것이다.

따라서 몸뚱이 어느 하나라도 공과 친밀하지 못하면 월드컵은 너무 먼 피안일 뿐이므로 우선은 공과 교감하는 시간을 많이 갖도록 하고 그렇게 다루어보는 것이다. 손이나 기타 신체의 모든 부위가 녀석과의 접촉을 통하여 전신 세포로 하여금 눈을 뜨게 만드는 것이다.

같은 그라운드, 같은 공으로 메시는 메시다운 생각을 하기에 수비수를 농락하지만 다른 선수는 그의 한계만 인식하므로 메시처럼 하지 못한다.

가능하면 공을 머리맡에 두고 잠을 자는 것도 좋은 방법이다. 그러면 꿈은 둘 사이에 '영혼의 교감'을 이어준다. 아이는 그때부터 공만 보면 신이 나고 용기에 차 있으며, 든든한 누군가와 함께하는 듯 세상에 두려울 게 없어 보인다. 더구나 아이들이 성장과정에서 자신이 남보다 우월한 경지의 재능을 스스로 발견하게 되면 여기에 영혼을 팔기 시작한다. 세상은 머지않아 앙팡테리블의 탄생을 보게 될 것이다.

경계해야 될 것은 너무 어린아이들에게 골 넣는 기쁨부터 배우게 하지 말아야 한다. 최근 TV 화면을 타고 방송되는 장면 중에는 채 유치원도 들어갈까 말까 한 아동들을 모아 축구팀을 구성하여 시합을 벌이는 프로그램이 눈에 띈다. 이들에게 멋진 골대부터 먼저 만들어주는 것은 자칫 바늘허리에 실을 꿰는 일이요, 기초공부 없이 수능시험을 치게 하는 것과 같다. 모방의 천재들에게 어른들이 '슛 골인'에만 열을 올려댄다면 정작 공놀이 자체에 재미를 즐기며 노는 일은 요원한 과제로 남는다. 따라서 아이들에게 있어 축구는 '공간을 만드는 놀이'가 우선되어야 한다. 뺏고 빼앗는 좁은 공간에서의 활로를 찾는 학습과 연구를 반복하게 도와주어야 한다. 골대를 향한 슛은 그 놀이의 마침표에 불과하다. 월드컵은 골 수로 승부를 결정하지만 골수는 공간을 창조한 선수들이 차지해가는 자기 몫에 불과한 숫자이다.

⚽ 드리블, 그 몽환 속 꽃길을 누벼라

흔히 액션영화나 드라마의 픽션적 상황 가운데 두드러진 것이 하나 발견된다. 주인공이 펼치는 일당백의 활극이다. 혼자서 다중의 폭력배들 속에서 그 하나둘을 도미노처럼 쓰러뜨리고 현장을 탈출하는 장면은 시청자나 관객이 느끼는 카타르시스적 쾌감을 떠나 인간의 비현실적 세계에 대한 동경의식이 무한 잠재해 있다. 반대로 생각하면 현실세계에 대한 반감의식을 동시에 자극하는 통쾌함 모두가 바로 우리의 축구 안에 살아 있다. 월드컵 최고의 골로 기록된 86 멕시코대회 마라도나의 골은 바로 그 액션영화의 주인공처럼 첩첩의 수비진을 모두 무찌르고 급기야는 골키퍼마저 제쳐가며 적군의 요새를 폭파해버렸다. 실제 전쟁이 그렇게 이뤄질 수 없음을 아는 세계인들의 욕망이 축구에 고스란히 용해되어 있으며, 그래서 흔히 축구를 전쟁에 비유하는 것이다.

그런 역량과 추진력을 갖추고 있느냐를 판단하는 기준 요소가 있다. 불과 한 개인의 선수가 실연해 보였던 그런 기본적 바탕의 힘을 이루고 있는 것이 바로 축구에 있어서의 드리블이다. 우아한 볼 키핑과 격조 높은 볼 컨트롤, 물처럼 부드럽게 흐르는 전진과 우회, 때론 바람처럼 강렬하게 도약했다 급선회의 방향 전환은 흡사 푸른 빙원에서의 피겨 플레잉을 연상시킨다. 볼을 드리블하며 적진의 숲속에서 무게중심을 잃지 않고 몸을 가누는 일은 결코 쉽지 않다. 그래서 양 날개의 부양이 선수의 이동 중심축과 함께 춤을 추어야 생명력을 유지하는 것이며, 그러한 드리블이야말로 새로운 장르의 댄싱예술로서 춤사위의 독특한 영역을 구축하고 있다. 지구상에서 구현되어왔던, 우리가 아는 그 어떤 미학적 가치 이외에 지금껏 미처 발견되지 못한 부문이다. 그래서 이제 제대로 평가해야 할 댄스 영역이자 무용극이다. 또한 드리블은 적군에 대항한 반사적 신경으로 그들이 움직이려는 방향을 미리 탐지해내거나 순간적으로 역방향으로 몸을 회전시켜 나아간다. 그리고 그들로부터 더 멀리 내달려 버리는 '어깃장의 몸놀림'은 축구만이 펼칠 수 있는 마술적 곡예를 창작한다. 그래서 세계는 축구를 독특하고 보편적 문화의 장르로 분류하고 구분 지으려는 경향이 있는 것이다.

공이 둥근 것은 움직이는 물체에 대한 동물의 원초적 호기심과 공격성을 유발하는 표적이 되기 때문이다. 여기에 간섭하려 드는 여러 경쟁자들 사이에서 공과 나와의 공간만을 만들어 적이 끼어들 여지를 허용하지 않는 것이 드리블의 핵심이며, 볼 터치와 키핑의 공간미학이 되는 것이다. 공은 나를 보며 나도 공과 시선을 주고받으며 진격한다. 꼭 직접적으로 시선을 주고받을 필요는 없다. 이미 감각에 의해 전신과 발놀림에 붙어 다닌다. 적은 나의 발놀림과 알 수 없는 공의 방향성에 교란되어 '꼬드김의 미학'에 놀아난다. 공을 잘 다루는 것은 적을 속이는 기술이다. 기만은 이런 곳에서 쳐야 공식적으로 대성할 수 있다. 적의 진지를 폭파해버리면서 세계에 이름을 날릴 선수가 되기에 앞서 기초적으로 갖추지 않으면 안될 필수 항목이다.

얼치기들은 드리블이 두렵다. 공을 잡으면 달려드는 적을 피하기 급급하여 볼을 빼앗기기 쉽다. 공의 안전과 나의 그것 사이에서 판단이 흐려져 패스조차 자신감을 잃게 한다. 피하려 하지 말고 적을 놀려주려는 마인드를 심어야 한다. 약이 오른 상대는 거칠 대로 거칠어져 제 정신을 잃고 자신의 팀워크를 무너뜨린다. 이것이 어릴 적부터 아이들에게서 체득되어야 한다. 세계 톱클럽 FC.바르셀로나가 우리의 백승호나 이승우를 그들 유스팀으로 데려간 것은 단순히 공격을 잘해서가 아니라 그러한 싹을 일찍이 알아본 결과였다. 축구는 정교함에 제일 거리가 먼 문화이면서도 그렇게 낯을 가리는 볼에 대한 터치술의 백미이다. 공간의 지배자만이 창조할 수 있는 루트 발견의 원동력인 것처럼 드리블은 그라운드와 같은 대서양을 횡단해 아메리카대륙이라는 엘도라도를 발견한 개척정신이 아닌가. 그 순간 느끼는 짜릿함과 쾌감이란 몽환 속 꽃길을 누비는 삼매경이며, 몰아의 경지에서 낯을 가리는 공과 나만의 교감력으로 적을 무찌를 신공이 되어 월드컵을 점령해가는 것이다.

월드컵 본선을 통한 매치기록을 살펴보더라도 우승 경력국 8개국과 후보 2개국 등 10걸의 발자취는 남미세와 유럽세의 특징을 잘 보여줄 뿐 아니라 개인기의 창조적 활동의 중요성을 강조해주고 있다. 월드컵 출범 이후 10 남아공대회까지 남미 3개국(브라질, 아르헨티나, 우루과이)의 승률(60%)은 유럽 7개국(이탈리아, 독일, 잉글랜드, 프랑스, 스페인, 네덜란드, 포르투갈)의 승률(55%)을 앞서고 있다.

그러나 10걸국 상호간 매치의 결과는 역전하여 유럽세가 남미세를 3% 차이로 다소 앞서고 있다. 이것은 남미세가 철저히 강자에 약하고 약자에 강했다는 결과로, 한국 등 아시아, 오세아니아 참가국 총 13개국 가운데 남미팀에 승리한 나라가 단 한 번도 없었다는 기록으로 증명되며, 또한 유럽의 조직력보다 남미의 개인기 앞에 약자들이 무력했음을 의미한다. 달리 표현하자면 조직력은 무너뜨리기 쉬우나 개인기는 쉽게 무너지지 않는다는 반증으로, 창조적인 사고의 출발이야말로 축구놀이를 하면서 저항력을 키우는 최고의 효율적 훈련이며 펠레, 마라도나, 메시를 낳은 원동력이다.

따라서 마치 밴드웨건 효과가 선동하듯 축구계 일반에서 흔히 유명인사가 한 말을 반복하기식 얘기는 이제 그만 할 때도 되었다. 대신 축구를 좀 했던 선배들은 후학들을 위해 한 말씀 더 했으면 한다. "공은 둥글더라. 그런데 확실하게 낯을 가리더라."라고.

월드컵 10걸 승률 및 상호매치 비교표

단위: 경기수

국 가	본선 총 성적				승율 (%)	10걸 상호 매치				승율 (%)
	승	무승	패	계		승	무승	패	계	
브라질	69	12	16	97	71	16	4	11	31	52
이태리	45	17	18	80	56	14	6	7	27	52
독 일	64	15	20	99	65	16	7	8	31	52
아르헨	40	9	21	70	57	10	5	14	29	34
잉글랜드	26	16	17	59	44	7	5	13	25	28
프랑스	27	7	20	54	50	8	2	11	21	38
스페인	29	9	18	56	52	5	6	9	20	25
우루과이	19	11	17	47	40	4	7	7	18	22
네덜란드	22	9	12	43	51	7	3	7	17	41
포르투갈	13	2	8	23	57	4	1	4	9	44
합 계	354	107	167	628	56	91	46	91	228	40

브라질: 본선 총전적의 승율은 승부 피라미드 최상부에서 약자들에 강했음을 보여줌.
이태리: 본선과 10걸간 매치 승율이 엇비슷하게 나타나 공격보다 전통의 수비 축구에 중점을 둔
　　　것이 원인으로 분석됨.
독　일: 강자와 약자에 대해 균형적이고 적정 승율의 전형을 보여줌.
아르헨: 브라질처럼 약자에 강한 면모를 보였으나 강자에게는 비교적 취약점을 드러냄.
잉글랜드 · 스페인 · 우루과이: 10걸간 경기에서 20%대의 낮은 승율을 보여 강자에 특히 약했던
　　　면모가 드러남.
프랑스: 본선 승율 50%인 반면 10걸간 매치에 낮은 승율을 나타냄.
네덜란드 · 포르투갈: 10걸 중위그룹의 20~30%대의 낮은 승율에 비해 상대적으로 높은 승율은
　　　본선 토너먼트 강자간 돌풍의 핵이 될 가능성을 비침.

양 대륙별 승률 및 상호매치 비교표

단위: 경기수

구 분	본선 총 매치				승율 (%)	10걸간 상호 매치				승율 (%)
	승	무	패	계		승	무	패	계	
남미 3국	122	32	54	214	60	30	16	32	78	38
유럽 7국	226	75	113	414	55	61	30	59	150	41

남미 : 개인기를 주무기로 한 팀 전력은 유럽세의 본선 승율을 능가하여 약자들의 조직력을 쉽게
　　　무너뜨린 반면 강자들의 팀웍을 와해시키는 데에는 다소 한계를 보임.
유럽 : 힘과 조직력의 팀 전력은 남미의 창조적 개인기술 대비 총매치 전적의 열위를 보였지만,
　　　기습과 집단공격으로 개인기의 남미에 대항하는데 유효할 수 있었음. 10걸간 근소한 차이가
　　　있으나 전체적으로 창조적인 개인기의 남미가 유럽세에 비하여 근소한 비교우위의 위치를
　　　점하고 있음.

안방에서 지켜본 월드컵

14

사랑받는 기상캐스터, 월드컵 앞으로

⚽ 카타르 월드컵 발목잡기–날씨

2022년 제22회 월드컵 개최권은 중동의 카타르가 쥐고 있다. 묘하게 연결된 개최 연도와 횟수의 숫자가 대륙별 순환 원칙의 취지에 행운처럼 더해져 처음으로 열사의 사막지대로 무대를 옮기게 되었다. 말이 사막지대지 수도 도하는 웬만한 선진국 수도를 뛰어넘는 교육, 문화, 레저 등 사회적 인프라가 상당 수준 정비되어 있다. 페르시아 만의 중심축에 위치한 교역의 심장부이기도 한 만큼 넘쳐나는 오일머니가 받쳐준 중동 경제의 핵심 거점으로 성장해 있다.

우리가 흔히 기억하는 '도하의 기적'은 단편적인 그라운드 안의 추억에 갇혀 있을 뿐이다. 그러나 카타르는 중동지역 손에 꼽히는 도하의 도시적인 면모를 지키며 작은 나라로서 1인당 GDP가 세계 톱을 자랑한다. 인구 170만 남짓의 국가적 결집과 불가능할 것 같은 좁은 지역에서의 인프라 구축 계획과 불리한 날씨환경 등을 극복하며, 이렇다 할 축구강국들을 물리치고 이룩해낸 2022년의 월드컵 유치는 그래서 더욱 특별하다.

제국주의 시대가 무르익어가던 1900년대 초, 중동 사막에서 우연히 발견된 기름 흔적에 몰려든 서구열강들의 전략자원화 정책은 사막 한가운데서 시커멓게 솟구쳐 오르는 황금덩이를 두고 그냥 보고만 있을 리 없었을 것이다. 사막 어디에든 파이프만 꽂으면 화수분의 용출과도 같이 쏟아져 흐르는 이 액화연료 에너지원의 쟁탈전에 이해국들은 광분의 전쟁을 불사하며 앞 다퉈 메이저급 회사들을 동원했다. 상당 부분은 그들 중동 조력자들과 결탁의 이익을 나누었고 축적되어가는 오일달러의 용처는 오늘에 이르러 세계인의 문화마당 월드컵에까지 파급되었다. 자본으로써 달러의 쓰임새가 지구촌 눈과 귀가 한 쪽으로 몰리는 신천지로 그 보폭을 한껏 넓혀 놓았다.

중동지역에서 과거 월드컵 본선 무대의 경험이 있는 사우디, 이란, 쿠웨이트, 이라크, UAE 등 쟁쟁한 강자들 뒤에서 카타르는 단 한 차례의 본선 진출의 역사도 없었다. 그러나 겉으로 보기에 쌓아놓은 오일머니만큼이나 돈으로 개최권을 따내다시피 한 것처럼 비춰졌지만, 거대한 세계의 대축제에 평화와 시설환경, 그리고 기후 극복에 대한 설득력 있는 현실적 방안 등이 승리의 비결이 되었다. 그런데 그중에 정작 돈으로는 풀리지 않는 난제가 하나 있어 카타르의 골머리를 앓게 하고 있다. 그들에겐 사실 아무 문제도 아닌, 바로 날씨문제였다. 중동의 날씨는 알다시피 사막지대 특유의 고온성 건조기후이다. 낮과 밤의 기온차가 심하여 한낮 최고 50℃

를 넘나드는 기온은 노천에서의 정상적인 스포츠 활동이 불가하여 대개 실내에서 이뤄진다. 그러다 보니 월드컵이 열리는 시기가 마침 6월 최고 기온의 날씨여서 월드컵 개최 자체를 위협하고 있다. 경기장 내 대형 에어컨 설치 등 적정 온도 유지를 그 대안으로 이미 내놓은 상태이지만, 개최권을 손에 쥔 카타르보다 오히려 피파의 고민이 이만저만 아닌 모양이다.

무엇이든 결정은 신중해야 하며 일단 결정되면 무슨 어려움이 있어도 돌파해야 국제적 파워그룹으로서 피파의 면이 설 일이지만, 아무리 좋게 보아준대도 40, 50℃의 살인적 날씨에 선수나 관중의 건강을 도외시한 카타르의 유치홍보 전략에 넘어간 측면이 없지 않아 보인다. 재정과 흥행 결과에 많은 평점을 부여한 피파 유치정책의 근간이 부른 허점은 독이 되어 되돌아왔다.

진정의 발로였는지 아니면 누가, 그 어느 경쟁국이 흔드는지 모르지만 폭염은 두피 건강에도 좋지 않으며 자외선이 모발의 뿌리를 파괴하는 등 탈모 악화를 가져와 선수들의 면역력 저하와 경기력마저 떨어뜨린다는 등의 정보가 떠돌았다. 이에 날개 단 외신을 타고 부쩍 증가한, 겨울 개최설 혹은 나가도 한참 나간 개최지 변경설 등 운운은 마치 02 한일대회 직전, 대회 변경설을 유포한 유럽 몇몇 나라들의 재방송을 보는 듯하다.

월드컵과 폭넓은 이해관계인들이 곳곳에서 험담가들처럼 뉴스를 제조해 내는 마당에 제 아무리 주체할 수 없을 만큼 넘쳐나는 달러로 대회 유치권을 접수했다 한들 날씨와 관계된 핸디캡은 두고두고 카타르와 피파를 괴롭힐 전망이다.

⚽ 월드컵 날씨, 준비된 캐스터가 있다

그런저런 소식에 묻어 좀 칙칙했던 월드컵 날씨 관련 이슈를 전하는 스
포츠뉴스 시간이 끝났다. 그러자 화면이 바뀌기가 무섭게 공교롭게도 날
씨라면 그녀 앞에서만큼은 조용히 침묵하는 것이 나을 것 같은 기상언어
의 마술사가 시선의 바통을 이어받는다. 톡톡 튀는 정갈하고 콤팩트한 연
기가 신선한 풋과일의 룩을 담아놓은 듯 월드컵과는 또 다른 볼거리의
하나가 되어 우리의 TV 안으로 성큼 다가온 것이다. 주인공은 화사한 여
신급 마스크를 뽐내며, 의 기상정보를 반짝 시간을 틈타 전하고는 곧
떠나야 할 사랑하는 연인의 안타까운 이별을 예고하듯 사뿐히 정규뉴스
의 피날레를 고한다. 보는 이의 아쉬운 시선은 고작 통한(?)의 1분 동안에
만 시청을 강요당할 뿐이다.

날씨와 탐미주의적 비주얼의 현수한 상관관계를 감성적 작위로 엮어, 보
는 이의 채널권을 박탈하려는 의도된 기획은 한국방송문화의 유별난 현
주소이다. 누구를 위해 무엇을 위해 창작된 방송정보인지 알 듯 말듯 명
확과 불명확의 경계를 무너뜨리며 얼마 전에는 걸그룹 멤버가 기상캐스
터로 발탁되었다. 그 이전 한 기상 방송인은 연예인으로의 화려한 성공적
변신을 보이며 연예계의 등용문으로서 이젠 기상예보 전문MC들이 방송
계의 스포트라이트를 받기까지 하였다. 기상캐스터를 응원하는 수 십개
의 팬카페가 활발한 영역을 구축하며 이제는 많은 예비지원자들에게 이
분야는 떠오르는 선망의 직업군이 되었다. 2009년 종편채널의 관련법 통
과에 따른 방송사의 증가로 자연히 관련 취업준비 교육업계는 지원자들
의 쇄도로 불황 중 호황을 누리며 기상방송인의 여성인력 수요에 화답하
고 있다.

한국 정서에서 외국의 기상예보 장면은 이채롭기만 하다.
〈본인의 노력과 원으로 기상캐스터가 된 캐나다 야당대표 출신 잭 레이튼 – 연합뉴스 제공〉

우리네 이런 사정에 비하면 동일한 안방의 화면으로 전달되는, 가령 미국 CNN이나 ABC 혹은 일본 NHK 등 유수한 해외 방송 채널의 일기예보는 그저 평평하거나 지극히 전문화되어 보이는 직업적 보도 수준이어서 상대적으로 초라해 보일 정도다. 캐스터들도 우리는 주로 여성들인 데 반해 그쪽은 남성이 출연하는 회수가 상대적으로 많아 보인다.

오늘날 기상정보의 중요성은 국가의 안보에서부터 시골 전통시장에 이르기까지 사회 각 부문에 파급되어 있다. 혹서기나 혹한기 눈비의 강우량에 따라 농부들뿐만 아니라 어부들의 해상조업에도 큰 영향을 미친다. 기업들도 생산계획의 차질이 불가피하고 영업부문도 날씨 마케팅을 통하여 세일을 단행해야 한다. 당연 소비자들의 구매 패턴도 날씨에 영향을 받지 않을 수 없다. 따라서 어느 분야보다 국민생활과 직결되는 만큼 그 중요성과 전문성이 강조되는 기상정보는 방송뉴스마다 늘 우리의 생활소식처럼 시시각각으로 전달되고 있으며, 갑작스런 기상 변동소식이 뉴스의 첫머리를 장식하기도 한다.

그런 국민편익에 기여하며 소중한 정보를 시청자에게 전달하는 기상캐스터들은 그 전문성에도 불구하고 많은 경우 흔히 말하는 비정규직이란다. 어쩌면, 그렇게 장래가 보장되지 못한 방송활동의 신분이 인근 연예계 등 다방면으로 비상하기 위한 차별화의 시도로부터 조성된 우리만의 환경인지도 모른다. 때만 되면 가끔씩 벌어지는 방송파업이란 상상할 수 없는 배부른 저편의 나라쯤 되는 얘기다.

최근에는 그녀들이 몸담고 일하는 방송국이 시청자를 볼모로 한 파업도 있었다. 2012년 연초에는 한국 방송 3사 초유의 파업사태가 현실화되는 듯했다. MBC의 파업에 이어 국민방송이라 일컫는 KBS도 파업에 동참하더니 YTN마저 파업에 동조하며, 방송사상 미증유의 사태에도 기상캐스터들은 예의 그들의 날씨정보와 함께 시청자를 찾았다.

98 프랑스 월드컵이 개최되기 직전 에어프랑스 항공사 조종사들이 근무조건 개선을 요구하며 파업을 강행했다. 대회조직위원회도 이 파업을 두고 하나의 오점으로 기록하긴 하였지만, 월드컵은 월드컵이고 파업은 파업이라고 분명히 선을 그은 프랑스인들의 의식구조에 묻혀 크게 공론화되지 못한 에피소드였다.

반면 02 한일대회 주최국 두 나라의 노동계가 대회조직위에 대한 전폭적 지원을 약속하는 동양적 시각처럼 세계적 잔치를 전 국민이 똘똘 뭉쳐서 성공적으로 치러왔던 우리로선 받아들이기 힘든 정서를 감안하면 은근히 월드컵과 방송파업이 겹쳐지는 상상이란 왠지 유쾌하지만은 않은 생각을 갖게 한다.

기우이겠지만 월드컵 시즌 중 방송파업이라도 일어난다면 그 피해는 애꿎은 국민, 특히 열혈축구팬들에게는 심각한 사태가 된다. 물론 방송계 인력을 풀로 활용하고 자체 비상방송체계를 정상적으로 가동한다면 큰 차질은 없을 것 같아 보이지만, 이참에 각 방송사들은 기상캐스터를 축구

전문 캐스터로 동시에 육성할 필요가 있지 않을까? 수백억의 국민 혈세를 써가며 월드컵 중계료를 지불해가는 방송사의 입장에서도 혹시 모를 근심거리를 하나 해결하는 셈치고 말이다. 현재 스포츠전문채널 리포터들이 종목별로 활약하고 있는 것은 또 다른 문제지만, 중요한 것은 기상정보의 전달 노하우에 대한 그 특출한 기량을 월드컵에서 발휘하도록 파견하는 일이다. 2022년의 하절기 날씨에 민감해 있는 축구팬들과 자국 기상조건에 골머리를 앓고 있는 카타르와 피파의 노심초사 옆에서 발 빠르고 기민하게 대응하는 한국방송의 저력을 보여주면 어떨까 한다. 이미 날짜가 정해져버린 경기 당일의 강풍이나 우천으로 인하여 각국 팀의 전략에도 큰 영향을 미칠 수 있는 점을 생각한다면 현지에서 직접 중계의 의미는 보다 생동감이 넘칠 것이리라. 막상 대회가 열리면 세계 각국이 상당 부분 기상정보에 비중을 둘 것이니 자연스러운 대처일 것이다. 잘만 하면 월드스타가 기상캐스터에서 탄생하고 우리의 탁월한 기상정보의 비주얼을 세계인에게 어필할 기회도 될지도 모른다. 독특한 장면이 포착되면 해외 유수 언론들이 월드컵 무대의 이 장면 하나하나를 놓칠 리 없는 노릇이다. 그들도 수백만 달러의 혈세를 퍼부은 마당에 말이다.

하여 길게 끌 것도 없이 가까운 월드컵 대회부터 시험적으로 기용한다면 성공적인 '기상대회'가 될 수 있는 카타르 월드컵의 사전 리허설 겸해서 요긴한 중계경력을 쌓는 것이다. 그래서 14 브라질대회에 파견한 기상캐스터 출신의 중계 멘트를 잠시 따라가 보았다.

⚽ 남미의 파고, 유럽의 대륙성 고기압

– 여러분 안녕하십니까?

– 드디어 2014년 브라질 월드컵이 막을 올렸는데요. 대회 개막에서 폐막식
   이 열리는 한 달 동안 대체로 맑겠으나, 전반적으로 안방인 남미세의 높
   은 파고가 예상됩니다.

– 특히 개최국 브라질과 아르헨티나, 그리고 우루과이 등은 강풍을 동반한
   천둥 번개를 몰고 다닐 것으로 보여 이 주변을 항해하는 본선 진출국들
   은 주의하셔야겠습니다.

– 그리고 대회 기간 내내 전방에는 안개가 끼는 조가 많겠으며 위로 올라
   갈수록 전 그라운드 해상에 바람이 점차 강하게 불겠고, 때에 따라 돌풍
   을 일으키는 경기가 속출할 것으로 월드컵 기상청은 내다보고 있습니다.

– 특히 중원을 중심으로 강한 기압골의 압박축구가 예상되오니, 주변을 항
   해하는 미드필더들이나 조업을 준비 중인 골게터들은 이 점 각별히 유의
   하시기 바랍니다.

– 다음은 우리나라가 속한 H조의 기상도를 말씀드리겠습니다.

– H조는 벨기에, 러시아, 알제리가 우리와 함께 조 1, 2위를 다투겠는데요. 벌
   써부터 한국의 태권축구 주의경보가 내려진 가운데 유럽의 두 나라가 포함
   됨으로써 일단 우리나라는 찬 대륙성 고기압의 가장자리에 들겠습니다.

– 톱시드 배정국 벨기에와 넓은 영토만큼이나 변덕스런 날씨의 러시아가
   후순위 랭킹의 두 나라와 전력상의 온도 차를 보일 것으로 예측되나, 시
   간이 갈수록 찬 기온은 점차 누그러지겠고, 우리 한국의 선전으로 3파전
   의 불안정한 대기권이 형성될 것으로 보입니다.

- 아울러서 4개국의 동일 원정지의 열대성 기압골로 인하여 유럽의 대륙성 한파의 기세는 한풀 꺾일 것으로 전망됩니다.

- 이에 따라 1차전까지는 시야를 가리는 구름이 잔뜩 끼겠고 첫 라운드 2차전 이후에는 구름이 서서히 걷히며 평년 기온을 회복하겠습니다.

- 다만 신흥국 알제리의 해상 파고는 그리 높지 않을 것으로 보이지만, 세 나라와 일전을 벌일 전 해상에서 대회가 가까울수록 안개주의보가 발효될 것으로 보입니다.

- 따라서 우리나라는 유럽의 힘차고 산발적인 강풍에 대비하고 팀워크 관리와 실점 예방에 신경을 써주셔야 하겠고, 가시거리에 있지 않은 알제리를 맞아서는 오전 들어 돌풍피해를 입지 않도록 만전을 기하고 오후부터 공세를 강화해야겠습니다.

- 예상되는 득실점 양은 벨기에가 5~6, 한국과 러시아가 4~5, 알제리가 2 내지 3 정도로 관측되어 결국 H조는 한국과 러시아가 2라운드 진입을 위한 대결장이 펼쳐질 전망입니다.

- 이상 월드컵축구 오늘의 기상도를 말씀드렸습니다.

이렇게 대회기간 시시각각으로 전달해주는 월드컵 기상도는 그 열기를 높여주듯 엘리뇨 현상을 몰고 오는 참가국들의 각축장을 달굴 것이다. 언젠가 실현될지 모를 그 주인공 우먼들의 활약에 오늘도 한국적 기상문화의 낮과 밤은 유혹자처럼 뜨겁다.

4강이 사랑이냐, 사랑이 4강이냐

> 4강은 아무나 하나 낙엽따라 가버린 4강
> 4강은 연필로 쓰세요~ 4강이 술을 가르쳐~

> 4강밖엔 난 몰라~ 4강,4강 누가 말했나,
> 4강은 창밖에 빗물 같아요~ 4강 안해~

⚽ 가요는 사랑으로 세상을 비추어

예부터 국민 일반의 마음속엔 절규하고픈 마그마 같은 분출덩이가 있다. 삶의 애환에 깃든 그 절곡의 한(恨) 서림은 우리의 토착문화에 기대어 어떤 그리움으로 젖어 있다. 주로 규방문화에 갇혀 이를 제대로 표현하지 못하고 살아왔던 구시대적 관습 탓이었다. 그런 연유로 유독 정이 많았고 정서적으로 애절함이 삶에 짙게 녹아 있는 생활풍토에서 이를 순화시킬 공간이 일반 대중에게는 절실했다. 이에 화답하듯 귀로만 들어왔던 정겨운 노래들이 80년대 후반 급팽창하기 시작한 노래방 문화에 흡수되면서 외견 메말라 보이기 십상인 한국인의 정서를 끌어안았다. 직접 마이크를 들고 그 절절한 가사와 리드미컬한 운율에 맞춰 너나 나나 가수처럼 흥을 돋웠다. 구수하고 맛깔스런 묘미의 리듬은 향취마저 풍겨 좋았다. 박자와 리듬을 따라 흔들어보는 몸동작은 '묻지 마 스타일'을 창안하기까지 했다. 그 덕에 성인 일반의 놀이문화로 확고한 영역을 지배한 건 당연한 귀착이었다.

다소 시대와 장르의 구분이 필요하겠지만 통상 '트로트가요'라고 불리는 전통가요의 내용은 대개가 이성에 대한 연정과 관련된 애상조(哀想調)의 곡들이 많았다. 여기에 새로운 삶을 위해 고향을 등진 타향살이 인생들의 지친 삶을 잠시나마 잊게 해준 망향가(望鄕歌)풍의 노래들이 실향민들의 마음을 어루만졌고, 헤어진 부모형제 등 피붙이에 대한 사무침의 곡들이 그 주류를 이루며 위안의 안식처 역할을 하였다.

가사의 내용을 보아도 이별, 비, 정, 안개, 편지, 항구, 정거장, 고향, 마음, 약속, 슬픔 등 전반적인 정서는 일부에서의 비판적 시각과 지적에도 불구하고 동시대의 아픔을 그대로 반영하고 있다는 측면에서 국민 저변에 가장 밀도 있는 언어로 해방 이후 가요 장르의 주요 테마를 이루어왔다.

무수한 스타들이 명멸하며 쏟아놓았던 가요언어들은 월드컵 스타들이 그랬듯 화려한 골만큼이나 다양하게 빛을 뿌렸다. 그중엔 시대의 유산이 남겨놓은 우리 언어문화의 이면에서 가장 소중히 다루어야 할 단어 하나가 서자처럼 거리를 두고 머뭇거렸다. 그것은 가요 제목이나 가사 내용 가운데 가장 빈도수가 많은 단어이기도 했다. 사람과의 관계에서 가깝든 아니면 가장 멀리에 있는 그 누구든 사람 사이에서 애틋하게 피어나고 끈끈하게 맺어주는 마음속 무지개처럼 가요곡조마다 따라붙었다. 초창기 가요부터 잡초처럼 끈질긴 생명력을 유지하며 우리의 삶에 가장 밀접한 연관 언어로서의 위상은 이제 일반 대중에 대한 한국적 정서의 대변적 위치에 올라 있다. 대중가요의 작사자들이 각별히 엄선하여 창작의 오선지 위에 새겨 넣는, 빼놓을 수 없이 정감어린 순 우리말, 바로 '사랑'이다.

하지만 일면 사랑은 한국인에게 있어 그 표현의 익숙하지 않은 일상적 느낌이나 애정 표현에 관한 어색한 분위기의 생경함 때문에 온전히 세상 밖을 비추기엔 수줍음이 남아 있다. 특히 중·장년층 이상의 나이든 세대에게서 이런 말을 직접 듣기란 참으로 난해한 일이다. 평상시 길들여지지 않은 언어로서 외부에 떳떳하게 노출하는 자체가 금기시되었고, 가급적 숨기려 했던 어제의 그늘이기도 하다.

세월에 묻혀 가버린 구시대 대중의 한은 더 이상 속마음에만 안주하지 않아도 되는 시대를 열어주었다. 그 대신 이 시대 대중가요 속의 사랑이란 단어는 역설적이게도 제목 혹은 가사로도 가장 많은 주제어로 부르고 불리고 있는 것이다. 노래의 가사처럼 사랑이라는 그 본질을 규명하기 어려운 심리적 현상은 생애 누구나 한 번쯤은 우연의 시간과 함께 맞이한다. 가요 속에서 듣고 함께 따라 불렀던 고도의 관념적이고 불가사의한 핑크빛 세상 말이다.

⚽ 사랑은 4강이고, 4강은 사랑이다

어느 날 그렇게 사랑이 찾아왔다. 어릴 적 부푼 꿈에서 고이 간직했던 정념의 나래를 타고 누군가가 행복의 수레를 밀며 다가왔다. 첫사랑이었다. 바람처럼 구름처럼 어디로부터 왔는지 모를 기적 같은 감흥은 나만이 간직하고픈 가슴 한복판 빈 언저리에 꽃처럼 만개하였다. 사랑은 바로 이럴 때일수록 머무름에 인색하다. 달콤한 시간만 아깝게 갈아먹으며, 제 갈 길을 재촉하곤 어디론지 훌쩍 떠나갔다. 그런 뒤 사랑과 마주했을 때와 그것이 떠났을 때와는 가늠조차 할 수 없이 더 큰 아쉬움이 찾아왔다. 때론 아픔으로 남아있기에 모두들 잊으라고 위로하지만, 행복했던 기억만큼은 그 모든 흔적을 지울 수 없는 애잔함으로 오랫동안 추억의 갈피에 아롱져 있다. 그래서 다시 찾아올 것 같은 새로운 사랑은 설렘과 두근거림을 머금은 채 그날을 기다리게 한다.

스페인을 물리치고 사랑(4강)을 차지한 순간의 열정과 환희. 멀리 이순신 장군이 이를 지켜보고 있다.
〈02 한일대회 4강이 확정되는 순간 – 동아일보 제공〉

한국축구에게도 4강이 찾아왔다. 똑같은 초연이었다. 학창시절 푸른 그라운드가 펼쳐진 월드컵 본선무대에서의 영광과 그 환영이 현실화되는 날들은 멀고멀었다. 끝없이 정상을 향한 열정은 모두가 쟁취한 4강이란 승리의 수레를 견인하며 이 땅에 밀려왔다. 2002년의 기적은 승리와 더불어 온 국민의 가슴 깊이에 무지갯빛 환희와 감동으로 피어나 한순간의 행복을 남기고 역시 사랑처럼 떠나갈 태세였고, 붉은 악마들이 그 전위에서 잔영의 그림자를 붙잡으며 아쉬움에 눈물 흘렸다. 언제나 곁에 잡아두고 싶었던 그 찬란했던 기억을 보내고, 우리는 다시 오라고 큰 함성을 질러댔다. 메아리 친 그 소리는 다시 4년마다 열리는 월드컵이면 돌아와 우리를 설렘의 기억 속에 빠지게 했다.

사랑이 4강처럼 느껴지는 이면은 단순히 비슷하게 헷갈리는 어감상의 유사점에서만은 아니었다. 그렇듯 우연히 왔다가 활활 태우고, 또 거기에 영원히 머물 수 없어 떠나가 버리고 마는, 그리고 그 후엔 반드시 어떤 미련과 아쉬움에 몸부림치듯 그리움을 동반했기 때문이다. 4강을 했기에 행복했고 행복했기에 잊을 수 없던 4강에 대한 미련은 의미상으로도 '4강이 사랑'이고 '사랑이 4강'이었다.

그 사랑을 제일의 언어적 가치로 승화시켜 노래한 우리 가요의 타이틀 제목이 월드컵 4강의 모습과 너무도 흡사한 이야기들을 그라운드 위에 수놓았다.

⚽ 4강을 위한 의지와 좌절, 그리고 저주

〈사랑 하나〉

10 남아공대회 본선을 앞두고 대표팀 평가전을 망치고 있던 일본 감독 오카다(岡田)는 하도 언론에서 흠을 잡고 태클을 거는 통에 이의 선제적 차단을 위해 4강 타령을 밀어붙였다. 주변의 비아냥을 무릅쓰고 줄창 '4강밖엔 난 몰라' 하며 가수 S의 히트곡을 애창했고, 목표는 '4강일뿐야'라는 말만 되풀이했다. 그러자 평가전 당시 일본에 패배와 졸전을 안겼던

여러 나라들이 합창으로 '4강은 아무나 하나'라고 충고성 노래를 들려줘도 그의 '4강에 대한 의지'는 단호했다. 흐트러짐 없이 용트림만으로 일관하는 그만 보면 세계축구계가 '4강에 푹 빠졌나 봐'라며 비웃음을 해댔지만, 이웃 나라 한국이 이룩한 것처럼 속내는 '4강을 한번 해보고 싶어요.'였을 것이다. 그러니 대표팀 감독에게 '4강 한다고 말해줘요'라고 주문했을 일본인들의 혼네[本音]가 진즉에 숨어 있던 것이다.

우연이었는지 아니면 이를 눈치 챘던지 당시 대한해협을 직접 건넌 가수 T는 일본 활동을 통하여 그의 노래 중 '4강은 장난이 아니야'를 불러 다시 한 번 은근히 일본의 객기를 경계했다. 결과적으로 '철없던 4강'이 되긴 했지만, 오카다는 1라운드 2승 1패라는 호성적을 거두었다. 16강 진출 후에는 승부차기로 탈락, '4강의 불시착'을 못내 아쉬워했다. 목표와 의지가 강하면 근접효과는 나타나게 마련이다. 이후 방향을 바꾼 해당 가수는 '4강은 돈보다 좋다'라며 이를 예찬하는 신곡을 발표했고, '4강은 돈보다 좋지만 아무나 하는 장난이 아닌 것'이 되었다.

〈사랑 둘〉

역시 같은 대회 최고의 명승부로 불렸던 화제의 8강전 우루과이 VS 가나의 경기는 악동 수아레스Alberto Suarez가 만들어낸 가요제였다. 1:1의 팽팽했던 승부가 연장후반 종료 직전 수아레스의 고의 핸들링 반칙으로 '4강의 미로'가 만들어졌다. 동시에 그의 퇴장과 함께 얻은 가나의 PK는 '4강이 메아리 칠 때'가 가까워진 순간이기도 하였다. 90 이탈리아대회의 카메룬과 02 한일대회의 세네갈은 공교롭게도 각기 지난 대회 우승국 아르헨티나와 프랑스를 개막전부터 격퇴시키며 검은 대륙 최초의 '4강을 위하여' 불꽃 전선을 넘어섰지만, 월드컵 축구는 문명의 후미에 있는 아프리카에게까지 그 멤버로 끼워주지 않았다.

그런 역대 월드컵의 '못다 이룬 4강'에 대한 회한에 더해져 가나는 문턱에서 좌절했던 쓰라린 '4강의 역사'를 처음 쓸 기회를 잡은 것이다. 아쉬움이 컸던 만큼 이제 가나의 마지막 일격은 '무너진 4강탑'을 재건할 찰나였으나 축구팬들의 기대와 환호성은 그만 PK 실축 순간으로 끝나버렸다. 허무하게 '낙엽 따라 가버린 4강'은 수아레스의 눈물을 닦아주었고, 희비의 쌍곡선을 그리며 키커였던 가나의 스트라이커 기안Asamoah Gyan은 '4강은 창밖에 빗물 같아요'를 눈물로 쏟아내며 만인의 위안을 산다.

이루어질듯 다 잡았다 놓친 '4강의 슬픔'이야 '다시 4강할 수 있다면'을 부르며 와신상담할 일이지만, 가수 J가 노래하듯 '4강은 연필로 쓰세요'라는 가요를 귀담아 듣고 본선에 나서야 하는 것이 아닌지 4강을 노리는 출전국 모두는 경계할 일이었다.

〈사랑 셋〉

상대와 이기고 지는 문제가 상충하며 이런저런 이해관계가 얽히는 월드컵은 저주의 지뢰밭이기도 하다. 익히 알려진 바대로 4강과 관련해 빼놓을 수 없는 저주가 한 시대의 신드롬을 만들었다. 월드컵 출범 첫 대회 차기인 34 이탈리아대회부터 70 멕시코대회에 이르기까지 지난 대회 4강을 차지한 나라 중 한두 나라가 예선 탈락국이 되어 연속 여덟 차례나 '4강의 썰물'처럼 쏙 빠져버렸다. 이후 82 스페인대회를 제외하고 소강국면에 있던 4강의 저주는 90 이탈리아대회부터 06 독일대회까지 20년간 연속 5회에 걸쳐 반복되었다. 해당국 팬들에게 '4강이 술을 가르쳐준' 기이한 현상 때문에 예선탈락과 '4강의 진실'에 어떤 연관성이 있는지를 찾아 헤매던 중 차기 주최국과 탈락국과의 역사적 전쟁사가 눈에 들어왔다.

90 주최국 이탈리아는 86 대회 4강 프랑스의 입성에 거두절미하고 바리케이드를 쳐버렸다. 16세기 이탈리아 반도의 맹주를 놓고 프랑스가 이

탈리아에서 전란을 벌인 것이나 프랑스 혁명기 나폴레옹의 이탈리아 침공에 이어 90 월드컵 로마 입성은 같은 맥락의 원정길이었다. 프랑스라면 진저리가 날만도 한 이탈리아가 '4강이란 두 글자'를 지워버릴 것을 선언, 프랑스에겐 '끝 4강'이 되고 말았다.

보스턴 차(茶)사건으로 촉발된 미국 독립전쟁의 당사국으로서 94 대회 주최국 미국은 90 대회 4강국 잉글랜드가 꺼림칙했다. 2백 년이 넘도록 아직 독립전쟁의 기억이 단절되지 않음이 우려되었다. 만의 하나 잉글랜드가 미국에 와서 4강 이상 모종의 사건을 일으킨다면 역사적인 독립전쟁의 승리는 빛이 바랠 것이 틀림없었다. 설상가상 50 브라질대회 1라운드 종주국 잉글랜드가 미국에 0-1로 패하는 이변이 있었던 당시 세계 축구계를 놀라게 하였다. 44년을 벼르고 있을 악연의 상대도 부담스러웠겠지만, 무엇보다 객관적인 전력상 열세인 미국이 잉글랜드와 재격돌이라도 하게 되어 승부를 그르친다면 슈퍼파워의 체면 구길 일은 피할 수 없는 문제였다. 그러니 '4강은 이제 그만'하라는 핑계를 대곤 역시 문을 꼭꼭 걸어 잠가버렸다.

힘겨운 이웃의 적을 제압하기 위하여선 먼 나라와 손을 잡을 필요가 있다. 17세기 초 유럽에서 팽창하던 스페인의 패권에 대항해 프랑스는 북유럽의 스웨덴과 동맹을 맺어 이에 맞선 적이 있다. 전쟁의 동맹국이었던 우호의 화합은 3세기를 넘어 '첫 4강'으로 꽃을 피웠다. 58년 스웨덴대회는 프랑스에게 있어 월드컵 주창국으로서 누린 '첫 4강의 화원'이었다. 그러나 전쟁을 위한 화합의 결과가 독이 되었을까. 공교롭게도 스웨덴과 프랑스가 차기 62 칠레대회에 동시에 진출이 좌절된 것이다. 4강 고지가 영욕을 교차시키는 대회가 되어버렸다. 스웨덴은 이후 94 미국대회에서 36년 만에 4강을 달성했지만, 98년 주최국은 프랑스로 정해져 있었다. 조금은 고민스러웠겠지만 과거 동맹을 떠나 받은 빚이 있으니 되돌려줘야 하는 것은 당연했을 것이다.

98 프랑스대회 한국에 '5 대 0' 수모의 패배를 안긴 네덜란드는 02 한일대회에 자국 감독 히딩크를 화의의 뜻으로 한국에 보냈다. '4강 한번 못해 본 사람은' 이런 심정 알 수 없을 것이라고도 했다. 대신 한국의 4강을 기원하는 뜻에서 히딩크를 통해 '4강의 모닥불'을 피우기로 하고, 네덜란드는 '짐이 된 4강'을 스스로 내려놓게 된다.

독일 속담에 "터키가 지나간 자리는 어떤 풀도 자라지 않는다."는 말이 있다. 그만큼 중세 이전 중앙아시아를 호령했던 투르크족이 동로마제국을 멸망시키며 유럽을 휩쓸고 다닐 무렵엔 이들의 말발굽소리에 유럽 대평원의 들풀들이 온전히 남아날 리 없었다. 06 월드컵을 주최해놓고 푸른 그라운드의 잔디를 관리해야 하는 입장에서 02 한일대회 4강 터키의 입성이 달갑지 만은 않았을 독일이었다. 당연히 터키의 '4강은 눈물의 씨앗'이라며 그 씨앗으로는 운동장 풀도 안 자란다면서 터키의 진로를 차단해버렸다.

그렇듯 90 이탈리아대회부터 06 독일대회까지의 4강의 저주는 오히려 '개최국의 저주'였다.

⚽ 4강을 위한 사랑의 노래를

2002년 한국의 4강이 던져준 정서적 이데올로기는 행인지 불행인지 '사랑'이다. 행이었다면 그 황홀한 순간의 색채와 함께했던 잊지 못할 '찬란한 4강'이었고, 불행이었다면-굳이 불행까지 갖다 붙일 일은 못되더라도-한동안 가슴앓이의 후유증에서 헤어나지 못하고 잠시 우리의 자리를 잃었던 '4강의 굴레'였다고나 해야 할까보다. '4강은 향기를 남기고' 떠나버렸건만

'보이지 않는 4강'에 대한 집착은 그때 이후 새록새록 되살아났다. 방황의 시간이 이어질수록 우리 가요계도 목청 높여 4강과 관련된 노래들을 이 구동성 쏟아내며 전국의 노래방마다 울려 퍼졌다.

사랑(4강)을 떠내 보내야 하는 아픔에 울먹이는 여성응원단.
〈02 한일대회 터키전이 끝나고 – 연합뉴스 제공〉

'4강은 차가운 유혹'과 같아서 나중에 빠지게 되면 아픈 상처를 낳지만 '아프니까 4강이죠'라거나 '4강이라 쓰고 아픔이라 부른다'고 하는 데야 '4강은 다 그런 거래요'라고 당연한 일로 받아들이자는 4강문화의 분위기는 '모두가 4강이예요'라 할밖에 재간이 없다.

급기야는 도대체 '4강이 뭐길래' '그 아픔까지 4강한 거야'라며 한국은 하루빨리 4강을 잊어야 한다는 조언마저 세계 축구계에서 들려왔다. 이렇게 한국의 4강 이야기가 해외에서조차 회자되는 걸 보면 우리 사회에 '4강'이란 말은 너무 너무 흔해'진 이유도 있겠지만 무엇보다 4강 근처에도 못 가본 경쟁국들에겐 배부른 타령이었는지 모르겠다. 그들 입장에서 도대체 '4강 4강 누가 말했나'라고 따지고 들 만큼 유난을 떠는 것처럼 비춰졌다한들 우리가 이룩한 것이 무슨 '몰래 한 4강'도 아닌 바에야 그렇게까지 나올 이유는 없는 것 아닌가. 단지 위화감 조성하듯 국제무대에서 4강은 맡아놓은 당상처럼 야단법석을 떠는 현상은 꼭 바람직한 일만은 아닐 것이다. 그래서 가수 B가 종지부를 찍자며 부른 것이 '4강 안 해'였는지는 알 수 없는 일일 것 같다. 하지만 월드컵에 출전하면서 그렇게까지 이제 '4강하지 않을 거야'라거나 '4강만은 않겠어요'라고 할 수도 없는 노릇이다.

여기에 진정한 종결자는 따로 있었다. 대한축구협회는 2013년 새 회장을 맞으며 한국축구의 비전 선포식을 열었다. 향후 세계 10강 진입을 우선 목표로 잡고 프로젝트 가동에 들어간다는 내용이 포함되었다. 우리가 '정말로 4강 한다면' 지금부터 할 수 있는 일부터 하나하나 정비해 다시 시작하는 4강의 길을 택한 것이다. 축구의 영광이 한번 4강 했다 해서 자동적으로 되찾게 되는 것이 아님을 정확히 재확인하는 결의였다. 그냥 '4강은 받는 것이 아니라면서'.

월드컵에서 만난 4강은 이 땅에서 노래한 사랑과 그렇게 어울림의 노래를 통해 서로 조우하였다. 지난 1세기에 가까운 동안 한국 가요사를 거쳐 간 사랑에 관한 노래들은 일반 국민의 열창에 힘입어 88 올림픽과 02 월드컵이 모두 4강을 차지한 결과였다면 좀 과장일까.

다시 월드컵 시즌이 돌아왔다. 그런 의미도 있고 하니 한국의 본선 건승을 위하여서라도 '4강 가요제'나 한번 열렸으면 어떨까 싶다. 이왕이면 가사 중 '사랑'을 '4강'으로 바꿔 부른다면 다홍치마일 것이다.

현대 축구는 못된 브래지어다

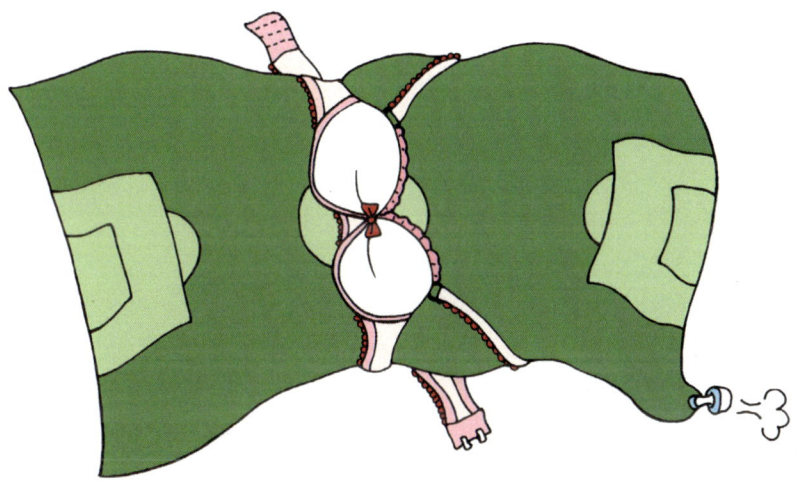

⚽ 흉부 압박, 천에서 와이어브라까지

브래지어가 여성미의 중심축으로 자리해온 지난 100년의 진화과정은 관련 연구가와 기업들에 의한 오랜 실험의 결과였다. 여기에다 상업화가 가져온 현대여성이 지녀야 할 필수품의 발전과정이지만, 그 원형에 있어서는 이미 기원전부터의 일이다.

여성의 가슴 정면 중앙부의 성적 상징을 놓고 당시엔 이를 잘 드러낼 수 있도록 고안되었던 보조형태들이 시대의 가치변화를 겪으며 반대로 이를 적당히 가리거나 받쳐주는 형태로 진화했다. 그 외에도 지나치게 커 보이는 부위는 작게, 작은 것은 반대로 크게 보이기 위한 것까지 고려해 지금껏 다양한 형태물의 변화를 추구한 고심의 진화 과정은 기나긴 여정 그 자체였다.

15~16세기를 절정으로 '코르셋'이라는 대용품이 유행되어 종교적 권위주의에 눌려 있던 여성들에게 신체의 전체적인 균형미와 깊게 파인 가느다란 허리 라인을 살리도록 주문한 풍조는 감추고 조였던 획일적 여성미의 강요에 못 이겨 허리와 배를 압박하는 형태로 지속되었다. 그러나 이 역시 여성의 건강과 존엄을 간과한 불완전한 보형물이라는 자성과 비판을 면치 못하였다. 17세기 이후의 지나친 외형미의 추구 역시 복잡하고 시간 소요가 많은 번거로운 형태의 틀을 벗어나지 못해 불편함은 계속되었다.

1900년대에 들어서 현대적 개념의 브래지어가 개발되어 숨 막히는 속옷의 번거로움으로부터 여성 신체의 해방구 역할자로 나섰지만, 미적 감각과 건강한 몸매를 동시에 만족시켜야 할 이중적 욕구는 멈출 수 없었다.

제2차 세계대전과 더불어 여성의 사회진출이 본격화되고 실용성이 강조된 다양한 형태물이 선보이더니, 1950년대 들어 '와이어'라는 소재를 브래지어에 넣어 완벽한 컵 모양을 유지하려던 고뇌의 신상품이 출현해 뭇 여성들의 눈길을 사로잡았다.

특히 사회생활을 영위하는 현대여성에게 있어 처참히 무너진 축구경기의 수비라인처럼 흘러내려버린 가슴라인의 노출은 월드컵 참패와는 또 다른 차원이었다. 이는 그야말로 여성 개개인이 지닌 외형미와 정신적 자존의 문제였으므로 그 고충의 기저에서 탄생한 과학적 산물이기도 하였다.

이래서 봉긋한 가슴 선을 원하는 세태의 욕망에 실려 좀 더 발전된 20세기 여성 속옷의 구원자 '와이어브라'는 월드컵 스타처럼 혜성처럼 등장하게 된다. 그러나 오랜 기간 꾸준히 란제리 제품의 대표 소품처럼 자리매김하였지만, 때로는 심술부리듯 와이어 금속 부품이 가녀린 여성의 가슴을 콕콕 찔러대는 통에 절묘한 라인선의 예술은 아픔을 동반한 미완의 성공작이 되어버렸다. 게다가 브래지어 자체가 건강상 유해할 뿐 아니라 패드 등 2차 보형물을 써서 압박강도를 높인다면 건강에 악영향은 물론 나아가 여성의 자연적 볼륨감을 오히려 떨어지게 할 수 있다고까지 전문가들은 조언하고 있는 현실은 여성들에겐 이중의 아픔 그 자체였다.

그런 현실을 비웃듯 자라나는 예비여성인 우리의 어린 학생들조차 대부분이 와이어브라를 착용하고 있어 흉부 압박 등에 따른 혈액순환 장애 등 성장기 아이들의 건강에 이상을 초래한다는 의학적 견해가 정설인 것을 고려한다면 브래지어가 낳은 여성 사회학적 측면의 갈등도 그렇고 일부 여성주의자들의 이 소품에 대한 반감 표출은 한편 수긍할 대목이기도 하다.

그럼에도 불구하고 가슴을 예쁘게 모아주는 와이어브라를 많은 여성들이 포기할 수 없다는 여론조사결과는 여전히 유효하다. 그만큼 21세기 문명사회를 살아가는 여성들에게 있어 앙가슴의 절묘한 비주얼과 풍성함을 통한 성적 매력의 욕망이 얼마나 강렬한 것인지를 대변해준다. 따라서 이런 애착이 끝없는 브래지어의 변천과정 속에서 반추되고 있는 것이 현실임을 생각한다면 반론의 여지는 설 자리를 잃은 것이다.

결국 기원전부터 천으로 가슴을 칭칭 감아대던 형식에서부터 지금의 다양한 형태물로 진화를 거듭하고 있는 브래지어의 역사란 코르셋이나 그 이전 유사 란제리물을 포함하여 전체적으로 여성에게 있어 불행히도 '흉부 압박'의 역사였다고 볼 것이다.

⚽ 월드컵 축구와 브래지어, 그리고 프랑스

'압박과 자유'라는 이율배반의 동시목적이 여성의 가슴 위에서 풀기 어려운 공존의 모색을 거듭하는 가운데, 전혀 연결고리가 없어 보이는 월드컵 축구도 그 전술의 역사가 브래지어와 함께 괘를 같이해왔다는 주장을 하면 좀 과장일까. 남성적이고 전투적인 문화적 특성물이라 볼 수 있는 축구가 여성미의 상징인 브래지어에 던지는 좀 짓궂은 추파 정도로 봐주기엔 동질적 궤적이 선명하다.

우선 흥미부터 끄는 건 월드컵을 주창한 주도국이자 당시 피파 회장국도 프랑스였는데, 오늘날의 독립된 브래지어를 만들어 유럽에 확산시킨 도시도 바로 파리였다. 1930년대 축구의 대제전 월드컵 탄생의 깃발과 동시에 브래지어의 본격적 세계화가 한 국가를 중심으로 테이프 커팅 되면서 축구와 브래지어는 여러 가지 형태의 변형된 모습을 선보이며 각자의 길을 걷는 듯이 보였다. 서로에 대한 존재 의식도 없이 월드컵의 컵 개념에 따라붙듯 브래지어의 '컵 사이즈'라는 이름도 이 시기에 명명되면서 1970년대까지 각자는 전통의 여성미 추구와 공격 편향적 플레이의 전술이 대세적 지향점이었다.

74 뮌헨대회 들어 월드컵은 네덜란드의 토털축구, 즉 협공협수(協攻協守)전술로 세계축구에 일대 격변을 일으켰다. 남녀평등 의식과 여성해방의 기치로 무장한 젊디젊은 히피족의 자유분방함이 이 시대와 어울려 젊은 여성들로 하여금 노브라 선풍의 반속옷 혁명을 주도한 대변혁을 불러왔다.

다소 개념의 차이는 있어도 '전원공격, 전원수비'라는 상대에 대한 압박 강도를 높이려는 양상에서 본다면 네덜란드의 토털축구도 넓은 의미에서 압박축구의 일종이었다고 볼 수 있다. 따라서 어쩌면 프레싱의 굴레에서 헤어나지 못하는 브래지어의 원조 영역에 '노브라'를 그토록 외쳐대는 여성의 아픔을 이해하고자 토털축구가 함께 동참해보려고 작정한 출발점은 아니었을까 하는 의구심을 가져보면 사뭇 그럴싸한 해석이 아닐까 싶다. 같은 시대 국내에도 U자형 와이어가 개발 보급되어 라인감의 미학적 욕구에 폭발적 수요를 흡수해가며 일부 노브라의 유행이 여성미에 대한 가치관의 획일성 탈피를 가져왔다.

1980년대에 들어서자 브래지어의 트렌드는 복고풍과 누드풍이 혼재한 복잡한 스타일로 변환되어 82 스페인대회 이탈리아의 수비축구와 86 멕시코대회 아르헨티나의 개인기축구가 월드컵을 석권하던 시기와 어울렸다. 파울로 로시나 마라도나 같은 불세출의 영웅을 탄생시켰듯, 이번엔 종전의 와이어브라의 철사 소재 대신 형상기억합금이라는 첨단 소재가 나타나 소재 특유의 복원력으로 상시 완벽한 가슴선을 유지시키며 란제리 업계 스타의 반열에 올라섰다.

⚽ 현대축구, 브래지어를 착용하다

그렇게 한 나라 한 도시로부터 파생되어 서로 멀고먼 각자의 역정에서 시나브로 형태의 특성을 좁히던 양측이 특유의 압박 기능을 통해 상호 동질의 정체성을 제대로 확인한 것은 90 이탈리아대회부터였다. 더 정확히 표현하자면 옥죄임의 본질 영역에서 변하지 않고 자리를 지키고 있던 브래지어의 정태적 현상에 현대축구가 어느 날 그 동질성을 느끼며 다가와 버린 형태가 되었다고나 할까. 알려진 내용처럼 중원을 옥죔으로써 공수 겹장의 전술을 취하는 축구가 오늘날 성행하는 압박축구다. 오늘날 축구의 주요 전술로 인정받게 된 3-5-2나 4-4-2 포메이션 시스템을 주최국 이탈리아가 본격적으로 들고 나온 것이다. 압박축구의 창시자로 알려진 대표팀 사령탑 출신 아리고 사키Arrigo Sacchi는 공격 및 필드진들과 수비사이의 촘촘한 간격유지가 여성들의 브래지어가 지닌 그 역기능성에서 착안점이 떠올랐을지 몰랐다.

결과보다 팀 전술로서의 과정과 경기지배를 중시한 이탈리아 현대축구의 혁명가
〈압박축구의 창시자 아리고 사키(Arrigo Sacchi) - AP제공 〉

사실 이탈리아의 사정에 편승하여본다면 월드컵 우승을 거머쥐었던 시기는 1930년대 두 번과 82 스페인대회 한 번의 멀어진 과거사처럼 이미 옛일이 되었다. '지지만 않으면 된다'는 수비축구의 모토는 더 이상 수비전술만으로 정상을 넘보기에는 한계에 다다랐음을 깨달았다. 마침 90 자국주최의 이탈리아대회를 앞둔 김에 뭔가 확 바뀐 신기술만이 모처럼 찾아온 정상정복의 호기를 잡을 수 있었다. 50년 가뭄 정도는 견딜 수 있었던 전통의 카테나치오 전술은 당장의 장마를 못 이겨 그렇게 현대축구를 압박축구의 소용돌이 속으로 변형시켜 몰아넣었다. 움푹 들어간 잘록한 여성 허리의 빈 공간을 대신하여 축구가 중원을 두텁게 만들어 가까이 다가선 양측의 모습은 흡사 퍼즐조각을 끼워 맞춘 일대 조화로운 모습으로

그려졌다.

이 압박축구의 전형은 미드필더를 5명이나 포진시켜 수비를 견고히 하고 드넓은 중원의 무대에서 연기력이 뛰어난 적들의 마술적 공연을 원천 차단, 공이 이동하는 곳마다 적의 숨통을 조여 가는 형태였다. 반대로 공을 잡으면 일제히 반격함으로써 고전의 방식으로부터 전광석화처럼 승부를 보고자 한 변형된 현대적 전술이었다. 90 자국대회에서 이탈리아는 비록 결승문턱에서 아르헨티나에 막혀 고배를 들었으나 새로운 전술의 효과로 3위 입상이란 성과를 거둔 데 이어 차기 94 미국대회 준우승의 기틀을 마련한다.

그런가 하면 2002년 한국의 4강신화를 가져온 전술적 모태도 이 압박축구였다. 히딩크 사단도 외면할 수 없었던 이 전법은 테크닉이 뛰어나고 개인기가 우수한 축구선진국들에 대항하여 펼칠 수 있는 적절한 팀 전술이어서 한국팀으로서는 더욱 유용한 것이기도 하였다. 실제 상황에서도 포르투갈의 피구Pigo, 이탈리아의 토티Totti, 스페인의 사비Xavi 등 내로라하는 세계적 중원의 스타플레이어들이 한수 아래라 여겨지는 한국에조차 꼼짝없이 당했던 수모와 원한의 팀워크 플레이였다. 그런 까닭에 이탈리아는 16강전 스스로가 개발한 전술이 상대국의 전술이 되어 스스로를 옥죈 결과를 받아들여야 했다. 따라서 단순히 월드컵에서 한국에 졌다는 모멸감과 자괴감에 자국 리그에서 뛰던 애꿎은 한국선수에게 화풀이를 한 페루자구단은 오버액션을 한 것이었다. 조금 더 압박의 원조에 대하여 관련연구에 눈을 떴더라면 그 화살은 프랑스나 네덜란드 쪽으로 갔어야 온당하지 않았을까.

한 가지 아쉬움이 확실히 남는 것은 그간 개인기에 의해 상대수비를 따돌리거나 문전에서 골을 터뜨리는 장면의 역동적이고 자연적인 미학은 팬들에게 있어 최고의 선물이었다. 하지만 이러한 현대축구로 근접하면서 작위적인 공간전술의 설계는 천연의 조미료가 아닌 MSG가 듬뿍 들어간 인공의 맛처럼 자연적 식감을 떨어뜨리고 있는 실정이다. 마치 축구 그라운드의 한가운데를 브래지어로 칭칭 감아버린 채 중원을 답답하게 만드는 요인이 되어 이미 세계적 전술 양상으로 자리매김한 상황이다. 중원을 돌파하지 못해 가끔은 '뻥축구'로 비난받는 이유 중 하나도 그런 때문이며, 드리블과 골의 미학이 압박받으면서 하나둘씩 입지를 잃어가고 있는 형국이다. 아무리 좋은 말로 축구의 진화를 이야기한들 축구는 늘 '원시'와 가까이 지내고자 하는 원초적 특성을 버리고서 존립할 수는 없으며, 존립한다 해도 얼마 지나지 않아 그 진화의 한계에 노출될 것이기 때문이다.

⚽ 골 넣기 더 어려운 로봇게임

축구의 최종 목표가 골인이라는 점을 상기하면서 월드컵이 지난 열아홉 번의 대회 기간 동안에 기록으로 남긴 내용을 보아도 그 확인이 쉬워진다. 78년 아르헨티나대회를 기점으로 이후 골든슈(득점왕)의 주인들이 평균 6골 연속행진에 그쳤다. 이에 반해 이전 대회의 득점왕들은 8골이 평균 득점이었다. 대회 경기당 득점수에 있어서도 첫 회 대회부터 86 멕시코대회까지 통틀어 평균득점이 3.2골을 기록 중이었지만, 90 이탈리아대회의 평균득점 2.3 최저점을 찍은 후 10 남아공대회까지 여섯 번의 대회에서 도합 2.4골의 평균득점에 머물러 있다.

월드컵이 좀 더 글로벌화하지 못했던 초기시절 국가 간의 실력적 편차나 특출한 킬러들의 대활약, 혹은 머나먼 원정으로 인한 피로누적에 의한 팀워크 와해 등 여러 변수들을 감안하더라도 90년대 이전 브라질, 이탈리아, 독일, 잉글랜드, 프랑스, 아르헨티나 등 톱클래스 국가들이 빚어낸 명승부들이 그만큼 줄었다는 반증이기도 했다. 더 공격적이고 더 수비적인 전술을 펼치려던 장치의 고안이 과거 화려한 개인기나 빗장수비, 그리고 힘의 전차와 예술 등 축구팬에 익숙한 개념들을 승리지상의 압박축구에 함몰시켜 오히려 몰개성화의 길을 걸어오게 한 원인이 되었다. 이러한 양상은 90년대 스타의 탄생 부재나 골 없는 밋밋한 졸전 등과 더불어 앞으로 더 농후해질 가능성도 없지는 않아 보인다. 감동의 드라마가 많았던 옛날축구를 진화시켜 과학적이고 훈련된 집단기능인들에 의한 축구장 점령은 이제 나라마다 승리를 쟁취하는 필수 도구화가 되어가고 있다.

따라서 싫든 좋든 이제는 압박으로부터 탈출하는 기술을 터득해야 세계축구의 정상 접근이 가능하다고도 할 만큼 중원에서의 압착기법과 반대로 자유로운 활로개척은 월드컵 축구에 있어 팀워크형 전술의 핵으로 자리매김하는 추세인 것만은 분명해졌다.

브래지어가 여성미의 획일화로 미학을 추구하면서도 미모와 건강이라는 창과 방패의 모순됨을 안고 있듯이, 동일한 선상에서 현대축구도 중원의 압박으로 전세를 장악하려 하지만, 마치 로봇게임과 진검승부라는 창과 방패를 축구 스스로가 안고 가는 듯이 보인다. 인간적 대결의 미학들이 그라운드에서 점차 사라지고 컴퓨터게임처럼 보이는 축구장은 다소 무미건조한 승부 지상주의의 시뮬레이션 놀이로 흐르는 느낌을 지울 수 없다. 선수마다 나라마다 특색이 달랐던 축구의 색채가 월드컵 100년이 흐르는 동안 세계 축구인들에게 풍성한 문화적 스펙트럼을 확장시켜주어 왔음을 정시해보면 아스라하다. 집단적 혹은 개인적 창조성이 결여되어가는 시대에 반사적으로 부각되는 우리의 과거 축구가 새삼 그립게도 느껴지는 것은 그런 이유 때문일 것 같다. 70년대 대표팀 차범근이 공을 잡는 순간순간마다 그 시원한 돌파를 기대했던 스탠드의 관중은 일제히 환호성을 질러댔다. 80년대에도 야생마 김주성이 적진을 헤집고 다닐 때마다

같은 현상이 반복됐다. 지금은 멀리 떠나고 없는 우리 축구의 풍경화가
되어버린 것이다.

⚽ 현대축구, 브래지어로부터 탈출하라

현대에 있어 여성의 비주얼이 권력화되어버린 세태는 자연미의 여성을
괴롭히는 속박성이나 건강에 유해하다는 각종 정보들을 수긍하기엔 이미
오래전부터 진부한 이야기들이 되어버렸다. 그래서 브래지어는 현대여성
에게 있어 신체의 일부를 옥죄는 속박물이라는 개념적 틀의 정의를 넘어
섰기 때문이었다. 바야흐로 현대사회는 그 소품 자체가 여성의 인권을 상
징하는 위치에까지 도달해 있는 것이다. 이를 확정해버리듯 얼마 전 경찰
서 유치장 내 여성에 대한 경찰의 브래지어 탈의 강요 논란이 사법적 판
단으로 비화된 사례가 있었다. 여성의 브래지어 착용 여부에 대한 자율적
지배권을 두고 사회적 합의의식이 정립되지 못한 사회성원들 간의 이견을
사법권으로 종식시킨 것이다. 그만큼 압박축구의 경우처럼 이미 익숙해
질 대로 익숙해진 브래지어 착용에 이견을 표해봐야 돌아올 것이 별로 없
는 현실은 앞서 언급한 대로이다.

그럼에도 생명의 존엄에 대한 근원적 책임의식은 사회적 현실을 떠나
이제껏 후련하게 해결되지 않은 고통의 숙제를 브래지어업계는 안고 있다
고 볼 것이다. 여성미를 담보로 건강한 육체의 발육저해와 그 유해함에
대한 해소 노력을 게을리 해서는 업계의 이윤추구와 반기업주의라는 것
쯤은 상식일 것이니까.

다행인지 2000년대에 들어서 그런 바탕의 의식은 여러 개발상품들을
통해 보다 다양한 형태물들로 대체해가는 듯이 보인다. 각종 브래지어의

종류마다 채택되고 적용된 신상품의 기능들에서 그 고뇌의 흔적들을 엿볼 수 있다. 최근에는 바이오 기술을 응용한 항균성 소재들이 첨단 분야에까지 구원의 손길을 내뻗고 있으며, 문제의 와이어를 제거한 개발상품들이 속속 출시되고도 있다. 그것은 필시 못된(?) 브래지어로부터 답답하고 아픈 여성의 가슴에 자유를 허하려는 노력을 중단할 수 없다는 의지가 엿보이듯 깔려 있다.

권고하건대 그러한 발상에 착안하여 란제리업계는 축구를 마케팅 도구로 채택, 지금이라도 관련기구와 자매결연하는 것이 유효한 마케팅 프로모션전략이 아닐는지. 압박의 고통을 느끼고 있는 현대축구에 치열한 중원의 틈바구니에서 탈출구를 찾아 생존하려는 각 팀 저마다의 전략을 마케팅 콘셉트로 삼는다면, 그리고 그 시장성을 감안하면 성공 가능성이 의외의 곳에서 기다리고 있을지도 모르는 일이다.

여성의 미적인 욕망이나 감각이 중원의 압박을 자초한 측면이 있기는 하여도 실제 브래지어라는 본래의 정체성을 지닌 도구로 현대여성 모두를 외관상 아름답게 할 수는 없는 노릇이다. 따라서 현대여성에 있어 풍만함과 날씬함이라는 두 마리 토끼를 쫓는 본심에는 적어도 개성을 잃어가는 현대사회의 마네킹적 미녀상보다도 육체의 건강함이 우선이라는 바탕이 깃들어 있는 것이다. 건전한 사회는 결코 프로포폴 같은 화학성 물질로 인하여 건강을 압제하는 여성미에는 대중의 사랑을 줄 수 없다는 단호함처럼.

예술적 칭호로도 모자라 세계에서 가장 보편적인 문화영역의 찬사를 누렸던 대표스포츠 축구가 짝사랑하듯 란제리 분야에까지 슬금슬금 다가와 있는 것까지는 애교정도로 보아 넘길 수 있다. 하지만 문제는 축구에 열광했던 자연적이고 본질적인 요소요소들이 하나둘씩 떨어져 나가는 듯한 현대축구의 모습이다. 최악의 경우 인간들을 대신한 로봇들의 게임장으로 변모할 우려를 낳고 있다면 기우인지 모르겠다. 수비축구가 진화하여 낳은 현대축구의 사생아적 중원의 고통에서 벗어나 세계인에 자유를 선사하는 쾌감을 다시 불러일으켜주기 위한 사명은 잊지 말아야 할 일이다. 란제리업계의 동일한 노력의 시대적 소명이 양측을 문화적 교집합으로 서로 떼려야 뗄 수 없는 오늘날의 트렌드로 맺어준 셈이라면 말이다.

여성의 건강과 현대사회를 살아가는 미학적 요구 사이에서 브래지어는 그 진화의 방향으로 일찍이 '건강미학'을 선택하고 있다. 축구의 원시성과 현대축구의 공간 효율이라는 대치구도도 최소한 숨 쉴 '원시공간'을 위해 변화의 방향으로 선회할 시기다. 브래지어를 닮아 슬픈 축구가 그 칭칭 감아버린 경기장 그 한가운데에서 노브라축구(?)를 펼치듯 팬들 가슴에도 조금은 숨통을 트여보자. 전설의 드리블러들이 이 땅에도 태어나 활약하도록.

PART 5

떠남

첫 승을 향한 목마름, 위화도회군축구

월드컵 축구 아시아지역 예선을 치르다 보면 최근 중동세와 자주 충돌을 빚는다. 전통의 중동 강호로 상호전쟁을 벌였던 이란과 이라크, 그리고 중동 산유부국 사우디아라비아와 쿠웨이트 등이 오래전부터 숙적처럼 한국과 대립의 구도를 키워왔다. 그런가 하면 2000년대 들어 오일달러를 기반으로 세계무대로 비상하려는 2022년 월드컵 주최국 카타르와 아랍 토후국 UAE 외에도 페르시아 만의 섬나라 바레인, 이슬람문화의 자존심 오만 등 신흥국들의 도전이 만만치 않게 발흥하고 있다.

한국이 비교적 인적·물적 인프라에 앞서 있어 그런지 홈에서의 우위는 확실하지만 적지에서의 기량은 다소 엇비슷한 가운데 현지 원정길이면 고전을 면치 못해 꼭 속을 태우는 장면을 자주 보게 된다. 들컷이 운동장 안에서 풀방 그릇 쥐 드나들 듯한 이른바 '침대축구'다.

본격적인 시연 장면은 후반 들어 스코어를 만회하려는 한국의 파상공세를 견디기 힘들 때 그 만성화되어버린 증세가 서서히 도지기 시작한다. 그것도 흔히 공이나 혹은 상대선수와 상관없이 경기장에 드러누워 시간을 벌려는 얄은 꼼수가 훤히 읽힌다. 지켜보는 팬들의 야유 대상이 되어버리는 것은 당연한 수순이다. 바둑판이나 장기판을 빤히 들여다보듯 직사각형의 그라운드에서 벌어지는 갖가지 촌극들은 주심의 판정과는 별개로 관중의 시야에서 고스란히 평가받고 심판받는다. 더러는 정론의 언론들에게 호되게 비판을 받기도 하지만 자국의 국익이 걸려 있는 한 눈 감고 귀 막으면 그만인 것으로 넘어가기도 한다. 당연히 한국팀의 원정 현지에서 자국 침대축구를 비판하는 아랍 언론은 보기 힘들다. 하지만 월드컵 그라운드를 축구장이 아닌 환자 병동으로 몰고 가는 그들을 비난하면서도 한편으로 우리는 월드컵에서 세계 축구팬들에게 낯 뜨거운 장면을 보인 적은 없었는지 되짚어보았다.

⚽ 일도창해의 길과 월드컵 4불가론

장수가 전장을 향하여 떠나는 길은 만감의 교차로다. 그러나 풍전등화나 다름없는 나라의 위기에서 발탁된 장수의 행군길은 오로지 운명의 외길이다. 싸워서 적을 섬멸시켜야 하지만 만약 그렇지 못하다면 죽음만이 기다릴 뿐이다. 다시는 돌아오지 못할 불귀의 영혼도 뒤에 남겨진 가족의 안위와 함께 조국과 백성 앞에 이미 바쳤다. 국경을 향하는 마음속에 나라님에 대한 충성의 맹세는 자신을 따르는 병사들의 사기와 더불어 하늘을 가를 기세로 일념에 가득 차 있다. 일국의 대표팀을 이끄는 장수에게 언제나 그랬듯 월드컵을 향한 일망무제의 장도는 주체할 수 없는 무게의 고독감을 휘감으며 천리를 내닫는다.

06 독일대회의 열전은 생각하고 기대한 것보다 일찍 끝나 있었다. 지난 02 한일대회의 후광효과를 고대하는 것이 좀 무리이긴 했지만 변한 것은 전장과 장군뿐이었다. 4강 했던 감흥이 어제였기에 단 열흘 만에 중도하차해버린 짧았던 전투를 위해 그토록 고된 훈련의 나날들에 동원되었던 노력이 얼마였던가. 거기에 한정 없이 투입된 물자들을 생각하면 허탈한 감도 없지는 않았다. 마지막 스위스전의 심판판정은 팬들의 힘을 더욱 빼버렸다.

1라운드 3차전을 모두 마친 한국팀의 수장 아드보카트Dick Adbocaat에게 모든 시선이 돌아갔다. 이미 따가운 시선을 예상했는지 그는 대회 중 감독직 계약이 성사된 러시아 프로팀과 밀월관계를 가졌다. 죽었어야 할 패장이 살아서 돌아갈 수 없는 운명을 받아들이듯 서울로 즉시 귀환하지 않고 미룬 건 그러한 계획된 행동처럼 비춰지기도 했다. 16강 달성이라는 국민적 여망에는 실패하였으나 대신 원정 첫 승이라는 최소 기대치의 성적을 한국에 안겨준 것으로 그 소임을 다했다고 믿었을지 몰랐다.

1라운드 첫 경기 한국 VS 토고전은 본선 처녀 출전국을 맞아 원정 첫 승을 쟁취할 수 있는 기회였다. 한 걸음 나아가 지난 02 한일대회 4강이란 경이로운 결과에 대해 일부 세계 축구인들의 질시의 시선과 홈그라운드에서 일군 단기성과라는 자기폄하의 의식에서 작으나마 부채의 일부를 상환할 호기이기도 했다. 또한 대 토고전은 원나라에 빼앗겼던 철령위 옛 땅을 회복시킬 고려왕권 숙원의 '국토회복'이라는 대의와도 일맥상통하는 출격이었다. 6백여 년 전 사건을 언급한 역사교과서는 요동정벌의 한 페이지를 그렇게 월드컵의 연장선으로 인도했다.

가난한 아프리카의 나라가 대표팀을 구성하여 출병하기 전까지 전 선수들의 출전 수당문제는 팀을 조직화하는 단계에서부터 산고를 치렀다. 전체 인구 550만과 남한 면적 절반에도 못 미치는 영토에 국민소득 1,700불의 세계 최빈국 중 하나의 국력은 월드컵 본선이란 웬만해서도 건사하기 힘겨운 국가적 대사가 아닐 수 없다. 한동안 선수들은 파업으로, 독일인 외국인 감독 오토 피스터Otto Pfister는 팔짱을 낀 채 월드컵대회가 코앞을 두고도 나아갈 방향을 잡지 못했다.

요동정벌을 둘러싸고 고려 조정 내에서도 분란이 일어나며 내홍이 벌어졌다. 명분론과 현실론이 팽팽히 맞서며 나가느냐 마느냐의 찬반논쟁은 대립의 극한점을 내달렸다. 갈 길이 순탄치만은 않을 것임을 예고하며 여기서 출병 반대세력의 중심에 섰던 이성계는 '4불가론'을 주장하고 나섰다.

첫째, 동방예의지국이 다른 나라의 골문을 위협하는 것은 이치에 맞지 않다.
둘째, 농번기에 열리는 월드컵 본선 출전은 부당하다.
셋째, K리그 병사 다 빼내 가면 J리그가 한반도에 창궐하여 대책 없다.
넷째, 장마철 축구화 깔창에 붙인 아교가 녹아 슈팅에 애로가 많고 상대방과 몸싸움 때 전염병 옮는다.

그러나 예정된 경기는 취소할 수 없다. 토고는 결국 태업에서 돌변, 일사불란하게 군복을 갈아입었고 한국팀 앞에 나타났다. 아프리카 신흥세력의 패기를 과시하며 전사의 표범들은 한국진영을 선점하듯 전반전 선취 득점에 성공한다. 장수 아드보카트의 심기가 불편해졌다. 한국은 점수를 먼저 내줘야 그때부터 발동이 걸리는 기이한 습성은 이날 경기에도 어김없이 나타났다. 전열을 가다듬은 한국은 후반전 프리킥 동점골에 이어 중거리 슛을 성공시켰다. 치열했던 판세는 뒤집어졌고 그 선봉에 공격수 이

천수와 안정환이 있었다면 정벌을 관철해야 할 고려에는 최고의 스트라이커 최영이 있었다. 모두가 월드컵 출전 사상 원정 첫 승의 기대에 만세를 부르는 동안 고려는 우왕의 명령과 함께 역시 판도를 휘어잡으며 최영이 반대세력을 제압, 전격적으로 출병이 결정되었다. 이 중차대한 결정에 누구든 왕명을 거역하게 되면 오족을 멸할 것이었다.

역전 골에 성공한 한국은 지공으로 전환, 후반 종료가 가까울수록 눈에 띄는 느슨한 플레이로 관중은 야유의 휘파람을 불어댔다. 같은 시각, 국왕의 추상같은 명령을 받든 이성계는 역시 내키지 않는 플레이로 우군 도통사에 임명되어 장도에 오른다. 이성계는 만감이 교차했고 여러 가지 상황전개를 머릿속에 그려갔다.

다시 적의 만회 공세가 빈번해지며 경기장은 후반 인저리타임에 접어들자, 방금 전 프리킥 골을 성공시킨 지점에서 문제의 사건이 발생한다. 토고의 수비라인에 빈 공간의 틈새를 찾아낸 박지성이 상대방 패널티 아크 부근까지 파고 들어오면서 상대 수비수와 부딪쳐 넘어진 것이다. 주심은 지체 없이 반칙을 선언, 프리킥 기회가 주어지는 동안 이성계는 압록강이 흐르는 남쪽 위화도 섬 앞에 당도해 있었다. 킥 지점과 골대까지는 불과 20여 미터 앞. 이성계가 도강해서 건너야 할 위화도의 거리와 사뭇 엇비슷하다. 대기 중인 키커가 골문을 겨냥한 채 바로 찰지, 아니면 다른 누가 찰지 지휘부의 눈치를 살피며 미적거리는 동안 위화도에는 섬을 덮치듯 장대비가 쏟아져 내리고 있다.

오뉴월 홍수기를 맞은 압록강은 마침 월드컵 기간과 겹치는 시기이다. 장대비로 불어나버린 탁류의 세찬 흐름은 어떤 알지 못할 앞날의 계시였을까. 급물살이 덮친 역동의 시공을 지켜보며 그 앞날을 예견한 듯 이성계의 눈빛은 무언가에 골똘한 채 번뜩였다. 이때를 놓칠세라 아드보카트는 즉시 낀 팔짱을 풀어 경기장 안에다 모종의 사인을 넣는다.

'회군하라~!'

지시를 받은 아군 선수가 키커에게 다가가 무어라 소곤거리며 지나쳤다. 순간 프리킥의 슛 찬스가 갑자기 백패스로 돌변하였다. 볼은 공격수에서 미드필더, 미드필더에서 최종수비수에게로 계속 역류한다. 이러다간 자칫 수도 경비의 마지노선인 페널티박스까지 넘어 우군의 골키퍼마저 위험에 빠질지도 몰랐다. 전혀 보도 듣도 못한 이 월드컵 광경을 놓치지 않은 관중은 지체 없이 야유를 보낸다. 중계방송 캐스터는 관중의 야유가 걸렸든지 오히려 관중에게 판잔을 던진다.

고려의 조정도 이성계의 흉금에 묻힌 깊은 속을 알 수 없다. 왕명을 받들어 프리킥 찬스를 골로 연결해야 한다. 회군은 있을 수 없는 일이었고 꿈도 꿀 수 없는 대반역이었을 테니까. 그러나 이성계의 회군 결정으로 그의 발아래에 국왕이 있는 개경은 이미 멀지 않은 곳에 다가 와 있었다.

요동정벌을 위해 모든 군사를 이성계의 손에 넘겨준 최영이 수비에서 무너진 건 공격에 '다 걸기'를 한 까닭이다. 그만큼 한정된 군 병력으로 북벌을 계획한 것은 모험이기도 했지만 상식을 벗어난 대국의 영토 야욕에 정면으로 대항한 건 분명히 명분이 있는 출군이었다. 적어도 영토를 두고 다툼을 벌이는 나라 간의 분쟁은 당사국 간 국가규모의 대소 차이는 무의미하다. 다만 현실은 그 수십 배에 달하는 명의 군사력을 어떻게 감당해내느냐의 문제일 따름이었다. 총력전을 펼쳐도 모자라는 마당에 명분 없이 조선침략을 단행한 도요토미 히데요시처럼 다이묘(大名)들의 반란에 대비해 출군 병력에 상응하는 수비병들을 궁성에 배치할 수도 없는 노릇이었다. 이성계에게도 내외 정세에 대한 현실적 감각과 고려의 미래에 대한 나름의 비전이 있었기에 역성혁명은 가능했을 것이다. 후세에 와서 학계의 평가는 극명하게 엇갈리지만 정도의 길과 현실의 그것 사이에서 방황한 장수의 선택은 지금에 와서도 생각해볼 여지를 남겨놓았다.

한반도 역사지형의 전환점이 된 현장 위화도. 600여년이 흐른 현재의 모습은 그날의 흔적을 찾을 수 없이 평화롭기 그지없다. 〈신의주 상하단리에서의 전경 – 연합뉴스 제공〉

⚽ 회군의 득과 실, 모든 배후는 우리

그렇다면 아드보카트가 남긴 06 월드컵 '위화도회군축구'의 의미는 무엇인가. 그리고 문제는 이런 일이 야기된 우리 축구의 현실이 무엇이냐에 초점을 맞추어야 한다. 물론 사건의 지시자는 아드보카트 감독이다. 대표팀 경기와 관련한 일체의 전략 전술이나 선수 기용여부와 교체, 그리고 경기장 내의 모든 지시사항들은 감독의 권한이다. 따라서 경기 결과에 대한 책임만 놓고 본다면 모두 그의 몫이다. 월드컵 역사상 듣지도 보지도 못한 광경을 세계인들에 선사함으로써 한국축구의 꼼수를 드러낸 순간의 촌극이 있었다 해도 그는 분명히 위화도회군축구를 통하여 원정 첫 승의 성과를 이뤘다.

결정적 프리킥을 포기할 만큼 자신이 없었다면 본선 진출국 대표팀의 지휘봉을 잡을 자격이 문제가 되었을 것이다. 하지만 그는 이미 축구계에서 이름난 명장의 반열에 있었고, 더구나 상대는 한국보다 약체가 아니었던가. 적 진영을 누비며 몸을 던져 공격 루트를 개척한 박지성의 창조적 플레이는 도리어 빛을 잃고 말았다. 수세의 상황에서 모처럼 반격의 작품을 멋지게 이어 가려던 한국축구의 잠재된 가능성은 발휘되지 못한 채 회군을 위한 일개 퍼포먼스처럼 전락시켜버렸으니, 보는 축구팬 입장에 따라서는 답답할 노릇이었다. 혹시나 그 자신이 짊어진 '1승 염원'의 멍에에서 해방된다면 계약된 값어치를 다한 것이라 생각한 때문일까. 물론 우리에겐 당시 원정 첫 승이 고귀한 일이었다는 것쯤도 다 알고 있는 사실이다.

과거 한국축구가 패배를 거듭하면서도 박수를 받는 일은 있었지만, 승리하고도 팀플레이에 대하여 관중으로부터 야유를 받는 일은 단 한 차례도 없었다. 팬들의 박수는 모든 승리에 향해져 있지 않다. 반칙과 비난을 무릅쓰고 쟁취한 승리의 뒷맛에는 무언가 이상하고 떨떠름한 맛이 가미되어 월드컵 16강 실패의 언저리 위에 기록되어 있다. 마치 바둑에서 나쁜 기보를 남기는 것과 같다. 그리하여 후세에 두고두고 반면의 교과서가 되어주는 교훈이 된다. 어느 바둑 전문가의 지적처럼 한국인의 현세주의적 사고방식의 발로였을까. 반상의 접전 속에 내 집이 될지 확신할 수 없어 거기에 한 수 가일수하여 확실하게 지켜두는 속수. 승리만 할 수 있다면 이런 꼼수를 두더라도 그만이라는 생각은 그 기보에 부끄러운 오점을 남기고 전력을 퇴보시킨다.

승부를 앞세워 축구에 몰입하다 보면 승리가 눈앞에 와 있을 경우 나머지 시간은 지루하게 느껴지기 십상이다. 어느 때는 침이 바짝바짝 마를 정도다. 월드컵처럼 타이틀이 걸려 있으니 말할 나위가 없겠다. 우리 사회 공동체의 삶 속에 만연된 승리 지상주의의 패러다임 안에 갇혀 축구를 축구로서 바라보기보다는 이기기 위한 방편 정도로 생각하는 부박한 패권주의의 또 다른 모습이다. 제대로 축구를 즐길 수도 이길 수도 없는 환경을 조성하는 그라운드라면 늘 판정의 시비가 뒤따르는 것은 당연지사요, 얼마 전 K-리그 승부조작 사건으로 팬들에게 큰 충격을 안겨준 일은 예견된 참사였다.

우리는 평소에 그런 마초 같은 승부기질을 아드보카트에게 소리 나지 않게 명령했을지 모른다. 승리를 위해서는 모든 수단을 동원하라. 그것이 유능한 외국인 감독을 초치하고 그에게 부여한 사명이라고 생각했다면 영리한 외국인 감독은 주문에 따른 것이다. 해외에서 삼고초려 하듯 감독을 데려와 중임을 맡기보려는 의지만큼 본국의 승리에 대한 정도를 넘는 기대치는 이를 바라보는 현실의 밑바탕이 초라해 보임을 확인시켜준다. 마치 실력은 내신 성적이 피파 랭킹대로인데 학교는 반드시 일류대를 가야 한다. 이름난 과외교사를 초빙해 학부모의 의견을 참작하여 월드컵 수능시험을 치른 결과가 바로 '위화도회군축구'를 낳은 것이다. 단 1년도 안 되는 교습기간 동안 그가 한국대표팀의 발전을 위해 할 수 있는 일은 많은 제약과 간섭, 그리고 눈총이 많은 환경 앞에서 쓰면 뱉고 달면 삼키는 인간의 표변성을 전쟁의 지략가인 그가 모를 리는 없을 것이다.

어쩌면 아드보카트의 지시에서 나온 회군 명령이 스스로에게도 모멸감을 주었을지 모른다. 자신에게도 부끄러웠을 일을 가지고 첫 승 운운은 실소도 나오지 않을 일일 것이다. 그때까지 해보지 못한 작전을 자의 반 타의 반으로 지시하면서도 동시에 자신이 누구인지, 왜 이 자리에 와 있는지, 정체성의 혼동에 빠졌을지도 몰랐을 일이다. 그래서 자신이 이끌었던 한국이 2차 토너먼트에 오르지 못하자, 귀국하는 선수단과 함께하지 않고 이를 벗어나 대회가 끝날 무렵에서야 뒤늦게 한국으로 돌아와 "그동안 행복했다."는 멘트와 몇 마디 짧은 회견을 끝으로 떠나갔다. 06 독일대회의 연출만 아드보카트가 했지만, 그가 그렇게 하도록 간접적으로 사주하고 움직인 것은 학부모였던 우리 모두의 집단적 첫 승 강박이 낳은 결과물은 아니었는지 되돌아 볼 일이다.

이기기 위해서라면 수단과 방법을 안 가리는 비겁한 마초의 방법을 넘어서 '위화도회군축구'를 월드컵에 임하는 한국 대표팀의 아젠다로 삼아 볼 실익이 존재한다면 한번쯤 고민해볼 일이라 보면 어떨까.

18 안방에서 지켜본 월드컵

현해탄증후군, 그 검은 바다를 떠나라

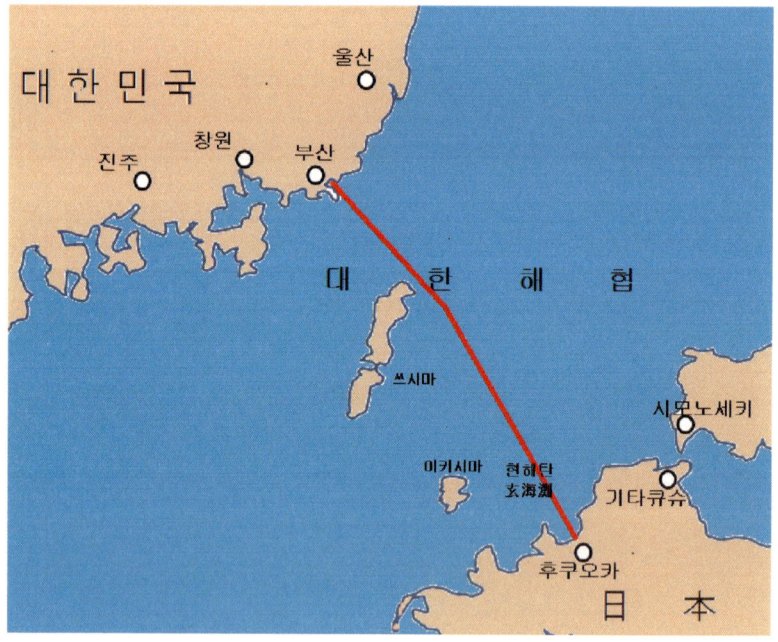

현해탄은 한국과 일본을 잇는 뱃길의 일본 측 일부 해역이다.

⚽ 대륙에의 꿈, 현해탄

한반도의 남동해를 이어주는, 한국과 일본 사이에 가장 가까운 해역 전체가 대한해협이다. 그 중간 대마도의 남측과 혼슈지역 및 규슈 사이 일대의 바다를 총칭하여 '쓰시마해협'이라 하는데, 그 가운데에도 규슈 섬 북서쪽을 아우르는 이키시마(壹岐島) 이남 사이의 해역을 지칭하여 일본은 현해탄(玄海灘)이라 불러왔다. 조선 왕래가 잦았던 일본인 일부가 선도하여 창안한 것으로, 우리 입장에서는 당연히 청산해야 할 일제의 잔재적 호칭이다.

우리도 상용하는 이 용어로 논란이 일기 쉽지만 엄연히 그들 영역의 용어이고, 우리말로 대체할 방법은 없다. 서울은 서울이고, 도쿄(동경)는 도쿄라고 말해야 하는 까닭이다. 다만 일제강점기 일본을 왕래한 조선의 지식인 상당수에 의해 지리적이고 문화적인 호칭으로서 양국 간 통로적 의미로도 쓰여왔다는 점에서 현재에 와서조차 너무도 흔히 표현되는 상징이 되었다.

그러다 보니 구역의 식별을 고려하지 않고 대한해협이나 쓰시마해협을 대신한 대표적인 용어로 오해되며 상용되고 있는 것이다. 예컨대 '개구리 소년'처럼 내용의 진위를 구분하지 않고 엇비슷한 용어가 난립하게 되면 대중문화 저변에 가장 친근하게 뿌리내려진 소재가 일반에 선택되고 선호되는 속성에 기인하는 것으로 보면 될 것이다. 조선말 당시부터 양국을 오가는 주체들에게 현해탄은 평범해 보이는 용어를 대신해, 사용하기에 으뜸인 문화적 주제어였던 것이다.

그럼에도 현해탄이란 용어가 갖는 의미는 남다르다 할 것이다. 일본의 입장에서 보아도 실제 현해탄은 아스라한 고대국가 시절부터 한반도의 문화사절들에게서 대륙의 선진문물을 전수받은 은혜의 뱃길로 떠올려지는 공간이다. 단순히 특정해역의 호칭을 넘어서 가장 이웃한 나라와의 문물 교류를 위한 창구의 개념으로 정립되어 있기도 하다. 하지만 그 이름에 어울리듯 바다 속 얕은 깊이의 검은 여울 빛은 근세 두 나라 간 어두운 과거사를 침중하게 품으며 그 빛을 기억하듯 파도에 묻혀 오늘도 일렁거린다. 일제강점기 조선의 여배우 윤심덕이 그녀의 젊은 연인과 투신한, 못 맺을 비련의 한을 머금어서 더욱 그런 빛을 띠는 것만은 아닐 것이다. 일본이 대륙침략을 강행하면서 서양이 먼저 가져다준 문명을 현해탄을 통하여 침노의 도구 공간으로 악용하였던 배은의 물줄기 위에 이전 한반도가 선용하였던 역사와 문화의 소통구가 빛을 잃어버렸기 때문일 것이라는 상상을 던져보면 그런 생각이 들 수밖에 없다.

한반도는 일찍이 해양의 꿈을 키웠다. 일본열도는 한반도가 넓은 바다로 나아가는 데 오롯이 남동 방향을 둘러치며 가로막고 있는 형태다. 9세기 한반도 동남부의 바다를 장악하고 있던 신라 해상왕의 시대가 있었다. 장보고가 어찌 일본 너머 태평양에 대한 넓은 꿈이 없었을까. 그런데도 태평양으로 나아갈 테니 길을 비켜 달라 하지 않은 한반도에 돌아온 건 만부당한 목적의 역침탈이었다. 한일 근세사의 나락에서 이루 헤아릴 수 없이 앗아간 일련의 혼백들에게 그 배후의 모든 사건들은 현해탄이라는 특정의 공간 속에 내포된 민족적 현주소와 자각의 트라우마로 이 시대의 연장선상에 있다. 과거 해양에의 꿈 VS 대륙에의 꿈이 지금 와서 마찰열을 일으키듯 팽팽한 국익의 대결장은 스포츠 분야로 번져버렸다.

⚽ 한국축구에는 울분이 서려 있다

해방 후 양국 축구가 세계로 비상하는 길에 마주쳐야 했던 회합은 공식적으로 축구경기를 가졌던 54 스위스대회에 와서부터다. 아시아예선 한국의 홈경기가 필요했으나 일본의 입국을 불허한 이승만 정권의 외교방침으로 예선 2경기는 모두 현해탄을 건너 적지인 동경에서 펼쳐졌다. 침략의 뱃길을 완성하는 바다 속 원혼들의 울부짖음이 안 들려올 리 없었다. 일본에게 진다면 몸을 현해탄에 던질 것을 결의하였다 하니, 54 스위스 본선행의 주인은 킥오프 전에 이미 결정된 것이나 다름없는 코스였다. 이후 분야를 불문하고 일본과의 스포츠 대결장은 흡사 원한의 매치로 인식되었다. 현해탄은 그렇게 늘 우리에게 인간 정신력의 한계를 무너뜨리는 극일의 바다여야 했고, 투혼의 표상처럼 상징되어야 했다.

많은 경우 스포츠 종목에서의 한일전은 일본에게만큼은 두드러지게 승리하는 추세이면서도 외국에 나가면 받아들이든 그렇지 않든 승리의 확률이 약간은 떨어진다. 일본 측의 경우도 마찬가지다. 외국에 나가면 한국보다 이길 확률이 다소는 높으면서 정작 한국만 만나면 발목이 잡히는 이유에 대해 분명히 양국 선수들에게 '현해탄증후군'은 유효한 현재 진행형처럼 이어지고 있다.

월드컵에 우연한 일이 많지만 공교롭게도 양국의 동일한 첫 상대와의 단순 비교에서도 드러난다. 54년 이후 사실상 첫 출전인 한국의 86 멕시코대회 첫 상대와 일본의 사상 첫 출전이었던 98 프랑스대회 역시 첫 상대는 동일국 아르헨티나였다. 연대가 다른 시기의 팀 전력을 감안하더라도 한국은 1:4로 일본은 0:1로 각각 패하였다. 그때부터 첫 승리를 얻기까지 한국은 16년, 일본은 4년 뒤 바로 다음 대회였다. 두 나라의 똑같은 안방이었다는 사실을 제외하면 한국은 20년, 일본은 8년이 지난 뒤였다. 월드컵 횟수만큼 겹겹의 세월은 본선무대에서 어느 정도 양국 각자가 기록한 비교 데이터를 완성시켜 그 결과를 내밀었다. 세월의 발자취만큼이나 양쪽의 성향을 선명히 분리시켜 드러냈다.

경기당 평균 득점이 일본은 0.9임에 비해 한국은 1.0을 기록, 한국이 일본의 수세성향에 비해 공세적이었다는 사실을 보여준다. 반면에 실점부문에서는 반대로 한국이 경기당 무려 2.2점을 실점한 반면 일본은 1.1점에 그쳐 한국이 불안정성을 보였고, 일본은 비교적 안정세를 유지했다. 실점의 차이에서만 보면 본선무대에서 경험했듯이 숱한 영봉패에 대량 실점을 범했던 우리로서는 한마디로 '무너지는 축구'를 한 셈이다.

본선의 전체 참가국 79개국 가운데 한국은 득점이 중위권인 39위인 데 반해 실점률은 15위권의 상위 클래스다. 반면 일본은 득점권 48위, 실점권 61위로 상대적으로 우리보단 견조한 조직력과 치밀함의 구석이 있음을 보여줬다. 피파의 랭킹발표 때마다 한국 팬들을 공분케 만드는 일본의 순위가 언제나 한국에 앞서 있는 이유가 거기에도 근거하고 있는 것이다.

그럼에도 일본 입장에선 그들이 가진 공격력의 한계로는 월드컵 강적들과 맞서기에 벅찼던 관계로 철저히 왕의 궁성을 보호하듯 수비시스템을 구축하며 공격의 기회를 노리는 작전이 주된 전술이었다. 이에 반해 한국은 보다 과감한 공격축구를 감행했다. 80년대 멕시코 4강신화 이후 불어온 축구의 열풍은 무언가 팬들의 갈증을 씻어주는 강력한 전술을 요구했다.

정치적으로 보면 80년대 후반 민주화에 대한 국민적 열망이 집약되어 한 구석에서 부글부글 끓고 있는 형국으로 치닫고 있었다. 54년 이후 처녀 출전한 월드컵 본선진출을 전후하여 한국축구로 전이, 발화되는 시점이었다. 에너지가 한쪽으로 쏠리게 되면 모종의 일이 터지고 만다. 그렇게 한 스포츠분야가 세계무대에서 폭죽을 터트려준다면 정국안정에 커다란 도움이 될 것이라고 위정자들은 가슴조이며 이를 기원했다. 필연적으로 그것은 화끈한 공격축구를 갈망하는 팬들의 여망이기도 하였고, 여기에 발화점이 되어 옮겨 붙었다. '벌떼축구'로 상징되는 또 한편의 한국의 공격축구가 세계무대에서 활로를 여느냐의 시금석처럼 그 시험대 위에서 아슬아슬한 곡예를 부렸다.

중도에 대표팀 지도부가 바뀌기는 했지만 결국 86 멕시코대회부터 98 프랑스대회에 이르기까지 4무 8패의 기록이 말해주듯, 의욕만이 앞선 채 상대를 몰랐던 정보 부재와 우물 안 경기력의 결과였다. 제대로 갖추어지지 못한 수비태세에서의 공격력이란 그 자체가 무모하고도 많은 허점을 노출할 수밖에 없었다. 모래성 무너지듯 어디가 구멍인지 모르는 연패의 허탈감은 격동의 80~90년대 정치현실 같았지만, 여전히 '현해탄 매치'만큼은 다른 필드의 문제였다.

돌아보아도 한일축구의 양상은 현해탄에서만큼은 효험을 발휘했다. 양국 간 A매치가 시작되었던 54 스위스예선부터 현재까지 총 76회의 격돌이 있었지만 40승 22무 14패의 한국 측 절대 우위는 당연시되었다. 초창기 축구의 열기가 미진해 있던 일본이 세계로 좀 더 나아가는 데 있어 그 도구로서 가장 보편화된 예술 축제로서의 월드컵은 구미가 당기는 범글로벌화의 필요조건으로 인식, 수용되었고 백년대계가 그 플랜을 펼쳤다. 일방적이던 양국 간 판세도 변화가 밀려들었지만, 일본이 본선에 도전장을 내민 1998년부터의 전적에서도 한국은 6승 6무 5패의 근소하나마 우위를 보이고 있다. 요지부동에 있는 일본 우위의 피파 랭킹은 조롱의 대상이 되어버린 듯 보여도 사실은 '현해탄 패러독스'에 빠져 있는 우리에게 그것은 반드시 일본만 이겨서는 안 될 일이라는 교훈을 보여주고 있다.

한국이 글로벌로 나아가는 데 현해탄 심정에 빠져서 이성적 판단을 잃는 동안 일본은 오대양을 벌써부터 개척하고 다닌, 근본적 시야의 차이가 도드라진 결과로 설명된다. 월드컵 본선에 한 번도 나가보지 못한 나라가 월드컵을 개최하겠다는 포부부터 일본축구의 대변혁을 불러일으켰다. 2022년 카타르의 월드컵 유치 성공은 일본이 그 모델이었다.

⚽ 작용 반작용의 법칙에 묶인 양국

어쨌든 양국은 최근에 와서 02 한일대회의 16강 진출을 제외하고도 10 남아공대회 나란히 16강을 돌파하며 세계가 주목하는 위치를 점하고 나섰다. 축구강국 중 누군가가 차지하고 있어야 할 자리를 끌어내리고 올라선 것이다. 축구 불모지 아시아의, 그것도 극동의 두 나라가 동시에 원정 16강에 올랐다는 기록적이고 눈부신 성과는 별도로 하자. 만일 양국 중 한 나라만이 16강에 들어갔다면 상대적으로 그 나라의 평가가치의 우위를 점할 수 있었겠지만 극동축구의 질과 양의 격급 상승이라는 측면에서 당시 성적 자체보다 목표로 하고 있을 그 이상의 향후 전진방향은 경제성장의 기적을 이룬 나라들로서 도전의 무한가치를 부여하고 있다. 비록 출발 당시의 시작은 미약했으나 더 이상 브라질, 이탈리아, 독일, 아르헨티나 같은 4대 천왕이나 프랑스, 잉글랜드, 스페인, 우루과이 등이 공고히 점령한 월드컵왕국을 그림의 떡처럼 바라볼 수만은 없다. 배고픔을 이겨낸 노하우와 경험이 있기에 방앗간을 축조할 기술과 가능성은 누구보다 높은 경지에 있다. 2002년 월드컵 공동개최로 그림의 떡은 시식을 제공했고, 이를 통한 두 나라의 떡메 치는 소리가 차츰 우렁차게 들려왔다. 2012 런던 올림픽 3, 4위를 동시에 차지한 것은 고물을 묻혀가는 시간에 불과하다.

이 경이롭기조차 한 반란의 첫 희생양으로 우연하게도 06 독일대회의 우승과 준 우승국인 이탈리아와 프랑스가 나온 것이다. 10 남아공대회 한국과 일본의 16강을 대신해 이탈리아와 프랑스가 그 자리를 빼앗기듯 떨어져 나가버렸다. 원정 16강을 넘어선 8강, 4강을 향한 한국과 일본의 집요한 반란은 시간문제일 것 같은 흐름이 검은 바다의 여울 물밑에서 서서히 기포를 발산한다. 다소 앞서 나간 측면이 있다 해도 이미 세계축구 판도의 변화를 예고한 시그널인지도 모른다.

어느 한 나라가 일시적으로 독주하는 일이 있더라도 그것은 특별하고 우연한 성과로 받아들여질 수도 있지만, 기본적이고도 전반적인 극동축구의 상승세로 보아야 한다. 10 남아공대회 한국의 총 6득점 가운데 아무도 예측할 수 없었던 당시 J-리그 소속 수비수 이정수의 2득점은 극동축구에 시사하는 바가 그것이다.

지금 한국과 일본은 그러한 역학관계의 운명적 레이스파트너를 형성한다. 마치 결코 끊어지지 않는 강력 고무줄로 묶인 채 골인점이 없는 마라톤 레이스를 벌이는 두 명의 건각 같은 모습이다. 한 명이 먼저 멀리 치고 나가면 다른 한쪽이 곧 쫓아오고 다른 한쪽이 선도를 개척하면 또 다른 한쪽이 이를 추월해버린다. 마지막에 누가 먼저 골인할지 예측이 어렵지만, 분명한 것은 골인지점은 보이지 않은 채 끝없는 목표지점을 향해 펼쳐져 있는 레이스를 보는 것과 같다. 누군가 가위를 가져다 끊어놓지 않는 한 '작용과 반작용의 법칙'처럼 2개의 힘에 의한 서로 간 간섭의 매듭을 풀 수 없다. 그러나 안타깝게도 엄중하고 첨예한 양국의 현실은 이상(理想)의 제단 위에 상대를 해할 마찰의 도구들만 잔뜩 모아놓고 있다.

⚽ 동북아 패권논리, 현해탄을 떠나야

일본 열도는 21세기 과학으로도 규명되지 않는 활단층 공포의 상존 속에 지진의 운명적 공포가 늘 함께 있어왔다. 그래서 '어쩔 수 없다'는 생각에 묻혀서 일상화되어버린 탓일까. 지난 후쿠시마 원전사태로 공식집계로만 자국민 1만5천 명 이상이 사망한 것에 비하면, 일본국민의 원전 개혁에 대한 목소리의 톤을 높이는 현 아베정권에게는 쇠귀에 경 읽기 수준이다. 같은 시각 한국은 이웃 나라를 돕기 위한 사상 최대의 모금운동을 벌이는 사이 일본은 독도 영유권을 주장하는 확성기의 볼륨을 점점 높여가고 있다. 급기야 2014년 연초부터 독도를 자국영토로 명시할 중·고등 교과서를 채택키로 일본정부가 방침을 내리더니, 4월 들어선 초등교과서에 한국이 불법점거를 하고 있다는 내용을 실었다. 더군다나 함께했던 2002 한일월드컵 공동개최 사실도 교과내용에서 삭제해버리는 등 조치로 끝 간 데를 모르며 이웃나라와의 친밀한 선린관계를 경색국면으로 몰고 가고 있다.

이보다 앞서 인접국에 대한 위해는 아랑곳없이 원전 방사능 유출가능성에 대한 허위정보를 내내외에 공표하면서까지 2020 하계올림픽 유치에 성공했다. 강력 지지세력인 우익의 등은 따스하기만 하다. 억울한 사망자들에 대한 위령의 합장보다 몇몇 태평양전쟁 전범들이 합사된 야스쿠니 신사참배 강행이 더욱 긴요한 사안이고 보면, 외교적으로 그 궤도를 벗어난 행태는 주변국들의 우려에도 분별을 잃고 유아독존의 길을 추구하고 있다.

스스로 공존의 '역학'을 외면한 탈아입구(脫亞入歐)의 부작용도 전후 독존적 성장의 결말로서 현재의 일본경제를 대변해주고 있다. 장기불황으로 인한 산업계 전반의 활력 부재는 전후 세대의 비약적 신화만이 훈장처럼 남겨져 있다. 미래를 짊어져야 할 젊은이들이 해외유학이나 해외근무를 기피하고 있는 두드러진 사회병리현상도 '히키코모리'라 불리는 은둔형 외톨이를 양산하는 그들의 현실과 겹쳐져 있다. 전후 세대가 피땀 흘려 모은 재산이 평화롭게만 자라난 젊은 자식들에 의해 소비되는 것은 어찌 보면 당연한 이치이다. 배고프면 취하려 할 것이지만 풍요로우면 그 안온함을 만끽하려 나태해져 가는 본성은 어떤 의미에서 양면적 삶이 가져다준 이율배반 같은 것이다. 배고프지 않은 현 세대에게 배고픔을 가르치는 것은 우리나 그들이나 매한가지의 무의미함으로 인식되지만, 미래의 세대에게 최소한 유산 삼아 물려줄 현재의 가치 이상의 그 무언가가 필요한 것은 분명하다. 굳이 공존이나 희망 같은 단어들을 피력하지 않더라도.

우리만큼 자원이 부족한 나라에서 다수의 노벨상이라는 튼실한 과학적 기초와 근면 성실한 다수의 기성세대가 버팀목이 되어 그나마 바닥을 맴도는 경제난국의 기저에서 존립의 토대를 이루고 있다. 최근 부활의 신호탄이라 믿고 싶은 아베노믹스의 경제정책에 눈덩이처럼 불어나는 국가 부채의 그림자가 가리어 있다. 그런 가운데 단기적으로 실적 개선의 그래프가 눈에 들어오지만, 전체 내수시장의 소비 진작으로 이어지기엔 아직은 완전한 경제회복 국면이 멀리에 거리를 두고 있다.

한류가 일본 전역을 휩쓸고 일본의 젊은 톱 싱어들이 역시 젊은 한국의 마니아들로부터 열광의 환성을 지르게 하는 어우러짐의 마당 한가운데에서 스포츠 분야의 경쟁장이 다분히 감정 섞인 울분의 마당으로만 인식되게 하여서는 건전한 문화의 융성을 기대하기란 쉽지 않은 것이다. 축구도 문화현상인 만큼 이를 벗어난 악용의 목적 외 활동이나 의도가 즐김의 바다로 나아가는 정신적 문화창달에 기여하지 못해서는 곤란하다는 의식이 긴요한 것이다.

흔히 말하는 '역사 인식'에는 가해의 역사만 뜻하는 것은 아니다. 고대로부터 가까이 사는 이웃에게 같은 종(種)의 인간으로서 유익한 문명을 전해주려 했던 인접국에 대한 선린우호의 뜻을 새삼 인지하지 못한대서야 그 자체가 반문명일 것이다. 또한 국경을 떠나 이 시대의 인간이 추구하는 이상적 가치에 부응하지 못하는 제국주의의 망령적 책략이 숨겨져 있을 뿐이다. '통석(痛惜)의 염(念)' 뒤에 가깝고도 먼 나라로만 존재의 의미를 확인시켜버리는 현해탄 정서는 가까이에 있어도 상호 도움이 안 되는 관계로서 차라리 멀리 있었으면 좋았을 가까운 나라가 되어 있는 현실의 괴리감만 반영한다.

  현재 한국과 일본의 정치외교적 대치상황에서도 일본 재계는 한국을 중시하는 교류의 노력을, 기회를 통하여 일본정부에 촉구하고 있는 것으로 보인다. 지난 2014년 3월 미국의 중재와 핵안보정상회의를 계기로 한미일 3국 정상회담도 열렸다. 우리 역시 보다 전향된 일본의 역사인식에 대한 변화를 기대하고 있지만 독도문제나 위안부문제 등을 대하는 일본정부의 우경화 일변도에 관계개선을 낙관하기에는 현실적 장벽이 가로놓여 있다. 그럼에도 국가 간 정치경제 분야뿐 아니라 교역할 수 있는 다방면의 모든 이익이 공유될 수 있다면 현해탄을 넘어 빠르게 동북아의 바다를 거슬러 쉼 없이 대양으로 빠져나가는 세계문명의 조류를 놓칠 수는 없다.

  스포츠 경기에 국가적 명운이나 국민감정을 자극하는 전쟁으로서가 아니라 양국의 도약적 미래와 극동이 함께 세계로 나아가는 데 있어 문화경쟁력을 제고하는 상호 발판의 주춧돌로 삼아야 마땅하다.

검은 여울빛이 너울거리는 현해탄 멀리에 대마도가 보인다. 〈 현지 촬영 〉

지난 2002 한국의 4강 달성 시, 길거리 응원에 동참하고 결승전 진출로 요코하마로 가자했던 많은 일본의 국민의 응원처럼, 그래서 언제가 될지는 모르지만 앞으로 전개될 월드컵 본선에서의 양국은 토너먼트에 반드시 함께 올라서야 한다. 그 숱하게 싸워왔던 아시아예선 같은 국지전이 아닌 월드컵 본선무대의 세계인들 앞에서 한편의 멋진 명화로서 기억될만한 명승부를 펼쳐주길 기원하는 것이다. 피파로서도 극동축구에 화들짝 놀랄만한 한국 VS 일본 최고의 빅 매치를 말이다.

역대 월드컵 본선 한일 전적

단위:점

구분	대회	매치	상대국	스코어	득실점	비고
대한민국	54 스위스	1라운드	헝가리	0:9	−9	
			터키	0:7	−7	
	86 멕시코		아르헨	1:3	−2	
			불가리아	1:1	0	
			이탈리아	2:3	−1	
	90 이탈리아		벨기에	0:2	−2	
			스페인	1:3	−2	
			우루과이	0:1	−1	
	94 미국		스페인	2:2	0	
			볼리비아	0:0	0	
			독일	2:3	−1	
	98 프랑스		멕시코	1:3	−2	
			네델란드	0:5	−5	
			벨기에	1:1	0	
	02 한&일	〃	폴란드	2:0	2	
			미국	1:1	0	
			포르투갈	1:0	1	
		16강	이탈리아	2:1	1	
		8강	스페인	0:0	0	* 승부킥 승
		4강	독일	0:1	−1	
		3·4위전	터키	2:3	−1	
	06 독일	1라운드	토고	2:1	1	
			프랑스	1:1	0	
			스위스	0:2	−2	
대한민국	10 남아공	〃	그리스	2:0	2	
			아르헨	1:4	−3	
			나이지리아	2:2	0	
		16강	우루과이	1:2	−1	
TOTAL				28:61	−33	
일본	98 프랑스	1라운드	아르헨	0:1	−1	
			크로아티아	0:1	−1	
			자메이카	1:2	−1	
	02 한일	〃	벨기에	2:2	0	
			러시아	1:0	1	
			튀니지	2:0	2	
		16강	터키	0:1	−1	
	06 독일	1라운드	호주	0:2	−2	
			크로아티아	0:0	0	
			브라질	1:4	−3	
	10 남아공	〃	카메룬	1:0	1	
			네덜란드	0:1	−1	
			덴마크	3:1	2	
		16강	파라과이	0:0	0	* 승부킥 패
TOTAL				11:15	−4	

안방에서 지켜본 월드컵

속 터지는 개미군단 박 터지는 월드컵으로

⚽ 본전 생각을 키우는 월드컵

킥오프되는 날만을 가슴 벅차고 설레게 기다렸다. 상대가 상대인 만큼 대충 한두 골 정도 차이로 이기면 대박인 월드컵 본선 첫 경기가 코앞에 다가 온 것이다. 하지만 언제나 그랬듯 시간 가는 게 왜 이렇게 더딘가 싶더니, 언제 좀이 쑤셨냐는 듯 드디어 결전의 날이 찬연하게도 밝아왔다. 그 짜릿한 한 골을 느껴보는 감흥은 마실 것이며 씹을 것, 뜯을 것까지 한자리에 옹기종기 모셔놓고 음미하는 것과는 차원이 다르다.

장엄하게 일렬로 늘어선 대표 팀의 낯익은 마스크들이 굳은 표정으로 결전의 순간을 기다린다. 곧이어 애국가가 울려 퍼지며 태극기를 향하는 엄숙한 시선은 비장한 각오를 무겁고도 경건하게 경기장 내에 퍼뜨려놓는다. 드디어 초조하게 기다렸던 경기시작 호각소리가 울린다. 이때부터 손톱 끝이 빠져라 물어 뜯어가며 이제나 저제나 한 골만을 눈과 목이 빠지게 연호해 본다. 등골이 송연해지는 위기의 순간과 순간을 벗어나는가 하더니, 결국엔 올 것이 오고야 만다. 월드컵이 이름값을 해대는 것인지 시작한 지 얼마가 지나갔는지 모르게 섬뜩한 기운이 들 찰나였다. 야속한 골은 이쪽 문 앞을 기웃거리더니 끝내 그쪽을 박차고 들어간다.

분수의 자아에 드리워진 과욕의 장막은 언제나 욕망의 반대편에서 이다지도 사람을 능욕해도 되는지 자문할 틈도 없이 과욕의 대가가 가슴을 못질하며 아려온다. 그래도 뭐 한 골쯤이야 곧바로 만회만 한다면 다시 시작하는 셈치고 지며리 있게 반격의 기회를 지켜보기로 하고, 잠시 애끓는 심정을 달래본다. 이어서 머리끝부터 발끝뿌리까지 뻗친 삼라만상의 정기를 심호흡 한번으로 오감의 기운을 집적시켜 TV 화면 너머 월드컵 본선 안으로 강제 투입시켜보려 애써본다. 그러나 얼마 가지도 못해 또 한 골이 아군의 문을 비집고 속절없이 통과해버린다. 스코어 0:2.

"TV중계 리모컨 OFF다."

성질 급한 한국사람 티는 이럴 때 써먹으라고 생겨났는지도 모르겠다. 긴장의 매듭이 탁 풀어짐과 동시에 방바닥에 힘없이 상체를 떨쳐버렸다. 하여간 집착과 욕망에 기대어 삶을 즐기려는 인간의 부질없는 오욕칠정이 화근이었다면 진중치 못해 마음을 다스리지 못한 이내 몽매함을 책망할 일이라고 상한 마음 달래어본다. 그러나 그 마음이 또 얼마나 갈까. 천장에 고정된 시선을 따라가자 그 절통함을 아는가 싶게 삼파장 형광등 속 필라멘트 전열선이 마음처럼 끓어 흐른다. 그리곤 그 열 기운이 몽롱해져 있는 시야에서 커졌다 작아졌다 반복한다. 곧 전구 내 아르곤가스가 터져버릴 것 같다. 도진 성질을 주체 못해 드러누웠던 방바닥에서 다시 벌떡 상체를 일으켜본다. 이건 한마디로 정서적 경착륙이 안 된다. 월드컵이 열리고 있는 이 마당에 TV 리모컨 OFF라니. 국민 혈세를 퍼부어 중계권료를 지불한 것이 얼마인데 그냥 눈 감고 있을 계제인가 말이다.

이렇게 될 것을 가지고 시작 전부터 '본선 만세'를 위해 공을 들인 시간들이 너무 분하고 억울한 마음이 잠시 들다가도 혹시나 세상사 원점으로 돌릴 수 있는 마법이라도 있길 바라는 간사함이 슬며시 고개를 쳐드는 건 분명 '본전 생각' 때문일 터이다.

애초부터 뺏을 수도 잃을 수도 있는 가변성 위에서 출발한 '게임의 룰'이야 다 아는 얘기니 중요한 건 뭔가에 당한 것 같은 손해 본 심정으로 바뀌어버린 것이다. 말하자면 분수 모르는 욕심이 세상사 모든 갈등의 주요 인이 된다는 사실에 기초해 당초 품었던 대박이고 뭐고 본전으로 원상회복만 시켜준다면 더 이상 맘 편할 일이 없다는 뜻이다. 그래서 슬그머니 TV 리모컨을 다시 집어 들고 '본전 기원'을 향한 ON 버튼에 힘을 주어본 뒤 혹시나 해서 스코어부터 먼저 확인해본다.

이게 다 평소에 주식판에서 갈고 닦여진 칠푼수 같은 균형적 정의감에서 우러나오는 '본전 증후군'이란 것이다. 그래서 개미들 공통의 직업병 같아서 돈 잃어본 광팬들 그 개념 정립이 확고한 의식이기도 하다.

⚽ 주식시장과 월드컵 평행이론

따져보면 축구전사들의 범글로벌 집결지 월드컵은 개미전사들의 경제자본의 집결지 주식시장과 어쩌면 그리도 판박이인지. 양자 간 연결구도나 공통점의 재발견은 또 다른 흥밋거리 요소다.

본선이 시작되기도 전에 '코요테모멘트'를 느낄 법한 공포의 조별 추첨으로 소위 죽음 조가 형성된다. 죽기 싫으면 처음부터 발을 들여놓지 않아야 한다. 그러나 그게 어디 정상적인 사고나 인력으로 될 일인가. 옵션만기일과 월드컵 개막일은 동병상련이다. 그날 자체에 모두가 몰려드는 것이나 열려버린 지옥의 문에서 아귀다툼 싸우다 약한 자들은 하나둘씩 먼저 도태된다.

개장해서는 돈 놓고 돈 먹는 것이나 개막해서는 공 놓고 월드컵 먹는 기본 룰에서부터 강세와 보합, 그리고 약세를 거듭하는 시황패턴의 흐름은 승리(강세)와 패배(약세), 그리고 무승부(보합)를 반복하는 동일한 승부 패러다임 속에서 모든 역사가 반복된다. 판돈의 자금이 궁하면 신용 걸어 주식 사고, 팀워크 전술과 기술전략이 모자라면 외국인 감독 차입하여 데려다 대표팀 맡겨 '일임매매'한다.

개미가 주식을 처음 사기 시작하면서 비극 같은 서막이란 막연히 내 주식이 오를 것이란 환상으로 다가와 호주머니 종자돈이 억대의 큰 자본으로 곧 탈바꿈하리라는 망상 같은 것이 그것이다. 월드컵 본선에 나가면 반드시 승리할 것이란, 그래서 16강에서 4강까지 맡아놓은 당상인 것처럼 꿈을 꾸는 가슴 벅찬 설렘도 마찬가지다. 그러면서도 신고가 주식이 나오면 두려움에 감히 손도 못 대는 소극적 대응이나 세계 최강 우승후보와 한 조가 되면 무서워서 비기기 작전에 돌입하는 전략도 같은 맥락으로 보면 그렇다.

팔면 오르게 되고 사면 내리게 되는 개미들의 청개구리 법칙은 적진을 공격하면 반대로 골 먹게 되고 수비만 한다고 골문이 온전할 리 없는 게임의 법칙을 벗어날 수 없다. 그 울화통 때문에 잃어버린 점수 만회할 욕심에 더 큰 공세의 무모함으로 자멸하는 일이 비일비재하듯, 잃은 돈 본전 찾는답시고 집 담보에 있는 돈 없는 돈 다 끌어 빚 내어버리다 되돌릴 수 없는 나락에서 울어본들 속절없이 지나쳐버린 매정한 시간들에겐 뒤돌아보아줄 온정이란 것이 없다.

세력들마저 청개구리를 닮았는지 어느 시점에 그 어떤 종목으로 진격해올지 죽 끓듯 조변석개하는 밀물썰물 작전은 잘 훈련된 얄미운 적 공격수들의 기습작전을 방불케 하는 승부의 바로메타가 된다.

이렇게 거대 자본세력과 개미들이 한 조에서 맞붙어야 하는 공정치 못한 매치가 불가피한 것처럼 '기술적 분석'에 의해 이미 승부가 갈린 것이나 다름없는 우승후보와 월드컵 처녀 출전국이 한 조에서 리그전을 펼칠 수밖에 없는 건 그렇다 치자. 그 개미들의 피눈물 나는 쌈짓돈 흡입하여 거대자본을 배불리고, 연례객이 되어버린 3패 클럽 회원들 패배의 한을 딛고 우승컵을 들어올리는 8공주파 월드컵 우승국들의 오래된 월드컵 독과점이 항상 그런 것이다. 또 그렇다고 월드컵 우승국들이라 해서 한두 차례 무승부나 패배도 없이 한 대회 100% 전승으로 우승하는 국가란 없었다. 아무리 잘나가는 주가도 '눌림목' 구간을 반드시 통과해야 재상승을 위한 일보 후퇴가 불가피한 것이다.

어쩌다 붉은 기둥이 시장을 뒤덮으면 태극전사 빨간 유니폼 보듯이 환호해 대고, 반대로 푸른 기둥이 엄습하여 개미들 열 받게 되면 파란 유니폼의 일본이나 이탈리아대표팀과 한판 붙을 때 그들을 바라보는 기분이다.

아무리 찍고 찍어도 어디로 다 갔는지 '유동성 집결의 법칙'에 달러화 유로화는 특정세력에만 결집하고 추종한다. 공 하나를 놓고 22명의 선수들이 같은 공간 같은 시간에 다퉈도 공은 특정 게임메이커의 움직임에 쏠려 굴러다닌다. 나머지 선수들은 공만 쫓아다니는 허당축구이고, 개미들은 먹이를 물어다 몰아주는 문자 그대로 일개미에 불과하다.

'공매도'로 다수 투자자들을 혼란시켜 차익을 추구하는 매매기술이며, 공은 건드리지도 않으면서 헛다리짚기로 상대방을 기만하고 제압하는 잔

기술은 그나마 합법적인 테크닉이라고는 할 수 있다. 그러나 '주가조작'에 '신의 손 사건' 등으로 부당이익을 얻는 등 반칙에 대한 벌칙규정은 있어도 감독자나 심판이 인지할 수 없다면, 모두가 인간이 만든 시스템이기에 적당히 눈 가리고 아웅 하는 것도 어쩜 그리도 닮았는지.

어디 그뿐이랴. 매수나 공격만 잘해도 되는 것도 아니고 매도나 수비만 잘해서도 되는 게임이 아니다. 공수의 균형과 조화가 짜임새 있어야 하고, 무엇보다 매수매도의 타이밍이 절묘해야 사는 고도의 전략게임인 것이다.

그리하여 절호의 슛 찬스를 허공으로 날리는 바람에 땅을 치는 애통함이, 매매타이밍 놓쳐서 상한가나 폭등주는 불꽃놀이 구경하듯 처다만 봐야 하고 하한가나 폭락주는 대책 없이 안고 가야만 하는 절통함이, 두고두고 회한을 남기는 속 앓이가 시합 때나 장중이나 꼭 찾아오게 마련이다.

그렇다고 자칫 욕심을 부려 한 종목에 몰빵으로 투자위험에 노출되면 영락없이 세력의 밥그릇에 죽을 쒀주는 것처럼 화끈한 공격축구 한답시고 총공격만으로 판세를 몰려다간 역시 수비가 위험에 빠져 판세를 그르치는 일은 허다하다. 때문에 소위 포트폴리오 구성하여 안전투자하는 기법이나 3-5-2다, 4-3-3이다 하는 전술시스템 만들어 잘못된 포메이션의 위험을 줄이거나 분산시키는 전법이 그런 이유인 것이다.

⚽ 붉은 악마, 모든 개미를 하나로 만들어

그런 모든 현상들이 월드컵과 주식시장의 끝없는 닮은꼴 평행이론이 된 뼈대라면 그 살이 되게 사람 마음을 푹 빠지게 만든 이유가 따로 또 있었다. 사실 거래만 했다 하면 주식계좌 잔고 깨지는 필패의 법칙에서 허구한 날 헤어날 길이 요원한 개미들이 잠시 월드컵에서나마 머리도 식힐 겸해서 빠져보았는데, 그게 장난이 아니란 이야기다.

가끔씩 불쇼로 개미들 현혹시키는 주식시장은 생존의 업과 같지만 이 곳은 개미들 초미의 관심사와 흥미진진의 낙원으로서 문화의 장, 순수 그 자체인 것이다. 퍼런 음봉을 깨부수고 뻘건 양봉의 설렘이 펼쳐지는 파라다이스가 활짝 열린 것이다. 거기에 불초한 개미 저마다가 유동성 장세, 즉 돈이 몰리는 곳에 우르르 집결하게 되는 것이 태초부터의 생리이거늘, 주식시장만 자본이 모여드는 것이 아니라 월드컵 그 자체가 주식시장 같은 착각에 빠질 정도로 세계의 모든 광고시장이 '월드컵으로!'를 외치고 블랙홀처럼 빨려든다 하니, 어찌 한 세기 가깝도록 월드컵이 열리는데 '배팅의 달인들' 속성상 그 '골드러시판'을 기웃거려보지 않을 수 있을까.

특히나 본선 32강 중 30위권의 서열구조에서 늘 거대세력과 장렬하게 싸워야 하는 한국이 바로 개미전사들 아닌가. 또 한국팀이 왜 하필이면 '붉은 악마'인가? 개미들이 기본적으로 양봉을 선호하기 때문인 그럴싸한 붉은 기둥의 컬러감이 사람심장을 마구 뛰게 하질 않는가 말이다.

월드컵 3패 클럽의 '3중바닥' 행진이 계속될 때마다 아우성치는 패전국들 원한의 한숨도 당사자 일국으로서 '저점바닥'을 통과하는 뼈아픔을 겪었다. 그런 모진 과정을 이겨내고 본선 개최와 국민적 성원, 그리고 국가적 총력지원이란 총합적 결집으로 단순 '기술적 반등'을 넘어 소위 4강신화를 이룩한 '월드컵 어닝 서프라이즈'는 개미들이 미처 맛보지 못한 실전 테크닉의 레전드가 되어 열광하지 않을 수 없는 것이다. 또한 자원 없는 나라에서 월드컵이라도 잘만하면 외국의 자본을 힘 안 들이고 유치할 수 있는 기회이니 누이 좋은 법이다. 거기에 4강이다 뭐다 호성적으로 선수들 각자는 축구선진국으로 날아가 유로화, 달러화 등을 벌어들이니 매부도 덩달아 신이 날 일이다.

기대하지도 않았던 배당도 덤으로 보여준다. 거대 외국세력과도 같은 우승 후보국들이 월드컵 지역예선 탈락의 비운은 어디까지나 남의 일이지만, 호사가들에겐 빅뉴스거리다. 우승후보군의 타이틀이 무색할 정도로 그나마 올라선 본선 1라운드에서의 탈락 등 '어닝 쇼크'가 보여주는 쏠쏠한 구경거리도 월드컵이 별도로 제공하는 '결산배당' 정도로 생각하면 그것도 아주 그만 아닌가.

이렇게 해서 4년마다 돌아오는 월드컵은 한 달여 동안이나마 개미들의 디아스포라가 되었다. 아이 학원비 좀 보태려 덤벼들었다가 대박이 보인다며 전업맨을 선언한 개미에서부터 집안 호적에서 아예 제쳐버리기 일보 직전의 필설로 다하지 못하는 불쌍한 개미에 이르기까지 슈퍼개미를 제외한 개미란 개미는 요런 재미에 흠뻑 맛들이며 다 모였다.

이들 대부분이 워낙 상투점을 잡고 댄스를 춰대는 달인의 경지가 출중하여 '꼭짓점군단'이라 애칭을 붙이자니, 같은 월드컵 댄스군단인 삼바군단과 탱고군단의 반가운 눈빛이 삼삼하기도 하다. 덩달아 옆에 있는 아주리, 전차, 오렌지, 레블레, 무적함대, 삼자자 등 최고의 군단들이 함께 어우러져 모처럼 어깨를 나란히 하는 격조 높은 시즌을 즐기는 사이, 한쪽 주식시장은 그 달포가 10년처럼 멀고도 길었다.

오죽했으면 월드컵 기간 주식거래 급감이라는 보도에 화들짝 놀란 국내 상장사들이 이 현대판 노아의 방주사태를 좌시할 수 없어 빼앗긴 개미들을 찾아 나서기 위해 좌고우면해야 했을까.

'그대들 없는 주식시장은 월드컵 없는 A매치, 그대가 빠진 증권객장은 이청용, 기성용, 손흥민, 지동원, 구자철이 모조리 빠진 국가대표'와 같은 심정이었을 것이다. 그러나 국가 간에 혹은 민족 간에 성스런 전선인 월드컵대회의 기간을 도끼자루 썩는 시간 정도로 치부해서는 안 될 것이다.

스마트시대로의 변화는 증권사마다 객장도 사라진 모습으로 탈바꿈 되었다.
〈과거 객장의 모습 – 연합뉴스 제공〉

⚽ 바른 투자 환경의 시대를 위하여

IMF라는 흉흉한 세월에 스스로에게인지 아니면 주식시장한테인지 분간 모를 개미들의 노여움은 겪어보지 못한 깨달음이었고 값비싼 수업료였다. 그런 아픔과 분노를 딛고 일어서려던 98 프랑스대회의 좌절과 02 한일대회의 반짝 성과 뒤에 다시 찾아온 글로벌 금융위기의 혹독한 한파는 한번 겪었던 시련의 저항력이 되어 꿋꿋한 버팀목위에 다른 영역으로 멀어져 갔다. 수많았던 월드컵의 나날들은 삶의 희열과 솟아날 구멍을 가르친 내공의 시간으로서 개미들도 이젠 예전의 개미와는 다른 경지에 와 있다.

머니게임에 몰입하면 할수록 자본의 힘을 효율적으로 이용하는 거대세력의 지배력에 대응하여 정보력과 네트워킹으로 무장한 개미들의 똑똑해진 세력화는 긴 세월 동안 그 면역력을 한층 키워왔다. 그 결과 과거 '고점매수 저점매도'에 익숙했던 롤러코스트에는 이제 무리한 탑승을 원치 않게 되었다. 무엇보다 몰빵투자나 깡통을 유발하는 대용금 사용 등과 같이 무지몽매했던 어리석음은 경계 1호의 과욕대상으로 탈바꿈한 지 오래다.

다만 구조적으로 개미들이 질 수밖에 없는 주식환경의 주된 요인을 살피고 개선해야 한다. 이것은 오늘 우리의 주식이 저평가되어 있다는 사실과 궤를 같이한다. 단기간의 이익만 추구하려는 시장 주체들의 근시안적 투자 패턴이 만들어낸 자기 함정과도 같은 것이다. 결국 국내외를 유령처럼 떠도는 유동성 자본들이 올바른 투자처를 찾지 못하게 그 진로의 방향을 가로막고 있는 상황이다. 왜곡된 투자문화를 건전하게 바로잡아야 우리의 우량주들을 싸구려로 만들고 있는 '코리아 디스카운트' 같은 부당한 가치평가에서 벗어날 수 있다. 단기간의 변동성에만 몰입된 시장의 불안전성은 정보력과 자금력으로 이를 유리하게 이용하는 세력들의 책략에 지배되어 있기 때문이다. 개미들도 단기매매의 이익에만 치중된 거래행태는 그들에게 이용되는 악순환의 연결고리임을 자각할 때이다.

월드컵이 끝나면 일시적이나마 떠나온 주식시장은 마치 개미군단의 개선을 기다리는 듯 객장은 불을 밝히고 있을 것이다. 즐거웠든 괴로웠든 떠나온 곳에 대한 애증의 향수는 누구나 있는 법. 그러나 다시 돌아갈지를 결정하는 문제는 다른 문제다. 이제 돈도 바닥상태이기 때문이다. 월드컵으로 잠시 누렸던 행복했던 시간만큼이나 힘든 일상으로 돌아와야 한다. 한참 크고 있는 아이들도 있고, 아내는 마트 캐셔인지 폼 팔러 나갔다. 나중에 황혼이혼하자해도 할 말 없지만, 더 가슴 미어지는 건 수족이 없어 독거노인처럼 사는 울 엄마 기동이나 하는지, 얼굴 본 지도 언제인가. 지하에 계신 아버지는 이 못난 아들을 보고 뭐라 하실지. 하염없이 뭔가가 뚝뚝 떨어진다. 어차피 살기 위해서라도, 그리고 심란한 마음을 이기기 위해서라도 돈벌이의 전선에 월드컵 전사처럼 다시 나서야 한다.

앞으로 한국이 2002년 이룩한 4강의 '전고점 탈환'이 좀 힘겨워 보이지만, 다행하게도 06 독일대회 원정 첫 승과 10 남아공대회 원정 첫 16강 달성에다, 2012 런던올림픽 동메달 획득이라는 한국축구의 '추세선'이 여전히 살아있는 것은 고무적 현상이다. 그리고 이를 떠받치는 한국축구의 성장 '모멘텀'이자 '강력 지지선'은 분명히 K-리그다. 다만 축구 백년대계를 외치면서도 당장 눈앞에 닥친 굵직한 세계대회에 '단타매매'를 거듭할 수밖에 없는 한국축구의 현실은 K-리그의 성장가도에 부담을 주기도 한다. 이를 극복하기 위해서라도 소위 수도권 더비(서울 VS 수원)에 쏠려 있는 축구 열기가 고착화되어서는 안 되며, 이를 전국적 권역별로 '동시호가'처럼 다발화시켜야 한다. 중부권과 영호남의 더비다운 엘클라시코가 생긴다면 '저점 바닥'에서 헤매는 지방경제도 다소나마 부양되고 활성화하는 기폭제가 될 것이다. 말처럼 쉽지 않은 현실에서 가장 확실한 투자가 필요하다면, 그 미래를 위한 성장 에너지원이 될 자라나는 어린 세대들이라는 점이다. 이에 대한 모든 이들의 인식의 공유가 출발점이기도 하다. 어린이 축구클럽과 학원축구의 저변 확대, 그리고 이들에 대한 시속적인 모두의 관심과 지원만이 엘클라시코를 향하는 첩경이며 장차 K-리그가 전 국민적 관심 속에 진정한 국민스포츠로서 활로를 찾게 될 것이다.

개미는 이제 잃어버린 돈을 다시 벌기 위해 일자리를 찾아 떠나지만 언젠가는 시장에 '턴 어라운드' 할 것이다. 그때에는 반드시 우리의 시장이 건전한 투자와 성장, 그리고 그에 따른 알찬 열매가 투자자 모두에게 공정하게 배분되는 시장 정의가 한층 더 성숙한 모습으로 변화되어 있기를 바랄 뿐이다. 그런 바람에 더하여 머지않은 장래에 K-리그 구단들이 코스닥 상장을 위해 분주해진 모습이라도 볼 수나 있을는지.

'모든 개미들의 바른 성공투자를 기원한다.'

공격한다. 고로 우리는 존재한다

70년대 초엽 서울 강북 어느 초등학교 시청각실 풍경.

한 반에 80명이나 되는 개구쟁이들이 담임선생님을 따라 여러 반 아이들과 함께 들어선 교육장 안은 머지않아 아이들의 장난소리가 환호성으로 둔갑한다. 무언가 잔뜩 기대감에 부풀어 있는 모두의 시선에 빨려들듯 고정된 스크린의 화면이 시청각 전 객실을 뒤덮는다. 곧이어 아이들 모두는 열화와 같은 도가니에 온통 빠져든다.

적들이 숨어 있을 법한 깊은 갱도 속을 향해 파월장병 전투원으로 보이는 한 병사의 화염방사기가 불을 뿜어대자 일제히 환호하는 아이들. 잠시 후 그 화염을 뒤집어쓴 악의 화신이 굴 안에서 뛰쳐나온다. 동시에 가

눌 수 없이 죽음의 고통을 전신에 휘감은 채 나뒹구는 베트콩의 처참한 흉상에서 해맑은 눈망울들에 전율되어 오는 미움의 상처가 불덩이 속에서 포말이 되어 비산해버린다.

너무도 이른 나이에 배워버린 미움과 적개심으로 얼룩져진 가녀린 동심에게 그날만큼 뜻 깊게 보냈던 날들이 거의 없었던 것으로 기억되었다. 그래서 베트콩이 이를 대신해준 상처의 치유와 이데올로기 교육의 현장 학습이 어우러져 각자의 이해관계 속에서 그날만은 축구를 하지 않아도 좋을 하루가 되었다.

⚽ 미움의 탈출구를 찾는 아이들

버스 종점 동네아이들은 평소 집과 학교, 그리고 주변에 숨 막히게 포진한 공격자들에 둘러싸여 지냈다. 바깥일의 스트레스에 아버지는 술을 빌려 집안을 지옥으로 만들었다. 그럴 때면 엄마는 아버지의 공세에 힘이 부치게 맞서다 제압당하기 일쑤였다. 그 여진의 진파는 아이들에게 돌아와 엄마는 사소한 일에도 쌍심지를 켜가며 잔뜩 화난 얼굴로 닦달하였다. 엄마와 아버지는 분명히 전생에 원수지간이었을 것이다. 집안에서 제일 만만한 막내에게 윽박지르기 일쑤였던 형과 누나도 겉멋쟁이들처럼 돌아다니다 아버지에게 걸려 된통 맞는 날이 다반사였다. 그런 날이면 왠지 모를 두 감정이 교차하였지만 다음 날 뜨는 해가 싫어지는 우울한 밤이 되었다.

학교 안에서도 언제나 아이들을 향한 공포는 잠복해 있었다. 성적이 나쁜 친구나 지난번 시험성적이보다 떨어지면 가차 없이 사랑이란 이름의 매가 두 얼굴을 드러냈다. 집이 가난해 수업료를 못 내는 어린 영혼에게도 생채기가 가해졌다. 방과 후가 되면 주변 상급생들의 위압도 언제나 상존하는 일상적 분위기에 갈 데 없는 동네아이들은 한 곳에 몰려들었다. 종점 한 귀퉁이 골목은 사방으로 나아갈 행선의 요충지였고, 아이들끼리 한데 뭉쳐 유희할 수 있는 놀이의 거점이었다.

이곳에만 모이면 위축되었던 생기를 되찾아 동네아이들은 대충 성원을 이룬 집단 내에서 평소의 학습대로 공포분위기의 복습에 돌입했다. 내부를 계급화하고 낮은 서열부터 가장 두려운 상대가 나서서 기강을 다잡았다. 그리고 조직 내부를 통제시스템으로 관리하였는데, 서열화가 완성되자 집단 멤버의 이탈을 막기 위해 그 공포를 외부로 돌릴 필요가 있었다.

종점 아이들은 방과 후에나 노는 날에도 원정대를 구성, 베트콩 같은 적들을 찾아 산과 들, 그리고 강가를 누비며 제4의 전선을 향해 낯선 세계를 떠돌았다. 춘삼월 이름조차 알 수 없이 흐드러진 들판의 야생화가 발부리에 닿을 때마다 무자비하게 꺾어 던져버렸다. 무심히 땅벌레가 기어가면 밟아 짓이겨버리기도 하였다.

장마철만 되면 물난리를 겪어야 하는 송파의 성난 물결은 모든 걸 쓸어갈 기세로 황토 빛을 일렁였다. 그 빛에 맺혀 있는 듯이 100년이 지나도 씻을 수 없는 삼밭나루(三田渡)의 원한서린 노도는 서울 십자군의 원정길에 손짓하듯 넘실거렸다. 소꿉놀이를 하는 또래 아이들이 노는 곳이라면 어디서든 비적과 같이 떼를 지어 모든 상대를 가학하고 싶은 욕망이 불타올랐다.

그러나 평화스런 무주공산을 바라본 종국의 지점에서 원정군의 공격본능은 넘기 어려운 장애에 부딪치곤 하였다. 그것은 멀고 먼 출병일수록 기아와 병마에 지쳐 쓰러지는 병사들의 고통처럼 해질녘에서야 찾아오는 소년원정대의 귀가본능을 자극하는 향수병 같은 것이었다. 눈앞의 적보다 더 큰 마음의 적이 나타나 당일원정의 한계에 무뎌지는 정복욕의 임계

선을 드러냈다. 언제나 적의 저항을 간단히 제압하고 그리고 무엇보다 항구적 공격이 가능한 주변 가장 가까운 적들이 곧 최적의 상대임을 깨닫게 하였다. 따라서 종점아이들은 방향을 선회해 즉시 공격이 가능한 가장 인접한 대상을 물색하고 탐색했다.

다행히 적은 멀지 않는 곳에서 때를 기다렸다는 듯 반색하며 그 위용을 드러냈다. 종점 아이들의 궁한 처지를 똑같은 환경에서 이해하는 이웃 경로당 고개에 그 진영 하나가 또래의 무리로 진을 치고 있었다. 결국 서로는 가까운 적들에게로 공격의 초점을 맞추었다. 이편과 저편의 경계를 구획지은 중간지점의 놀이터는 그들과 충돌할 전장으로 안성맞춤이었으며 최적의 공격적 도구는 단연 축구였다.

⚽ 왕따 하나 빼고 몽땅 공격수

동네의 골목축구팀은 팀이라 봐야 경기 정족수 구성이 난감한 숫자 7~8명 수준. 소위 베스트 일레븐 멤버의 구성이 불가능해도 공차고 노는 데에는 이상 없다. 다만 공터에 골문만한 기둥이 없으니 아이들이 고사리 손으로 손수 축조해야 한다. 학교 운동장 골문보다 훨씬 못하지만, 만든다고 공들인 것이 주변에 돌무더기들을 골문 양 포스트에 정성스레 모아놓고 적당히 간격을 유지하는 정도다. 장점도 하나 있다. 골대를 맞추는 일이 없으니 월드컵처럼 그 기둥을 맞추고 지는 '열녀문의 저주' 같은 일은 일어나지 않는다. 그냥 땅볼로 골인되면 가장 확실한 득점이고, 공중볼로 들어가면 비디오 판독이 불가하여 축구대장이 판단해 대충 골과 노골로 가려낸다. 멤버들 가운데에도 진짜 축구를 좋아하는 3, 4명을 제외하면 나머지 반은 끼워만 준다면 그냥 놀이패의 멤버로 대만족이지만 문제는 골키퍼였다.

옆 동네와 전쟁 한번 벌일 때마다 상대 골문 앞에서 아군끼리 공을 돌릴라치면 조리돌림 당하듯 이리저리 허둥대다가 이쪽의 슛 한 방에 베트콩처럼 비틀대며 쓰러져버리는 재미에 멤버 전원이 몽땅 공격수만 하려 들었다. 저마다 펠레와 크루이프에, 자일징요와 조지베스트에다가 득점기계 게르트뮐러다. 요즘으로 치자면 잘나가는 메시, 호날두, 루니, 반페르시, 카카, 네이마르 등이 한 팀으로 뭉친 것이다. 지금의 카시야스나 부폰이 들으면 좀 섭섭할지언정 골키퍼는 한마디로 노땡큐다. 공 만질 기회도 별로 없거니와 만에 하나 골이라도 먹거나 승부에서 지는 날엔 그 죄과를 몽땅 뒤집어써야 하는 설움의 포지션이었기에 '준비된 왕따'만이 기용이 가능하다.

월드컵에서 가끔 골 먹은 키퍼가 수비수들을 원망하는 손짓으로 그 과오를 혼자만은 뒤집어쓰지 않겠다는 자기방어의 제스처 같은 것은 애초부터 통할 수 없는 '포기한 멤버'의 유일한 자기변명이다.

어떻든 시합이 정상적인 킥오프가 되려면 구색 갖추기의 희생양이 필요한 것이고, 이후 벌어지는 패배의 결과에 대한 모든 책임은 골키퍼 몫이다. 따라서 축구라면 제일 찌질한 놈 하나를 골 문전에 감금 수준(?)으로 묶어놓고, 나머지 모두는 만만한 상대 문전에서 공격수가 되어 저희들끼리 노는 것이다. 그래서 종점 아이들에게 축구의 골키퍼 포지셔닝은 그라운드의 '버려진 카드' 놀이요, 제2의 왕따 놀음이나 마찬가지다. 있으나 마나 해도 뒤에는 왕따 하나가 받쳐주고 앞에서는 집단으로 괴롭힘을 받아주는, 한마디로 환상적인 놀이의 공학적 진수가 동네 놀이터 축구장 위에서 펼쳐지는 것이다.

하지만 여기서 지도부의 중대한 고민거리이자 애물단지가 하나 있다. 그 왕따 한 놈이 제대로 수문장 역할을 못한 탓에 지난번과 지지난번 동네 A매치를 엉망으로 만들어놓은, 바로 '땅식이' 얘기다.

트레이드마크인 빡빡머리 측면엔 위도와 경도선이 서로 예각과 둔각으로 가로지른 선명한 두상의 비주얼은 생긴 그대로이니 어쩔 수 없다고 하자. 그리고 공 놓고 이응 자 모르는 것부터 시작, 서울의 수도는 대한민국이라는 것까지 갓 취학한 저학년이라 이해도 해주자. 하지만 동네 아이들 사이에 늘 담론화되어 있는 축구 얘기 땐 월드컵을 제일 많이 우승한 나라가 미국이라는 '땅'한 얘기만 해대는 통에, 머릿속에 뭐만 들었다고 ×식이라 불렀다가도 사람 이름을 그렇게 부르면 쓰랴 싶어 그냥 언어순화 차원에서 좀 정제된 호칭을 쓴 것이 '땅식이'였다.

가끔씩 동네에 일당들과 출몰하여 시끄럽다고 아이들을 쫓아내는 깡패 같은 깍두기머리가 녀석의 아빠이기도 하다. 빼다 박은 걸로 치면 요즘 TV에 나오는 붕어빵 수준이다. 그만 나타나면 아이들은 도망치며 미움을 불살랐다. 동네 사람들도 그가 서울 중심에서 활동하는 조폭의 행동대원이라고 수군거렸다. 땅식이 엄마도 그가 관리하던 술집 빠걸 출신이라며 모두들 이죽거렸고, 아이들은 더 신이 나서 녀석을 '알코올이 빚어낸 수준 높은 걸작'이라고 때리며 놀려댔다. 땅식이도 그런 동네울타리에서 생존할 수 있는 길이 무엇인지를 어렴풋하게나마 알고 있었다.

지도부 입장에서도 자신들의 공통 관심사나 지향목표 혹은 이상, 그리고 조직순응도 등으로부터 이격된 방향으로 두각을 나타내는 녀석이 있다면 그는 집단의 공격목표 1호가 될 것이다. 그러나 땅식이처럼 의식적 반대노선과는 전혀 거리가 먼 생득적 왕따 체질에 있어서는 가끔씩 녀석이 자신들로부터 부여받은 역할만 제대로 수행해주면 동네울타리의 멤버는 보장해줄 일이었다. 그렇게 골키퍼는 동네 왕따와 악동들 간에 합의된 상호 교환 가능 이익이 존재하는 포지션이 되었다. 땅식이에게 옆 동네와의 한판 축구는 나름대로 자신의 존재감을 유지시켜준 구세주가 된 셈이었다.

어린 아이들의 천진스런 공놀이 모습은 자연과 문명의 한 가운데에선
인간의 이중적 정체성을 보여주고 있다. 〈한국경제 제공〉

⚽ 공격하려면 골키퍼는 필수요건이다

그랬던 것이 지지난번 원수 같은 적들에게 말도 안 되는 역전패를 당한 게 두고두고 어이가 없다. 기억하기도 싫은 장면이 떵식이만 보면 고스란히 떠올랐다. 펠레, 크루이프, 자일징요 같이 공격진의 화려한 전력으로 보나 역대 전적으로 보나 이쪽 종점 팀에게 감히 경로당 고개 팀이 맞설 수 있으랴만 그날의 망신살은 펼쳐든 우산살만큼이나 제대로 뻗쳐버렸다. 당시 스코어 1:1의 초접전이 벌어지고 있는 사이 주거니 받거니 하던 공이 아군의 골문 앞을 향하고 있는데, 서 있어주는 것만으로도 수문장이 되었던 떵식이가 골대 정면에서 순간 보이질 않는 것이었다.

속절없이 골을 먹어버린 아군 공격수들은 휘둥그레 주위를 살펴 멀지 않은 곳에서 낯익은 두상을 하나 발견했다. 수문장께서는 하필 그때 생리적 고민을 해결하고자 골대 뒤편 풀숲으로 잠시 벗어나 바지를 내리고 앉아 있는 것이었다. 채 뒤처리(?)가 끝나지도 않은 띵식이에게 십자포화가 날아든 것은 모두의 합치된 보복이었다. 그러자 녀석은 울면서 항변했다. 월드컵에서 골키퍼가 자기처럼 급하면 걔네들은 어떻게 하냐고.

"아오~ 이걸 그냥!"

그뿐이라면 차기 월드컵 대회를 기약하고 칼을 갈면 된다 싶어 잊은 듯 또다시 기회를 만든 다음 시합, 이때도 어처구니없는 패배에 치를 떨어야 했던 중심에 띵식이가 또 일을 낸 것이었다. 좀 더 정확히 말하자면 요번엔 녀석 모친과 합동으로 저지른 어이상실 사건이었다.

일전 '×풀숲 사건' 때문에 경기 전 띵식이 '뒷일'을 보고 왔는지 여부를 확인사살까지 해가며 여느 때처럼 그를 골키퍼에 재투입한 시합이었다. 평소에 잘 안 찾던 띵식이 모친이 그날따라 저녁 밥상 차려놨다고 사방팔방 부르고 다니다 녀석을 데려가 버린 것이다. 어스름해진 무렵이라 아군도 적군도 공에 정신이 팔려 띵식이 모자가 공터 운동장을 빠져나간 것을 알아채지 못한 틈에 적에게 찬스를 허용한 것이 결승골이 되었다.

이 일은 더 이상 용서할 수 없는 분명히 탈옥행위 같은 것이었다. 뚜껑이 열릴 대로 열린 아군 지도부는 모두들 씩씩거렸지만, 시간이 흘러 평정심을 되찾으며 지도부의 고민은 깊어졌다. 선수를 기용하여야 하는지 말아야 하는지의 판단은 팀 전력과 더불어 중요한 사안이다. 그래서 신중에 신중을 거듭했지만 우선 대안이 쉽지 않았다. 기본적으로 골키퍼란 자리는 어느 누구도 조건 없이 고개를 좌우로 가로저었다. 저어새가 되어버린 아이들은 포지션의 문제보다 왕따가 되기 싫었던 것이다.

대안이 없는 왕따의 자리, 골키퍼 문제는 여러 날을 논쟁 끝에 결론에 이르게 했다. '×풀숲 사건'은 녀석 말처럼 어쩔 수 없는 생리적 현상이었

다. 두 번째 사건도 꼬마월드컵에 대한 띵식이 모친의 전적인 무지로 빚어
진 불상사였고 우연한 해프닝이었다. 녀석의 고의가 개입되지 않은 한 모
두가 일진 사나운 탓이었다고 결론지으며, 띵식이에게 최종적으로 면죄부
를 부여했다.

골키퍼가 없으면 축구는 할 수 없다. 아니, 할 수는 있어도 이길 수 없
다. 그 어떤 선택을 하건 경로당 팀에 무릎을 꿇는 자폭행위는 용인될 수
없다. 집 안팎과 학교 주변의 공세는 얼마든지 인내할 수 있어도 천적에
겐 어림없는 생각이다.

동네의 왕따이자 축구 ♪의 계륵이 된 띵식이를 업고 가야 하는 숙명의
길은 전쟁만큼이나 험로를 만들었다. 지난번 보았던 베트콩 사냥의 시청
각 다큐 현장을 동네 국경의 전선에서 구현하기 위해 종점 아이들이 짊어
져야 하는 장난 같은 운명은 적군의 사기에 힘을 실어줬다. 띵식이의 계속
된 출전 소문에 경로당 고개 팀은 한층 고무되어 있었던 것이다. 그 소문
이 부메랑이 되어 돌아오자 지도부는 더욱 결연한 의지를 다졌다. 녀석에
게 골키퍼를 위한 특별훈련을 통하여 골문은 우리 최후의 보루와도 같은
존재임을 세뇌시키며 야신에다 고든뱅크스, 펠릭스 등과 같은 명골키퍼들
의 활약상을 주입시켰다. 이번에 이기는 조건하에 당근책도 제시했다. 동
네 왕따에서 해금시켜 '올맨 어택'의 기회도 부여해주겠노라고.

하지만 띵식이 입장에서는 당근보다 채찍이 두려웠다. 동네 형들과 함
께 놀 수 없다는 것은 죽기보다 싫은 일이었다. 모두가 더 이상 물러설 수
없는 내일모레의 한판이 승리든 패배든 조직의 큰 변화를 가져올 것이기
에 띵식이를 포함 종점 동네 아이들은 꽁꽁 뭉쳤다.

⚽ 영웅은 떠나고 골문만이 남아

뜨는 해가 오랜만에 설레이던 결전의 날이 밝았다. 오늘도 아이들은 공격을 할 것이다. 어제의 실수를 되풀이하지 못하도록 띵식이 엄마가 오는지도 감시했다. 기고만장해진 경로당 팀을 꺾어버린다면 실추된 명예를 회복할 뿐만 아니라 이참에 상대를 완전히 굴복시킬 것이다. 나아가 그쪽 동네를 합병시켜 경로당 너머로 진군할 생각이다. 필요하다면 그때 가서 평화조약이나 화친조약을 체결하여 선린을 가장해 패권의 영역을 확고히 구축할 것이다. 그렇게 조직이 더 커지게 되면 띵식이도 그동안 받았던 설움을 다른 누군가가 대신하게 될 것이다. 아마도 병합된 저쪽 멤버의 누군가가 짊어져야 할 패전의 십자가쯤 일 것이다.

이제 아이들의 전쟁놀이는 역사에 기록되지 않을 뿐 사생결단의 세계대전이요, 일생 본 적도 없는 월드컵이 바로 동네놀이터에 지금 와 있다. 전쟁을 앞두고 대여섯 살배기 동네 코흘리개 동생들을 전부 모아 응원에 동원해놓았다. 철부지 녀석들에게 형들이 사준 비스킷과 탄산음료가 경기가 시작되기도 전에 동이 나버렸다.

젯밥을 일찍 소비해버린 동생들 앞에 이윽고 결전의 염불소리가 울리고 전의에 불탄 아군의 공세는 성난 파도의 해일처럼 파상 일변도였다. 이날 따라 적은 이쪽의 전의를 감지한 듯 철옹의 요새를 쌓고 끈질기게 항전을 구사했다. 넘어져 깨지고 들이 받쳐 터지는 일이 있어도 강자에 의해 길들여지지 않겠다는 저항정신만은 완강했다. 전반전의 혈전으로 상당한 기력을 소모했지만 승리에 대한 갈증의 해갈을 바라는 종점동네 쪽이 당연히 후반전 경기 내용도 주도해나갔다. 저쪽 경로당 팀의 일치된 전열의 태세는 전반전과 다를 바 없이 몸을 사리지 않고 완강히 반응했다. 일몰시간도 다가오거늘 웬만하면 대충 져주고 집에 가서 엄마가 주는 따듯한 저

녁밥이나 먹고 편히 자면 될 텐데, 오히려 공격하는 이쪽이 저녁밥이 그리
울 정도다. 원정길이면 향수병을 겪어야 했던 동일한 시각이 재깍재깍 공
터의 아이들 곁을 감싸며 다가서고 있었다. 불타듯 달아오르는 노을빛이
시뻘겋게 덮쳐온다.

그 노을은 언제나 엄마가 부르는 소리였다. 소리의 손짓은 그리움에 채
색되어 아이들 놀이터를 비추었지만, 향수병을 잊은 꼬마월드컵의 전쟁은
아직 끝나지 않는다. 머지않아 엄마의 마음을 눈치 챈 서쪽하늘의 낙조
는 아군의 공격을 무심히 지켜보더니 어둑한 밤하늘 너머로 한순간 홀쩍
사라졌다. 그러자 득점 없이 치열하게만 이어지던 백병전의 끝은 일순 적
에게 무슨 기운이 동했는지 역공세가 밀려들었다.

이미 어둑해져버린 아군의 골문 쪽으로 데굴데굴 굴러오는 공의 방향
이 섬뜩했다. 순간 노을의 손짓처럼 나타난 띵식이 엄마의 그림자가 보였
다. 그런데 그 뒤에 누군가가 뒤를 따라 아군의 골문 쪽으로 다가오는 이
가 있었다. 어렴풋하나마 비춰지는 험상궂은 걸음걸이는 그 깍두기의 구
겨진 이맛살과 우락부락한 면상을 떠올리기에 족했다. 띵식이 아빠가 분
명했다. 아이들은 순간 뜀박질을 멈추고 말았다. 저항할 여유도 없이 그에
게서 덥석 포박되듯 아이는 아빠의 손아귀에 이끌린 채 허우적대었다. 그
러곤 이를 뿌리치려는 띵식이의 두 발부리 꼭지가 공터의 넓은 흙바닥 위
에 두 줄기 선명한 저항선을 그어놓았다. 멀어져 갈수록 녀석의 외마디
반항 섞인 괴성이 어둠에 완전히 장악되어 잦아들었다.

다음날 학교에서 띵식이를 보았다는 아이들은 하나도 없었다. 방과 후
돌아온 동네에는 걔네가 지방으로 이사를 갔다는 소문이 무성했다. 가장
확실한 소식은 서울 S파의 중간 보스인 깍두기가 이틀 전에 상대 Y파의
기습공격을 갑자기 받았다는 것이다. 서울 모처의 관할하던 구역을 빼앗
기고 상대방의 공격과 추적을 받은 깍두기가 부득불 황급히 지방으로 피

신해야 하는 처지가 되었다 한다. 황망히 이삿짐을 급히 꾸려 서울을 빠져나간 것이 바로 어젯밤이었다. 아이들이 들은 얘기는 그것이 전부였다.

황혼이 질 무렵이면 골키퍼를 잃어버린 빈 골문의 처연함이, 동네놀이터 위에 땅식이의 그림자를 아롱지게 하였다. 왕따와 골키퍼를 한꺼번에 잃어버렸으니 당분간 축구를 하기가 힘들어졌다. 지나간 많은 기억들이 떠올랐다. 평소 천치 같았던 떠난 이의 이미지는 온 데 간 데 없이 다시는 볼 수 없는 동무에 대한 그리움이 비감한 나날들에 실려 오래도록 아이들의 동심을 괴롭혔다. 그동안 모두의 공격놀이를 있게 한 것도 뒤에서 받쳐주던 '왕따'의 헌신이었는지에 대한 회의감이 마음 깊이에 침잠해 들었다.

종점동네의 명골키퍼가 떠나간 그해, 74 뮌헨월드컵 결승은 개최국 독일(서독)이 네덜란드의 모진 토털축구의 공격을 견뎌내며 월드컵 챔피언컵을 들어올렸다. 독일의 주장 베켄바우어의 명품수비와 게르트 뮐러의 역전골, 그리고 대회 최우수선수 크루이프를 전담 마크해낸 포크츠의 맹활약에 힘입어 승전을 세계에 알리며 소년들의 영웅을 탄생시켰다. 그러나 크루이프도 베켄바우어도 그 어떤 이유로 다음번에 열린 78 아르헨티나대회에 돌아오지 않았다. 땅식이도, 그들도 모두 월드컵을 떠나 돌아오지 않은 이유에 대해서는 아이들에게 중요하지 않았다. 다만 축동(蹴童)들의 가슴마다에 하나 되어 전해주고픈 말 한마디만은 땅식이가 꼭 들어주길 원했다.

그 어디에 가든 시합에 나가면 반드시 '골문은 비우지 말라고.'

말콤 글래드웰 Malcolm Gladwell (1961~)

- 저널리스트 겸 경영사상가

- 세계 최고의 스토리텔러(Story Teller)

- 세계에서 가장 영향력 있는 100인 (TIME지 선정)

- 세계에서 가장 영향력 있는 경영사상가 (월스트리트 저널)

- 밀리언 셀러 : 〈티핑초인트〉, 〈블링크〉, 〈아웃라이어〉

그는 "세상을 바꾸는 것은 이미 정점에 도달한 사람들이 아니다."라며 "오히려 세상에서 왕따를 당하는 인물(outcasts)들이 자신의 한계를 극복하기 위해 창의적 활동을 한다."고 말했다.

글래드웰은 한 발 더 나아가 "사회는 상처받은 사람(damaged people)들에 의해 발전하고 있음을 명심해야 한다."며 "그들은 세상을 우리와 다른 관점에서 보기 때문"이라고 말했다. 그는 이를 '불행이 가져오는 긍정효과(consequences of disadvantage)'라고 했다.

매일경제 Luxmen 제24호(2012년 09월) 기사 중에서

참고 문헌

*월드컵의 위대한 전설들 (서준형) 살림 2006.

*축구철학의 역사 (조나단 윌슨, 하승연 옮김) 리북 2011.

*월드컵의 강국들 (심재희) 살림 2006.

*와글와글 월드컵 (마이클 콜먼, 기영노) 김영사 2007.

*축구는 문화다 (홍대선·손영대) 책마루 2010.

*축구는 한국이다 (강준만) 인물과 사상사 2006.

*축구 아는 여자 (이은하) 나무(수:)2010.

*재미있는 축구사전 (강준막) 북카라반 2010.

*축구는 어떻게 세계를 지배했는가 (F 포어, 안명희 옮김) 말·글빛냄 2008.

*축구의 미학 (프리츠 지몬 외, 박현용 옮김) 초록물고기 2010.

*월드컵 4강이 영어로 뭐지? (미래의창 편집부) 미래의 창 2002.

*춤추는 축구 (구경모·임두빈·차경미·안태환·김영철) 이담 2011.

*역사 (남경태) 들녘 2008.

*의문에 빠진 세계사 (치우커핑, 이지은 옮김) 두리미디어 2008.

*엽기세계사 (이성주) 추수밭 2010.

*한국인의 힘2 (이규태) 신원문화사 2009.

*회복탄력성 (김주환) 위즈덤하우스 2011.

*라틴아메리카의 문화적 민족주의 (이성형) 길 2009.

*통아프리카사 (김시혁) 다산북스 2010.

*반역 패자의 슬픈 낙인 (배상열) 추수밭 2009.

*열녀와 의리 (이종호·권영채·황만기) 북코리아 2012.

*세상을 움직이는 법칙 (이영직) SB 2010.

*곡선이 이긴다 (유영만·고두현) 리더스북 2011.

*블라인드 스팟 (매들린L.반 해케, 임옥희 옮김) 다산초당 2008.

*한국가요사2 (박찬호, 이준희 편집) 미지북스 2009.

*한국가요만평 (안병현) 장소로기획 2006.

*트로트의 정치학 (손민정) 음악세계 2009.

*일곱 개의 장미송이 (김성종) 남도 1980.

* 아내가 결혼했다(박현욱) 문어당 2006.

기타 자료

*월간 Best Eleven (월간축구 30년史, 蹴球魂) CD

*세계인의 스포츠, 축구 (다우리엔터테인먼트) CD

*한국축구 월드컵 도전기 (KBS, 오래된 TV) 2006.

*블로그 : 레전드 감독열전 (http://dreaminger.blog.me/10181694692)

*월드컵 최고의 충격적 순간들 – 영국 BBC 2010.